本专著为国家社会科学基金一般项目"中国高中生英语写作能力发展研究"(23BYY152)的阶段性成果

外语写作中任务复杂度对语言复杂度及作文成绩的影响

王丽萍 著

中山大学出版社
SUN YAT-SEN UNIVERSITY PRESS
·广州·

版权所有　翻印必究

图书在版编目（CIP）数据

外语写作中任务复杂度对语言复杂度及作文成绩的影响/王丽萍著. -- 广州：中山大学出版社，2025.3. -- ISBN 978 - 7 - 306 - 08340 - 1

Ⅰ. H09

中国国家版本馆 CIP 数据核字第 2025V7B101 号

出　版　人：王天琪
策划编辑：熊锡源
责任编辑：赵琳倩
封面设计：周美玲
责任校对：徐馨芷
责任技编：靳晓虹
出版发行：中山大学出版社
电　　话：编辑部 020 - 84110283，84113349，84111997，84110779，84110776
　　　　　 发行部 020 - 84111998，84111981，84111160
地　　址：广州市新港西路 135 号
邮　　编：510275　　　　　传　真：020 - 84036565
网　　址：http://www.zsup.com.cn　　E-mail:zdcbs@mail.sysu.edu.cn
印　刷　者：广东虎彩云印刷有限公司
规　　格：787mm×1092mm　1/16　17 印张　333 千字
版次印次：2025 年 3 月第 1 版　2025 年 3 月第 1 次印刷
定　　价：50.00 元

如发现本书因印装质量影响阅读，请与出版社发行部联系调换

序 一

应用语言学领域的博士学位论文课题研究是一个复杂且多维度的过程，每个环节都可能面临巨大的挑战，需要博士生具备知难而进、排除万难的勇气和毅力。要完成一篇质量上乘的博士学位论文，博士生不仅需要全面了解相关领域的专业知识，掌握科学的研究方法、规范的论文写作技巧，而且需要不断提升发现问题、分析问题、解决问题的能力，从而具备理论创新的能力。

第一，研究选题的挑战。确定一个既有创新性、可行性，又具有理论价值和现实意义的研究选题，绝非易事。在应用语言学领域，参考文献浩如烟海。只有建立在宏大的理论背景下的研究，其学术影响力才可能持久深远。如果缺乏查阅文献的技巧，或未能掌握最新研究进展，研究选题就很可能陷入简单重复他人成果的误区。此外，如果选题与个人的教学工作、学术兴趣或学术背景关联不深，且需要花费数年时间完成一篇博士学位论文，那必将是一段漫长又沉闷的旅程。

王丽萍在她的博士学位论文课题研究上，投入了整整一年的时间，如饥似渴地了解国内外有关英语写作方面的研究进展，阅读了大量文献，最终，将研究选题聚焦为"外语写作中任务复杂度对语言复杂度及作文成绩的影响"。确定这个具有重要学术价值且研究难度颇大的选题，说明她具有强烈的学术责任感和应对挑战的学术勇气。整个拟定选题的过程，既是不断加深对该选题学术价值认知的过程，也是一个不断激发研究热情、动力和灵感的过程。王丽萍选择的这个选题与她的研究兴趣密切相关，并且她乐意为之付出艰辛的努力。

第二，文献综述的挑战。涉足一个新的研究领域，就像进入一个全新的世界。学术界对新理论和新概念的探讨与争论，在文献中随处可见。有时，读懂相关文献，也并非易事。在这个阶段，我们通常以虔诚和"仰视"的态度，仔细研读相关文献。这不仅是一个不断满足自己求知欲的过程，也是一个对某个研究领域的知识从"知之甚少"到"知之甚多"，直至"如数家珍"的过程。随着阅读的深入，对相关领域知识的理解也逐渐加深，因为许多新的知识会在阅读中得以巩固与强化。在广泛阅读文献的基础上，我们自然会发现，对于同一个研究问题，研究者们可以从不同的理论视角切入，并得出不尽相同的研究结论。这也正是学术的魅力所在。

这个阶段的主要任务是草拟博士学位论文的文献综述部分，需要对大量的相关文献进行梳理，更重要的是，需要阐述自己对相关研究的态度和看法。这一部分内容的关键是要"有述""有评"。在论文的前两章，丽萍对"众说纷纭"的学术之争进行了深入分析，并阐述了本项研究的缘起、任务复杂度与语言复杂度等概念的内涵，以及任务复杂度的相关假说及理论框架，还比较全面地介绍了有关任务复杂度对语言复杂度和作文成绩影响的实证类研究。她评述得当，为后续的研究设计奠定了坚实的理论基础。

第三，研究设计与统计分析的挑战。没有科学的研究方法，即使看似完美的研究也只是空中楼阁。而且，统计学在外语教学研究中具有至关重要的作用。有效的统计方法，不仅能为研究提供客观、可靠的数据支撑，还能够提升研究的科学性和准确性。丽萍在掌握丰富的专业知识的同时，花费了大量的时间学习研究方法和统计方法，并将其运用到课题研究中。为了确保研究结果的可信度和有效度，需要对研究结论进行有效的三角核查（triangulation），为此，她先后进行了五项既相对独立又相互关联的研究，并在全国六所高校调查了 794 名大学生，采用定量与定性相结合的研究方法，收集了大量数据资料，并通过双因素方差分析、双因素重复测量方差分析和皮尔森相关分析，对数据进行了统计分析。总体研究设计、实施、数据统计与分析的科学性和严谨性，令人赞叹。

在完成统计分析后，丽萍根据统计结果，与现有研究成果进行"对话"，客观又全面地分析了自己的研究结论与现有研究结论之间的异同。因此，研究开始进入"平视"相关研究这一阶段。

第四，理论创新的挑战。站在巨人的肩膀上，"俯视"相关研究，提出全新的研究结论，是在整个研究过程中最具挑战性的部分。面对现有文献中的研究结论，以及自己收集、掌握的大量数据与统计结果，我们需要透过"数据现象"看本质，客观、辩证地分析问题，提出自己的观点。在这项研究中，丽萍共设计了四项写作任务，采用了 39 项指标测量语言复杂度，比较全面地探究了任务复杂度、习作者看法、语言复杂度及作文成绩之间的相关关系。统计结果表明：任务复杂度对语言复杂度的不同维度产生不同的影响；习作对语言复杂度的看法和写作文本语言复杂度及作文成绩总体呈现正相关关系；四项语言复杂度内部维度和作文成绩显著正相关；十组语言复杂度内部维度显著正相关。这些研究结论不仅丰富和完善了"认知假说"和"有限注意力假说"等相关理论，也为国内大学生英语写作教学实践提供了重要启示。

著名语言学家刘润清教授曾说："研究过程就是'仰视、平视、俯视'相关研究的过程。"这句话深刻展现了研究者在学术领域探索中的心路历程。可以说，丽萍通过博士学位论文写作，凭借着对知识的渴求、对研究的满腔热情和迎难而上的精神，完整地体验了"仰视、平视、俯视"前人相关研究的过程，同时也完成了从"新手研究者"到"专家型研究者"身份的转变。

《外语写作中任务复杂度对语言复杂度及作文成绩的影响》一书是丽萍根据她花了近四年时间（2014年9月—2018年6月）完成的博士毕业论文修改而成的学术专著。我相信该书的出版，对从事相关领域研究的学者，在理论探索、研究设计、数据统计与分析等方面，都具有重要的借鉴意义。因此，我乐于向读者推荐此书。

为人师者，最大的欣慰莫过于看到学生"青出于蓝而胜于蓝"。作为王丽萍的博士生导师，我欣喜地得知，她在获得博士学位后，不仅潜心研究，还带领和指导青年教师及研究生团队，在国内外重要刊物上发表了多篇高质量学术论文，并荣获全国社科基金项目资助。期待她在应用语言学研究领域继续深耕细作，硕果累累。

吴红云
2024年8月30日于北京海淀区世纪城

序 二

王丽萍博士邀请我给她的书作序,我欣然答应,不仅因为她是我和中国人民大学吴红云教授在新西兰奥克兰大学联合培养的博士,还因为本书研究的是我感兴趣且认为具有较大研究价值的课题。任务复杂度研究不仅有助于澄清有关"认知假说"和"有限注意力假说"的争议,加深对二语学习加工过程的认识,也有助于任务型教学与测试中任务的选择与开发,理论意义和实践意义都很突出。

本书共 8 章,其中,第 3~7 章为研究重点。第 3 章详细介绍了两项预研究,分别为英语写作任务及问卷试测和英语写作任务难度比较。预研究的目的是拟定正式研究的研究工具。这是研究中最关键、最复杂的一环,因为研究工具合适与否直接关系到研究成功与否。通过丽萍博士细致入微的描述,我们了解到本研究中研究工具设计经历了"九九八十一难"。从"学校选择任务"到"配偶选择任务",从"配偶特征选择"到"配偶候选人选择",从"品德、能力、性格"到"天赋、勤奋、社交能力、家庭背景",从"YOUR PARENTS"到"YOUR MOM OR DAD"。所有这些调整,都显示了丽萍博士百折不挠、精益求精的学术精神。

本书第 4~6 章呈现的是三项既相互独立又相互联系的正式研究。正式研究一和正式研究二的研究问题相同,即考察任务复杂度对语言复杂度和作文成绩的影响。但是,这两项研究的研究设计不同。正式研究一采用了完全受试间设计,邀请了来自全国 6 所高校的 616 名本科生参加,每位受试者完成一项英语写作任务。正式研究二则采用受试间和受试内的混合设计,邀请了 178 名本科生每人完成两项英语写作任务。正式研究三的受试则是参与了前两项研究的所有本科生,每人填写了一份写作任务及写作文本调查问卷。研究三探究了习作者对任务复杂度及语言复杂度的看法与语言复杂度及作文成绩、语言复杂度内部各维度及各维度与作文成绩之间的相关关系。

上述研究设计严谨周密,令人印象深刻。正式研究一和正式研究二的研究结果可以相互验证,提高了研究结果的准确度。正式研究三属于该领域的首次探索,为理解写作文本语言复杂度和作文成绩的影响因素提供了新视角。此外,本研究的研究对象规模大、测量维度指标多、统计分析程序繁,但丽萍博士没有抱怨,一一克服了这些困难,体现了她对待研究工作的细心、耐心和决心。

在本书的第 7 章，丽萍博士以精湛的学术洞察力，不仅系统阐述了正式研究一与正式研究二经过三角核查后得出的研究结论，更深入剖析了这两项研究中不一致的研究结果，揭示了其背后的深层原因。此外，她还细致分析了习作者主观认知与客观表现之间的内在联系，为二语习得及任务型教学研究贡献了宝贵洞见。丽萍博士与同行研究者的交流展现出了高度的全面性和客观性，充分彰显了她深厚且广博的学术底蕴与积累。

综上所述，丽萍博士的这本著作以其独特的视角、严谨的方法、翔实的数据以及深入的分析，不仅为任务复杂度研究领域贡献了新的知识与见解，也为二语习得、任务型教学与测试等多个相关领域提供了宝贵的参考。更为重要的是，丽萍博士在书中展现出的科研精神——从预研究阶段对研究工具的反复打磨，到正式研究中的大规模数据收集与精细分析，再到对研究结果的深入反思与讨论，无一不体现了她对学术研究的热爱与执着。这种精神，对所有科研工作者来说，无疑是一种激励与鞭策。

因此，我深信，本书的问世，不仅将促进任务复杂度研究的发展，也将激发更多学者对该领域的关注与探索。我衷心祝贺丽萍博士完成这一力作，并期待她在未来的学术道路上继续攀登高峰，为我们带来更多精彩的学术成果。同时，我也热切推荐此书给所有对语言学习、教学及测试感兴趣的读者，相信它定能为您带来深刻的启发与丰富的收获。

Lawrence Jun Zhang

2024 年 8 月于新西兰奥克兰大学

目　录

表目录 ··· 1
缩略语目录 ·· 1

第 1 章　引　论 ·· 1
  1.1　研究背景 ··· 1
  1.2　研究内容 ··· 2
  1.3　研究意义 ··· 3
  1.4　本书结构 ··· 4

第 2 章　文献综述 ·· 6
  2.1　主要概念的定义及其特点 ·· 6
    2.1.1　任务 ··· 6
    2.1.2　任务复杂度 ·· 7
    2.1.3　元素 ··· 8
    2.1.4　背景知识 ·· 9
    2.1.5　语言复杂度 ·· 9
  2.2　任务复杂度的相关假说 ··· 10
    2.2.1　Skehan 提出的"有限注意力假说" ·································· 11
    2.2.2　Robinson 提出的"认知假说" ·· 12
  2.3　任务复杂度的理论框架 ··· 13
    2.3.1　Skehan 的任务难度框架 ·· 14
    2.3.2　Robinson 的任务复杂度框架 ··· 22
    2.3.3　小结 ··· 31
  2.4　语言复杂度的测量 ·· 32
    2.4.1　句法复杂度的测量 ·· 32
    2.4.2　词汇复杂度的测量 ·· 38
    2.4.3　小结 ··· 42

2.5　任务复杂度对语言复杂度和作文成绩的影响研究……………… 42
　　　　2.5.1　"元素"和"背景知识"两个变量对语言复杂度的影响
　　　　　　　研究………………………………………………………… 43
　　　　2.5.2　"元素"和"背景知识"两个变量对作文成绩的影响
　　　　　　　研究………………………………………………………… 50
　　　　2.5.3　小结………………………………………………………… 51

第3章　预研究与研究设计 …………………………………………… 53
　　3.1　预研究 ……………………………………………………………… 53
　　　　3.1.1　预研究一……………………………………………………… 54
　　　　3.1.2　预研究二……………………………………………………… 68
　　3.2　研究设计 …………………………………………………………… 72
　　　　3.2.1　正式研究的整体设计………………………………………… 72
　　　　3.2.2　正式研究采用的研究工具…………………………………… 74
　　　　3.2.3　正式研究使用的语言复杂度测量方式……………………… 77
　　　　3.2.4　正式研究使用的作文成绩评分标准………………………… 79
　　3.3　本章小结 …………………………………………………………… 79

第4章　正式研究一（完全受试间设计） ………………………………… 81
　　4.1　研究问题 …………………………………………………………… 81
　　4.2　研究对象 …………………………………………………………… 81
　　4.3　研究工具 …………………………………………………………… 83
　　4.4　数据收集与分析 …………………………………………………… 84
　　4.5　研究结果 …………………………………………………………… 85
　　　　4.5.1　"元素"对语言复杂度的影响 ……………………………… 86
　　　　4.5.2　"背景知识"对语言复杂度的影响 ………………………… 89
　　　　4.5.3　"元素"和"背景知识"对语言复杂度的交互作用 ……… 89
　　　　4.5.4　"元素"和"背景知识"对作文成绩的影响 ……………… 91

第5章　正式研究二（受试间和受试内的混合设计） …………………… 93
　　5.1　研究问题 …………………………………………………………… 93
　　5.2　研究对象 …………………………………………………………… 93
　　5.3　研究工具 …………………………………………………………… 94
　　5.4　数据收集与分析 …………………………………………………… 95

5.5 研究结果 ·· 97
    5.5.1 "元素"变量对语言复杂度的影响 ····················· 97
    5.5.2 "背景知识"对语言复杂度的影响 ··················· 100
    5.5.3 "元素"和"背景知识"对语言复杂度的交互作用 ····· 101
    5.5.4 "元素"和"背景知识"对作文成绩的影响 ············ 102

第6章 正式研究三（相关关系研究）···························· 105
  6.1 研究问题 ·· 105
  6.2 研究对象 ·· 105
  6.3 研究工具 ·· 106
  6.4 数据收集与分析 ·· 107
  6.5 研究结果 ·· 113
    6.5.1 习作者对任务复杂度的看法与语言复杂度及作文成绩的
       关系 ·· 114
    6.5.2 习作者对语言复杂度的看法与语言复杂度及作文成绩的
       关系 ·· 115
    6.5.3 语言复杂度内部各维度之间及各维度与作文成绩的关系
       ·· 117

第7章 研究讨论 ·· 121
  7.1 写作任务复杂度对写作文本语言复杂度的影响 ············ 121
    7.1.1 "元素"变量对语言复杂度的影响 ··················· 121
    7.1.2 "背景知识"变量对语言复杂度的影响 ··············· 126
    7.1.3 "元素"和"背景知识"对语言复杂度的交互作用 ····· 129
  7.2 写作任务复杂度对作文成绩的影响 ························ 132
    7.2.1 "元素"变量对作文成绩的影响 ······················ 133
    7.2.2 "背景知识"变量对作文成绩的影响 ················· 134
  7.3 习作者对任务复杂度及语言复杂度的看法、语言复杂度和作文
     成绩的关系 ·· 135
    7.3.1 习作者对写作任务复杂度的看法与语言复杂度及作文
       成绩的关系 ·· 135
    7.3.2 习作者对语言复杂度的看法与语言复杂度及作文成绩的
       关系 ·· 137

7.3.3 语言复杂度内部各维度之间及各维度与作文成绩的关系
    ………………………………………………………………… 139

第8章 结 语 ………………………………………………………… 145
 8.1 主要研究发现 …………………………………………………… 145
 8.2 主要研究贡献 …………………………………………………… 146
  8.2.1 理论贡献 …………………………………………………… 146
  8.2.2 方法论贡献 ………………………………………………… 149
 8.3 主要研究启示 …………………………………………………… 151
  8.3.1 对任务教学的启示 ………………………………………… 151
  8.3.2 对任务测试的启示 ………………………………………… 152
 8.4 研究不足及未来研究建议 ……………………………………… 152
  8.4.1 研究不足 …………………………………………………… 152
  8.4.2 未来研究建议 ……………………………………………… 153

参考文献 ……………………………………………………………………… 155

附 录 ………………………………………………………………………… 179
 附录1 参与邀请与知情同意书 ……………………………………… 179
 附录2 预研究一中第一次设计的英语写作任务 …………………… 181
 附录3 预研究一中第二次设计的英语写作任务 …………………… 184
 附录4 预研究一中第三次设计的英语写作任务 …………………… 185
 附录5 预研究一中正式使用的英语写作任务 ……………………… 187
 附录6 预研究一中使用的英语写作任务及写作文本调查问卷 …… 189
 附录7 预研究一中使用的访谈提纲 ………………………………… 193
 附录8 正式研究中使用的英语写作任务 …………………………… 194
 附录9 正式研究中使用的英语写作任务及写作文本调查问卷 …… 196
 附录10 预研究二中使用的英语写作任务难度比较调查问卷 …… 200
 附录11 预研究二中英语写作任务难度比较调查问卷的作答示例 … 203
 附录12 学生作文示例（高分作文及其语言复杂度）…………… 205
 附录13 学生作文示例（低分作文及其语言复杂度）…………… 207
 附录14 正式研究一四项写作任务中语言复杂度各测量指标的
     平均值和标准差 ……………………………………… 208

附录15 正式研究一中"元素"和"背景知识"两个变量对语言
　　　　复杂度的交互效应 ·················· 210
附录16 正式研究一中"元素"和"背景知识"的交互作用图 ····· 212
附录17 正式研究二四项英语写作任务中语言复杂度各项测量
　　　　指标的平均值和标准差 ················ 216
附录18 正式研究二中"元素"和"背景知识"对语言复杂度的
　　　　主效应和交互效应 ·················· 218
附录19 正式研究二中"元素"和"背景知识"的交互作用图 ····· 220
附录20 正式研究三中问卷题项项目分析的独立样本 t 检验 ········ 222
附录21 正式研究三任务1中习作者对任务复杂度及语言复杂度的
　　　　看法、语言复杂度和作文成绩之间的关系 ········· 227
附录22 正式研究三任务2中习作者对任务复杂度及语言复杂度的
　　　　看法、语言复杂度和作文成绩之间的关系 ········· 233
附录23 正式研究三任务3中习作者对任务复杂度及语言复杂度的
　　　　看法、语言复杂度和作文成绩之间的关系 ········· 239
附录24 正式研究三任务4中习作者对任务复杂度及语言复杂度的
　　　　看法、语言复杂度和作文成绩之间的关系 ········· 245

致　　谢 ································ 251

表目录

表 2.1	任务排序特征	15
表 2.2	Levelt 的模型和任务的影响因素	22
表 2.3	简单任务和复杂任务中语言流利度、准确度和复杂度研究结果汇总	25
表 2.4	任务复杂度的三个层面及其在教学大纲不同等级任务中的潜在交互	26
表 2.5	任务复杂度、任务条件和任务难度 1	28
表 2.6	任务复杂度、任务条件和任务难度 2	29
表 3.1	预研究的具体内容	53
表 3.2	预研究一中的研究对象及英语写作任务设计	57
表 3.3	预研究一中的问卷框架与题项分类明细	59
表 3.4	预研究一中受试对写作任务的感知情况	61
表 3.5	预研究一中"元素"和"背景知识"对语言复杂度的影响	66
表 3.6	英语写作任务难度比较调查结果	72
表 3.7	正式研究的具体内容	73
表 3.8	正式研究中的英语写作任务设计	74
表 3.9	正式研究中的问卷框架与题项分类明细	76
表 3.10	正式研究中的句法复杂度测量方式	77
表 3.11	正式研究中的词汇复杂度测量方式	78
表 3.12	正式研究的作文评分标准	79
表 4.1	研究对象的学校、性别、年级和专业分布	82
表 4.2	研究对象的综合英语考试成绩	83
表 4.3	四项英语写作任务中语言复杂度各测量指标的平均值和标准差	86
表 4.4	"元素"和"背景知识"对语言复杂度的主效应和交互效应	87
表 4.5	简单效应分析结果	90
表 4.6	四项英语写作任务中作文成绩的平均值和标准差	91
表 4.7	"元素"和"背景知识"对作文成绩的影响	92
表 5.1	研究对象的综合英语考试成绩	94
表 5.2	混合设计中的数据收集安排	96

表 5.3　四项英语写作任务中语言复杂度各项测量指标的平均值和标准差
　　………………………………………………………………… 98
表 5.4　"元素"和"背景知识"对语言复杂度的主效应和交互效应 …… 99
表 5.5　简单效应分析结果 ……………………………………………… 102
表 5.6　四项英语写作任务中作文成绩的平均值和标准差 ……………… 103
表 5.7　"元素"和"背景知识"对作文成绩的影响 …………………… 103
表 6.1　KMO 测度和 Bartlett 球形检验表 ……………………………… 108
表 6.2　英语写作任务及写作文本调查问卷 41 项观测变量的因子载荷 … 109
表 6.3　习作者对任务复杂度的看法与语言复杂度及作文成绩的关系 …… 114
表 6.4　习作者对语言复杂度的看法与语言复杂度及作文成绩的关系（一）
　　………………………………………………………………… 115
表 6.5　习作者对语言复杂度的看法与语言复杂度及作文成绩的关系（二）
　　………………………………………………………………… 117
表 6.6　语言复杂度内部各维度及各维度与作文成绩的关系（一）……… 118
表 6.7　语言复杂度内部各维度及各维度与作文成绩的关系（二）……… 119

缩略语目录

ADJ（SIDAK）	Adjustment（SIDAK）	简单效应中使用的均值比较方法
AdjV	Adjective Variation	形容词类符数/实词总数
AdvV	Adverb Variation	副词类符数/实词总数
C/S	No. of clauses / No. of sentences	子句数/句子数
C/T	No. of clauses / No. of T-units	子句数/T 单位数
CET-4	College English Test Band 4	全国大学英语四级考试
CN/C	No. of complex nominals / No. of clauses	复杂名词短语数/子句数
CN/T	No. of complex nominals / No. of T-units	复杂名词短语数/T 单位数
CP/C	No. of coordinate phrases / No. of clauses	并列短语数/子句数
CP/T	No. of coordinate phrases / No. of T-units	并列短语数/T 单位数
CT/T	No. of complex T-units / No. of T-units	复杂 T 单位数/T 单位总数
CTTR	Corrected TTR	类符数/总词数 2 倍的平方根
CVS1	Corrected Verb Sophistication-I	罕用动词类符数/动词数 2 倍的平方根
CVV1	Corrected Verb Variation-I	动词类符数/动词总数 2 倍的平方根
D	D Measure	词汇多样性测量指标之一
DC/C	No. of dependent clauses / No. of clauses	从句数/子句数
DC/T	No. of dependent clauses / No. of T-units	从句数/T 单位数
EMMEANS	Estimated Marginal Means Subcommand	估计边际平均数
IPO	Input-Process-Output	输入—信息处理—输出
Lambda		词汇罕用性测量指标之一
LD	Lexical Density	实词数/词汇总数
LFP	Lexical Frequency Profile	词频概貌

LogTTR	Bilogarithmic TTR	类符数的对数/总词数的对数
LS1	Lexical Sophistication-I	罕用类符数/类符总数
LS2	Lexical Sophistication-II	罕用类符数/类符总数
LV	Lexical Word Variation	类符数/词汇总数
M	Mean	平均值
MELAB	Michigan English Language Assessment Battery 密歇根英语水平考试	
MD	Mean Deviation	均值差
MLC	Mean length of clause	平均子句长
MLS	Mean length of sentence	平均句长
MLT	Mean length of T-unit	平均T单位长
ModV	Modifier Variation （形容词类符数+副词类符数）/实词总数	
MSTTR-50	Mean Segmental TTR (50 words) 50个词样本的平均类符/形符比	
NDW	Number of Different Words	类符数
NDW-50	NDW (first 50 words)	文本前50个词中的类符数
NDW-ER50	NDW (expected random 50) 随机选择的10个50词中的平均类符数	
NDW-ES50	NDW (expected sequence 50) 随机选择的连续的10个50词中的平均类符数	
NV	Noun Variation	名词类符数/实词总数
RANGE	词频分析软件	
RTTR	Root TTR	类符数/总词数的平方根
SD	Standard Deviation	标准差
SSARC	Simple; Stable; Automatization; Restructuring; maximum Complexity 任务复杂度框架的最新发展	
SVV1	Squared Verb Variation-I	动词类符数的平方/动词总数
TTR	Type-Token Ratio	类符数/词汇总数
T/S	No. of T-units / No. of sentences	T单位数/句子数
VP/T	No. of verb phrases / No. of T-units	动词短语数/T单位数
VS1	Verb Sophistication-I	罕用动词类符数/动词总数
VS2	Verb Sophistication-II	罕用动词类符数的平方/动词数
VV1	Verb Variation-I	动词类符数/动词总数

VV2　　　　　　　Verb Variation-II　动词类符数/实词总数
Uber　　　　　　Uber Index
　　　　　　　　类符数的对数平方/（总词数/类符数）的对数

第 1 章 引 论

1.1 研究背景

早在十九世纪三十年代,写作领域的研究者们就已经开始关注语言复杂度,主要探讨它和语言水平之间的关系。这类研究主要涉及一语习得领域,研究对象大多是以英语为母语的中小学生(Anderson 1937;LaBrant 1933)。到二十世纪六七十年代,研究对象的范围有所扩大,开始涵盖大学本科生(Hunt 1965,1970;Jakobovits 1969;Lunsford 1978)。但是,到了二十世纪六七十年代后期,写作教师和研究者们开始关注写作过程(参见 Grabe & Kaplan 1996)。这一研究重点的转移对一语写作研究产生了很大影响,该领域一直到二十世纪九十年代都没有再出现有关本族语习作者写作文本语言特征的研究(参见 Biber et al. 2011)。

然而,当一语写作领域的研究者们不再关注一语习作者写作文本的语言特征时,二语习得领域的研究者们却开始探讨二语学习者写作文本的语言特征(Cooper 1976;Ferris & Politzer 1981;Gipps & Ewen 1974)。测量语言复杂度是为了考察教学方式和写作任务等因素对写作产生的影响(Chandler 2003;Ellis & Yuan 2004;Wigglesworth & Storch 2009)。此外,近年在"二语研究出现认知转向"的大背景下(Housen et al. 2012:2),语言复杂度还逐渐发展成独立的研究焦点,其定义、测量方式与动态变化等方面都受到了不少学者的关注(Bulté & Housen 2012;Lambert & Kormos 2014;Larsen-Freeman 2006;Pallotti 2015)。在认知语言学视阈下,任务复杂度对语言复杂度的影响是二语习得的热点及前沿课题之一(张军等 2017)。

语言复杂度受到任务特征,尤其是任务复杂度的影响,已成为许多研究者的共识(Ellis & Yuan 2004;Frear & Bitchener 2015;Ong & Zhang 2010,2013)。但是,研究者们对于任务复杂度对语言复杂度产生的具体影响持不同意见。比如,Skehan(1998,2001,2009c)认为,学习者的认知资源总量是有限的,对一个方面的注意势必会造成对其他方面的忽视。任务的认知要求越高,完成任务需要消耗的认知资源就越多,可分配给语言形式的注意就越少,语言表达的复杂度也就越低。Robinson(2001a,2001b,2005,2007a)则把影响任务复杂度的因素划分为资源指引（resource-directing）和资源消耗（resource-dispersing①）两大维度。这两大维度的因素对学习者注意力资源的分配产生了不同的影响：从资源指引维度增加任务复杂度能够将学习者的注意力资源导向特定的语言结构和形式，使产出的语言更加复杂；从资源消耗维度增加任务复杂度会消耗学习者更多的注意力和工作记忆，使学习者分配给语言形式的注意力资源相对减少，从而影响语言的复杂程度。

Skehan 的观点和 Robinson 的主张并非完全"针锋相对"（闫荣、张磊 2015：40）。Robinson 有关资源消耗维度的论述与 Skehan 的假设一致，即增加任务的复杂程度会降低学习者产出语言的复杂程度，而且，这一观点已在很多研究中得到证实（Ahmadian 2012；Ellis & Yuan 2004；Li et al. 2015）。但与 Skehan 不同，Robinson 认为从资源指引维度增加任务复杂度能够促进学习者语言复杂度的提高。目前，关注这一维度的研究"为数不多且研究结论不一致"（王静萍 2013：66），需进行更深入的探讨。

此外，资源指引和资源消耗两大维度的因素会产生交互作用（Robinson 2007a）。但是，在一语和二语写作任务研究中，同时关注这两大维度因素的研究仍然十分少见（Farahari & Meraji 2011；Masrom et al. 2015）。

综上所述，任务复杂度对语言复杂度的影响研究属于语言复杂度研究的前沿性课题。在现有任务复杂度研究中，资源指引维度的影响因素及其与资源消耗维度影响因素的交互作用还需进一步的探讨。鉴于此，本研究拟在考察"元素"这一隶属于资源指引维度的因素的同时，也关注"背景知识"这一隶属于资源消耗维度的因素。也就是说，本研究将同时考察"元素"和"背景知识"两个变量，探究它们对写作文本语言复杂度和作文成绩产生的主效应和交互效应。

1.2　研究内容

本研究主要以 Robinson 的任务复杂度框架为设计基础，以国内英语专业和非英语专业大学生为研究对象，采用写作测试和问卷调查的研究方法，考察任务复杂度框架中的"元素"和"背景知识"两个变量对写作文本语言复杂度和作文成绩的影响。本研究的主要内容包括以下三个方面：

---

① 在 Robinson（2001a，2001b）中为 resource-depleting，从 Robinson（2005）开始改为 resource-dispersing。

1) 任务复杂度对英语学习者写作文本语言复杂度的影响。

在综述相关文献的基础上,我们拟通过"元素"和"背景知识"两个变量控制英语写作任务的复杂程度,采用受试间设计及受试间和受试内的混合设计,邀请受试者完成话题相同但复杂程度不同的英语写作任务。对于所收集的作文数据,我们将首先采用39项指标,从句法和词汇两个方面测量其语言复杂度,然后借助SPSS 20.0进行双因素方差分析和双因素混合设计方差分析,以期发现写作任务复杂度中的"元素"和"背景知识"两个变量对写作文本语言复杂度产生的主效应和交互效应。

2) 任务复杂度对英语学习者作文成绩的影响。

我们将邀请两名高校英语教师按照同一标准对所收集的作文进行评阅,然后借助SPSS 20.0进行双因素方差分析和双因素混合设计方差分析,以期发现写作任务复杂度中的"元素"和"背景知识"两个变量对习作者作文成绩产生的主效应和交互效应。

3) 英语学习者对英语写作任务复杂度及语言复杂度的看法、写作文本语言复杂度和作文成绩之间的关系。

我们将通过自行设计的问卷调查中国的英语学习者对英语写作任务复杂度及语言复杂度的看法,并借助SPSS 20.0进行皮尔森相关分析,以期发现习作者对英语写作任务复杂度及语言复杂度的看法与写作文本语言复杂度及作文成绩之间、语言复杂度内部各维度之间以及各维度与作文成绩之间是否存在相关关系。

需要指出的是,研究内容一和研究内容二是本研究的主要内容,即本研究的主要目的是通过对所收集的学习者的作文进行文本分析,深入探究写作中任务复杂度对语言复杂度和作文成绩的影响。但是,在应用语言学研究中,"学习者看法对学习效果的影响"也是一个重要课题。因此,我们也尝试探讨学习者有关任务复杂度和语言复杂度的看法与写作文本语言复杂度及作文成绩之间的关系。目前尚无有关该领域的研究,所以本研究的第三项研究内容在一定意义上更具有创新性和探索性。

1.3 研究意义

本研究的意义主要体现在以下三个方面:

首先,在二语任务复杂度研究中,影响较为广泛的两种假说是"有限注意力假说"和"认知假说"。这两大假说从认知的角度研究学习任务,重点关注任务的认知负荷与学习者的认知资源(特别是注意力资源)之间的关系。

本研究以这两大假说为基础，考察学习者任务产出中的注意力资源分配，研究结果不仅对理解学习者的认知加工过程具有重要意义，也有助于加深对二语学习或二语习得影响因素的认识。同时，本研究结果还将为"有限注意力假说"和"认知假说"提供实证依据，有助于澄清两大假说的争议。

其次，对写作任务复杂度的探讨有助于写作课堂教学中任务的分级、编排和组合。任务不仅仅是课堂教学活动的一种方法，也是课程设计的重要工具（Nunan 2011）。以任务为单位的教学大纲需要考虑任务的分级、编排和组合等问题。但是，对任务进行分级、编排和组合是一项非常复杂的工程，除需考虑语言因素外，还需考虑输入材料、学习者和学习过程等其他因素（Nunan 2011）。本研究将考察影响写作任务复杂度的两个变量，研究结果将为写作教学中任务的分级、编排和组合等提供有价值的参考。

最后，本研究还将为测试任务的开发与评价提供有益的贡献。任务型教学开始于二十世纪八十年代，至今已有四十余年的历史，"其理念被广泛接受，但将其用于教学和测试却并不简单。任务型的测试还处于研究阶段……仍有不少问题没有解决，测试任务难度就是其中之一"（刘润清 2009：Ⅱ）。如果学习者完成的任务在难度或复杂度上属于不同等级，那么，研究者们就很难对学习者的任务表现进行比较（Nunan 2011；Skehan 2001）。鉴于此，探究影响任务复杂度的因素有助于测试任务的开发与评价。

1.4 本书结构

本书共 8 章。

第 1 章为引论部分，主要概述了本研究的研究背景、研究内容和研究意义。通过概述可知，任务复杂度对语言复杂度的影响研究是当前二语习得研究的热点之一，具有较高的理论价值和实践意义。本章结尾还介绍了本书的章节安排以及每一章节的主要内容。

第 2 章为文献综述部分。该部分在介绍任务、任务复杂度、元素、背景知识和语言复杂度等基本概念后，回顾了任务复杂度研究的理论依据和设计框架。之后，本章梳理了语言复杂度的测量指标，综述了写作任务复杂度中"元素"和"背景知识"两个变量在国内外的研究现状，并指出现有相关研究的有待改进之处。

第 3 章为预研究与研究设计部分。预研究包括两项既相对独立又相互联系的子研究。预研究一通过小规模的写作测试和问卷调查完善了研究工具，初步确定了研究设计的可行性。但是，预研究一也发现研究设计存在问题。鉴于此，我们进行了第二项预研究，采用了问卷调查的方法。预研究二解决了预研究一中发现的问题。基于两项预研究的研究结果，本章还完成了正式研究的整体设计，确定了正式研究中使用的研究工具、语言复杂度测量方式和作文评分标准。

  第4章至第6章为正式研究部分。包括三项既相对独立又相互联系的子研究。正式研究一采用了完全受试间设计，考察了"元素"和"背景知识"两个变量对语言复杂度和作文成绩的影响。在正式研究一的基础上，正式研究二进一步完善研究设计，采用受试间和受试内的混合设计，其研究结果可以验证和补充正式研究一的发现。此外，由于学习者看法对学习效果的影响是应用语言学研究中备受关注的课题，所以我们结合正式研究一和正式研究二中测量出的语言复杂度和作文成绩，进行了第三项正式研究，考察了习作者对写作任务复杂度及语言复杂度的看法与语言复杂度及作文成绩之间、语言复杂度内部各维度之间以及各维度与作文成绩之间的关系。

  第7章为研究讨论与分析部分。主要对三项正式研究的研究结果进行综合讨论，与前人的研究发现进行对话。本章首先讨论了写作任务复杂度对语言复杂度的影响，然后讨论了写作任务复杂度对作文成绩的影响，最后论述了习作者对写作任务复杂度及语言复杂度的看法、写作文本语言复杂度和作文成绩三者之间的关系。

  第8章为结语部分。本章首先总结了本研究的主要发现，继而从理论和方法论两方面阐述了研究发现对二语写作任务研究的贡献以及它们给教学与测试带来的启示。最后，本章指出了本研究的不足，并对未来的研究提出了建议。

第 2 章 文献综述

本章为文献综述部分,共包括五小节的内容。第一节介绍和本研究相关的重要概念及其在本研究中的操作化定义,涉及任务、任务复杂度、元素、背景知识和语言复杂度五个方面。第二节和第三节分别回顾了任务复杂度研究的理论依据和设计框架。在任务复杂度研究中,"有限注意力假说"和"认知假说"都具有较大的影响力,任务难度框架和任务复杂度框架之间既存同也有异。第四节汇总了现有研究中使用的语言复杂度测量指标,并指出本研究将采用句法复杂度和词汇复杂度自动分析工具,采用 39 项指标对写作文本的语言复杂度进行较为全面的测量。本章最后一节通过综述任务复杂度框架中"元素"和"背景知识"两个变量在国内外的实证研究,指出相关研究的不足,为本研究指明了方向。

2.1 主要概念的定义及其特点

2.1.1 任务

"任务"这一概念经常出现在二语教学与研究中,是课程设计的重要组成部分。所谓"任务",就是"做事"。但作为一个专门术语,"任务""还缺乏一个普遍公认的定义"(吴中伟、郭鹏 2009:42)。由于学术背景和研究目的不尽相同,研究者们对"任务"的理解不太一致,他们从不同角度阐述了"任务"的内涵。

Long 属于"任务"的早期相关研究者。他认为,"任务"是"为自己或他人完成的一项工作,可以是免费的,也可以收取报酬。比如,刷墙、给小孩穿衣、填表、买鞋、订票、借书、考驾照、写信等"(Long 1985:89)。在这一定义中,"任务"的所指十分广泛,涉及人们的工作和生活环境,是"人们在日常生活、工作和游戏中经常出现的各种活动"(Long 1985:89),具有真实性的特点(Nunan 1989)。

此外,还有一种教育性任务(Nunan 1989)。这种任务涉及教学环境,是"一系列可区分的、可按序排列的问题解决活动"(Candlin 1987:10)。该任务要求"学习者根据所给信息,通过一定的思考,达到一定的结果,允许教师进行控制和管理"（Prabhu 1987：24）。

在任务型语言教学中，"任务"是一种课堂活动单元。在这种活动中，意义表达是首要目的，有一些交际问题待解决，任务和现实世界的活动有某种联系，完成任务是最重要的，并且，任务完成情况的评估要以任务的结果为标准（Skehan 1998）。

Bygate 等（2001：12）认为，任务是一种有焦点、定义明确的活动，和教学决策相关，要求学习者关注意义，使用语言来实现目标，完成任务产生的数据可以作为研究的基础。该定义立足教师和教学，以研究为目的，是本研究中"任务"的操作化定义。

2.1.2　任务复杂度

"任务复杂度"这一概念由 Robinson（2001a，2001b）提出。但是，早期的相关研究者较多使用"任务难度"这一术语（Brown et al. 1984；Candlin 1987；Skehan 1996）。

"任务难度"产生于教学大纲中任务排序的需要，指的是任务的难易程度。它是"研究者、课程开发者、大纲设计者、教材编写者以及教师们关注的一个焦点"（黄爱凤 2011：F27）。任务难度的确定对任务的设计和选择极其重要，因为通过完成一系列难度不同的任务，学习者的语言可以得到提高和发展。Brown 等（1984）曾提出，任务的难易程度取决于任务要求表达的信息类型和任务中各因素间的关系，动态任务（dynamic tasks）难于静态任务（static tasks），抽象任务（abstract tasks）难于具体任务（concrete tasks）。Candlin（1987）则建议从认知负荷、交际压力、特殊性与一般性、语码复杂度与理解密度、加工的连续性五个方面对任务难度进行分级。在 Candlin（1987）的基础上，Skehan（1996）提出，可以从语码复杂度、认知复杂度和交际压力三个方面对任务难度加以评估。

与早期相关研究者（Brown 1984；Candlin 1987；Skehan 1996）不同，Robinson（2001a，2001b）将"任务难度"这一概念分化成"任务复杂度"和"任务难度"两个概念。"任务复杂度"指的是"任务结构给学习者注意力、记忆、推理以及其他信息加工资源造成的认知负荷"（Robinson 2001a：29）。它是任务本身具有的属性，受任务特征的影响，是一种客观因素，相对恒定。对任何学习者来说，简单任务的认知要求总是比复杂任务的认知要求低。比如，"6 + 7 = ?"这个计算题总是比微积分计算简单；在一幅熟悉的地图上找出 A、B 两点之间的线路总是比从不熟悉的地图中找出 A、B、C 三点之间的线路简单（Robinson 2001a）。任务复杂度能够解释个体学习者完成两项任务时表现出的内部差异。与认知要求更高的复杂任务相比，学习者能够更迅速地完成认知要求较低的简单任务，并且，他们完成任务时更不容易受到干扰，所犯的错误会更少。

在 Robinson（2001a，2001b）看来，任务复杂度与任务难度不同。任务难度是一种主观因素，受到学习者个体差异的影响。任务复杂度和任务难度的关系并不是固定的，这是因为：①智力或学能不同的两个学习者由于内在能力的差异可能会觉得同一数学题或语言学习任务的难度不同，也就是说，学习者在完成任务中注意、记忆和推理等资源的投入量会影响其任务表现和对任务难度的看法；②注意、记忆和推理等资源也会受到诸如动机这类易变化因素的影响，比如，两个在智力和学能方面都相当的学习者，其中一个动机更强，那他可用于完成任务的资源可能会更多。可见，任务难度解释的是完成同一项任务的受试间差异。一项既定任务对不同学习者来说难度不同，但任务复杂度是相同的。

与国外研究相比，国内对任务难度的理论探讨较少，但仍有研究者做出了有益的尝试。比如，罗少茜（2009，2010）就对任务型测试中的任务难度问题进行了系统的探索，构建了以"输入—信息处理—输出"（input-process-output，简称 IPO）为核心的任务难度框架，"为国内任务型语言评价提供了直接的、可操作的分析模板"（邢加新 2016：13）。

本研究采用"任务复杂度"这一概念，探讨任务本身具有的属性对二语写作产生的影响。在本研究中，"任务复杂度"的操作化定义是任务涉及的"元素"数量和学习者具备的"背景知识"数量（详见附录8）。任务涉及的元素越多，任务越复杂；学习者具备的背景知识越少，任务越复杂。按照 Robinson（2001a，2001b，2007a）的"三元框架"，"元素"隶属于资源指引维度，"背景知识"隶属于资源消耗维度。

2.1.3 元素

在任务研究中，研究者们大多从操作化层面对"元素"进行定义，简单任务和复杂任务在"元素"数量上存在差异。比如，在 Kuiken 等（2005）和 Kuiken 与 Vedder（2006，2007，2008）的研究中，"元素"指受试在选择宾馆时需要考虑的因素的多少：在简单任务中，受试需要考虑三个因素（即该宾馆是否安静、是否有花园和是否有健身设施）；在复杂任务中，受试需要考虑六个因素（除上述三个因素，还增加了是否在市中心或其附近、是否有游泳池和是否提供早餐）。在 Michel 等（2007，2012）的研究中，"元素"差异体现在可供选择的电子产品数量上：简单任务从两种电子产品中进行选择，复杂任务则从六种电子产品中进行选择。在 Cho（2015）的研究中，"元素"则取决于备选室友的数量及室友具备的特征数量：简单任务涉及四名室友候选人，每位候选人具备四个特征（性格、爱好、学习习惯和睡眠习惯）；复杂任务包括六名候选人，每位候选人具备六个特征（性格、爱好、学习习惯、睡眠习惯、最喜爱科目和爱干净程度）。

可见，"元素"变量在不同研究中的操作化定义不尽相同。在本研究中，简单任务和复杂任务在"元素"变量上的差异体现在候选人人数和每位候选人具备的特征数上：简单任务涉及两位候选人，每位候选人具备两个特征；复杂任务包括三位候选人，每位候选人具备四个特征（详见附录8）。

2.1.4　背景知识

"背景知识"这一术语起源于心理学，与图式理论关系紧密（Barlett 1932）。Robinson（2001a，2001b，2005，2007a）任务复杂度框架中的"背景知识"一定程度上等同于早期相关研究（Chang 1999；Good & Butterworth 1980；Spaan 1993）中的话题熟悉度（Mohammadi et al. 2012；Yang 2014），体现在研究中就是任务话题是否与个人相关，是否为受试所熟悉。

比如，在 Yang（2014）的研究中，研究者依据受试对话题的熟悉程度将"背景知识"分为高、中、低三个层次。在熟悉程度高等的任务中，受试需要讨论电脑和网络给自己带来的好处和问题。该任务和受试自己息息相关，受试具备较多的背景知识。在熟悉程度中等的任务中，受试需要讨论电脑和网络给其所在国家的大学生带来的好处和问题。该任务虽然不和受试直接相关，但受试属于目标群体中的一员，受试应该也具备一定的背景知识。在熟悉程度低的任务中，受试需要讨论电脑和网络给欠发达地区的人民带来的好处和问题。该任务既不和受试直接相关，受试也不属于目标群体中的一员，受试具备的相关背景知识较少。

在前人研究（Spaan 1993；Yang 2014）的基础上，本研究（详见附录8）也依据受试对话题的熟悉程度对"背景知识"变量进行控制。简单任务要求受试依据自己的择偶标准进行选择并讨论，而复杂任务则要求受试依据父母对子女择偶的看法进行选择并讨论。与自己的选择相比，受试对父母的看法相对不熟悉，具备的背景知识相对较少。

2.1.5　语言复杂度

不同的字典对"复杂度"的定义并不相同。《新牛津北美字典》强调"复杂度"的本质特征："由很多不同但却相互联系的成分组成。"而《韦氏词典》

外语写作中任务复杂度对语言复杂度及作文成绩的影响

则侧重描述"复杂度"的具体特征:"精密、复杂;难于分解、分析或解决。"在语言研究中,复杂度主要有三层意义:①结构复杂度;②认知复杂度;③发展复杂度(Pallotti 2009,2015)。

语言的结构复杂度,也称客观复杂度(Dahl 2004)或绝对复杂度(Miestamo 2008),是语言系统的形式属性。该复杂度由语言结构本身决定,不存在语言之外的参照点,取决于"一个语言特征或语言系统包括的组成成分的数量,以及组成成分之间关系的数量"(Bulté & Housen 2012:24)。语言的结构复杂度可以从整体和局部两个层面进行解释,体现在句法、词汇、形态和音位四个方面(Bulté & Housen 2012)。

语言的认知复杂度,也称相对复杂度(Miestamo 2008),与语言学习者相关(Dahl 2004)。"如果语言使用者和学习者在使用和学习某一语言特征或特征系统时需要付出较大的成本,尤其是脑力成本或资源,那么,这一语言特征或特征系统就是复杂的。"(Bulté & Housen 2012:23)语言的认知复杂度由语言学习和使用过程中学习、加工或表达某一语言项目时经历的困难决定(Hulstijn & De Graaff 1994),越复杂的语言越具有挑战性(Skehan 2009c)。

语言的发展复杂度和语言结构的习得顺序相关。母语或二语学习者较晚习得的语言结构更复杂(Szmrecsanyi & Kortmann 2009;Trudgill 2001)。在二语习得研究中,复杂结构体现了学习者"使用更高级语言的能力"(Ellis 2009:475),是二语发展中较晚出现的结构(Pallotti 2015)。

本研究重点关注语言的结构复杂度。从本节前文可知,语言的结构复杂度可从句法、词汇、形态和音位四个方面进行测量,但由于本研究探讨的是写作文本的语言结构复杂度,所以不包括音位这个测量维度。此外,形态复杂度这一概念近期才被提出(Bulté & Housen 2012),其必要性和可行性还有待进一步探讨(Pallotti 2015),故也不包括在本研究中。换言之,本研究将重点从词汇和句法两个方面考察语言的结构复杂度。

2.2 任务复杂度的相关假说

在现有任务复杂度研究中,较具代表性和影响力的两种理论分别是 Skehan 提出的"有限注意力假说"和 Robinson 提出的"认知假说"(Kormos 2011;Ong & Zhang 2010;Sadeghi & Mosalli 2012;王静萍 2013;闫荣、张磊 2015)。这两大假说都尝试从认知角度解释任务复杂度对学习者语言产出产生的影响,都认为注意力资源在任务完成过程中起着重要作用。但是,这两大假说对注意力资源的理解不同,因此,它们所做的解释不尽相同。

2.2.1 Skehan 提出的"有限注意力假说"

认知心理学家 Kahenman（1973）认为，人的认知资源是有限的，注意是对刺激信息进行识别和加工的认知资源，因此，注意也是有限的。此外，该研究者还认为，认知活动的复杂度和认知资源的占用成正比，认知活动越复杂，其占用的认知资源就越多。如果人同时进行两项或两项以上的活动，就会出现多项认知任务同时竞争有限认知资源的情况。

Kahenman（1973）的上述观点得到了二语习得领域许多研究者的认同。比如，Skehan（1996，1998）指出，二语学习者的注意力容量是有限的，因此，他们会选择性地分配注意力资源。当任务要求比较简单时，学习者有更多的注意力资源可用于关注完成任务的语言。但是，当任务要求变得复杂时，留给语言的注意力资源就会减少。任务复杂度的增加对本族语者来说不是问题，因为他们的语言知识已经程序化了（proceduralised），可以进行自动加工（automatic processing），不太会占用注意力资源（Anderson 1989）。但是，对于二语学习者来说，增加任务的认知需求将会带来极大的问题，因为二语学习者有关目标语形式的知识可能还是陈述性的（declarative），仍处于控制加工（controlled processing）阶段，需要占用较多的注意力资源（Schmidt 1992）。

Skehan 和 Foster（2001）进一步阐释了任务表现的三个方面（即语言的流利度、准确度和复杂度）之间"此消彼长"的竞争关系，提出了二语产出的竞争效应模型（如图 2.1 所示）。两位研究者认为，语言使用者在传递信息时，常常采用意义优先于形式的策略。也就是说，语言使用者通常会优先关注意义（即语言流利度），然后才是语言形式（即语言的准确度和复杂度）。可见，语言流利度与语言复杂度及语言准确度之间产生第一层级的竞争。其次，在语言形式内部，语言复杂度和语言准确度之间存在着第二层级的竞争关系，它们会争抢剩余的注意力资源。当二语学习者试图使用更具挑战性的、更难的语言时，他们关注的是语言复杂度，这可能会给语言准确度造成影响，因为更具挑战性的、更难的语言超出了他们现有中介语系统的范围。相反，当学习者采取保守主义态度，使用其中介语系统中可以进行自动加工的语言时，他们产出的语言会更准确，但语言的复杂程度可能会受到影响。

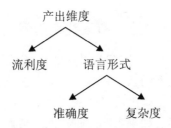

图 2.1　二语产出的竞争效应模型（译自 Skehan 和 Foster 2001）

尽管语言复杂度和语言准确度之间存在竞争关系，但二者在某些情况下可以同时得到提高（Tavakoli & Foster 2008；Tavakoli & Skehan 2005）。Skehan（2009c，2014）认为，产生这一结果是因为任务的某些特征和任务条件共同发挥了作用，并非仅由任务复杂度本身造成。比如，任务结构能够促进语言准确度，信息控制能够促进从句结构的使用，提高句法复杂度（Skehan 2009c：522）。当某一任务具备这两种任务设计特征时，它就可以同时促进语言的准确度和复杂度。

2.2.2　Robinson 提出的"认知假说"

Robinson 提出的"认知假说"和 Wickens（1981，2002，2007）的多重注意模型相关联。虽然 Wickens（1981，2002，2007）也认为人类的认知资源是有限且可分配的，但他主张人类具有多个注意力资源库，提出了多重注意模型（Multiple Resource Model）。当两项任务的信息加工涉及同一资源库时，它们会竞争有限的注意力资源，从而影响任务表现。比如，如果驾驶员边开车边看电影，那么观察路况和看电影这两项任务都会受到彼此的干扰，因为二者同属于视觉通道。但是，当信息加工涉及不同的资源库时，任务的并行处理是可能的，注意力资源之间不会形成竞争。比如，驾驶员可以边开车边听音乐，因为观察路况属于视觉通道，而听音乐属于听觉通道。

Wickens（2002，2007）的多重注意模型引起了二语任务研究者们的注意。比如，Robinson（1995，2001a，2001b，2003，2005，2007a，2011）就借鉴多重注意模型的理念，提出了任务复杂度研究中的"认知假说"（Michel 2011）。

"认知假说"认为，教学任务的安排应首要考虑任务的认知复杂度，遵循从简单到复杂的顺序。影响任务复杂度的因素隶属于资源指引和资源消耗两大维度，它们对学习者注意力资源的分配产生不同的影响。从资源指引维度增加任务复杂度能够将学习者的注意力资源导向特定的语言结构和形式，使产出的语言更加准确和复杂,但流利度会受到影响。比如,当英语写作任务要求对他人的意图进行推理时,学习者就可能需要使用更多表达思维状态的词汇(如 suspect、wonder 等)以及该词汇常用的句法结构(如 suspect that、wonder whether 等)。从资源消耗维度增加任务复杂度则会消耗学习者更多的注意力和工作记忆,使学习者分配给语言形式的注意力资源相对减少,从而影响语言的准确度、复杂度和流利度。比如,减少任务的准备时间,并不会将学习者的注意力导向任何语言形式,只是增加了学习者需要同时关注的语言项目和非语言项目,分散了学习者的注意力。资源指引和资源消耗两个维度的影响因素还可能产生交互作用。比如,与同时从两个维度增加任务复杂度相比,从资源消耗维度使任务变得简单(如给予准备时间)和从资源指引维度使任务变得复杂(如增加推理需求)都更能优化配置资源,以满足任务的语言需求。

除分析任务复杂度对语言产出的影响外,"认知假说"还提出:①与简单任务相比,认知需求更大的复杂任务会产生更多的互动和意义协商,强化学习者对输入材料的注意和记忆,促使学习者从输入材料中学到更多的语言形式;②学习者在复杂任务中更关注输入材料,能够引发更深层次的加工,延长输入材料在记忆中的停留时间;③按照从简单到复杂的顺序完成任务可以促进学习者的自动加工;④随着任务复杂度的增加,学习者的情感因素和认知能力等个体差异会越来越能区分出他们的学习与表现(Robinson 2011)。

综上所述,"认知假说"与"有限注意力假说"都对任务表现的三个方面(即语言的流利度、复杂度和准确度)之间的关系进行了预测,二者之间求同存异:相同之处在于两大假说都认为从资源消耗维度增加任务的复杂程度会给产出语言的复杂度和准确度带来负面影响;不同之处在于"有限注意力假说"认为语言复杂度和语言准确度之间存在竞争关系,很难同时得到提高,而"认知假说"则认为从资源指引维度增加任务复杂度可以同时促进语言产出的复杂度和准确度。

2.3 任务复杂度的理论框架

早期的相关研究者在探讨"任务复杂度"时较多使用"任务难度"这一术语(参见2.1.2节)。因此,我们在回顾任务复杂度的理论框架之前,将首先介绍任务难度框架的形成与发展。基于 Skehan(2011)的论述,本书把 Skehan 的研究划分为早期、中期和近期三个研究阶段,分别对应任务难度框架的提出、任务难度框架的实证依据和任务难度框架的发展。

2.3.1 Skehan 的任务难度框架

2.3.1.1 任务难度框架的提出：Skehan 的早期相关研究

Skehan 对任务的研究最早可以追溯到他在 1992 年发表的重要研究成果（参见 Skehan 2011）。Skehan（1992）① 指出，人们在交谈时以推进信息交流为目的，他们并不需要说出完整的语句。以意义为中心的交际语言教学与人们在交谈中的情景类似，即学习者在语言理解时可能会使用交际策略，可以绕过句法就达到交际的目的（Skehan 1992）。可见，策略使用和"聚焦于形"（Focus-on-Form②）之间存在着对立，教学中应注重引导学习者避免使用策略，即使这些策略能够使交际变得更容易、更充分。同理，基于任务的教学与研究也要注意协调策略使用和"聚焦于形"之间的关系。只有这样，学习者才不会只能高效率地完成任务而句法发展不如人意了。在这篇文章中，Skehan 开启了他对任务和任务实施的思考（参见 Skehan 2011）。

Skehan（1996）在继续分析学习者策略使用的同时，比较详细地探讨了词汇化语言（lexicalized language）③ 给任务型教学带来的问题。"很多交际本质上是词汇化的。"（Skehan 1996：54）语言以词项（lexical items）的形式进行存储，但存储的单位不仅是单个的词，也可以包括多词单位（multi-word unit）。这样的语言系统需要大量的存储空间，但它带来的好处是"巨大的，因为语言加工时把多词单位作为一个整体进行处理，可以释放资源，用于其他有需求的方面"（Skehan 1996：54）。词汇化语言意味着语言使用者能够进行双重加工，他们可以在词汇加工和句法加工之间进行转换。"当完成任务成为首要目标或有时间压力时，词汇加工模式会被启动……相反，当精准性或创造性成为关注的重点时，对形式和句法的分析和注意就会成为焦点。"（Skehan 1996：55）

---

① Skehan 1992 年发表的这篇文章后来被收入 Bygate 等（1994）中（参见 Skehan 2011）。本书参考的是 1994 年的版本。

② 该术语较容易与另一术语"Focus-on-Forms"混淆。"Focus-on-Form"由 Long（1988）提出，是交际语言教学的特征之一，泛指在开展以意义为中心的交际性语言任务中对语言形式的关注（Ellis et al. 2002；蔡植瑜 2008），课堂教学以语义表达和交际活动为主，但也不忽略对语言形式的学习（Ellis 2016）。"Focus-on-Forms"出现在传统以语言结构为纲的语言教学中，课堂教学把语言分解为一个个孤立的语言点，由易到难进行教授，教学宗旨为教授语言知识，而非如何使用语言（Ellis 2016；张香存 2005）。

③ 该术语还有一些其他名称，如语块（lexical chunks）、语串（lexical bundles）和预制语块（prefabricated chunks）等。

词汇和句法的双重加工给任务型教学带来了问题。"任务"是强调以意义为导向和解决问题的活动,完成任务是首要目标,学习者的表现要依据其完成任务的情况来评判(参见2.1.1节)。也就是说,在评价学习者在某一特定任务中的表现时,主要看他完成任务的质量,而不是他在完成任务中所使用的语言的质量,这可能会使学习者在完成任务时忽视语言形式。

综上所述,一方面,任务型教学法可能会因为强调"完成任务"而把"增强目标语能力"作为代价。另一方面,学习者的注意力资源总量又是有限的。因此,任务设计非常重要,所设计的任务既要"能促使学习者关注语言形式,又不能丧失其作为交际助力者和习得推动者的价值"(Skehan 1996:55-56)。鉴于此,Skehan(1996)提出了一个任务排序框架,旨在帮助研究者和教师完善他们的任务设计。该框架强调,在设计二语学习任务时,可以从语码复杂度、认知复杂度和交际压力三方面对任务难度加以评估(详见表2.1)。

语码复杂度主要涉及语言输入的句法和词汇难度。与含有简单句子结构和高频词汇的信息相比,含有复杂句法结构和较多低频词汇的信息更难理解(Chaudron 1988)。

表2.1 任务排序特征
(译自 Skehan 1996)

语码复杂度 句法复杂度和范围 词汇复杂度和范围 冗余和多样性
认知复杂度 认知加工程度 认知熟悉度
交际压力 时间压力 模式 规模 风险 控制

认知复杂度和任务内容有关,受认知加工程度和认知熟悉度两者共同影响。认知加工程度是指"完成任务所需的在线计算(online computation)的数

量，强调学习者对任务内容进行积极思考"（Skehan 1996：52）。认知熟悉度是指学习者完成任务时运用已有背景知识和固有解决方案的程度。如果学习者对任务比较熟悉，或者其生活经历能提供现成的答案，那么该任务的认知复杂度相对较低。

交际压力表面上和语码或意义都没有关系，但它"确实会造成交际负担"（Skehan 1996：52），包括时间压力、模式、规模、风险和控制等诸多方面的因素。"时间压力"是最直观的，指完成任务的紧迫性和所需要的速度（Bygate 1987）。有些任务有时间限制，而其他任务则可以由学习者自己决定完成的时间。"模式"涉及说和写、听和读的对比。一般认为，"说"造成的压力比"写"大，"听"造成的压力比"读"大（Ellis 1987）。"规模"包括参与交际的人数以及参与交际的对象之间的关系等（Brown et al. 1984）。"风险"取决于"完成任务的重要性"，或者更确切一点来说，取决于"成功完成任务的重要性"（Skehan 1996：52）。假如最重要的是完成任务的过程，不是任务的结果，那么该任务的风险系数就低。相反，如果在完成任务过程中不能犯错，那么该任务的风险就高（Willis 1993）。最后，"控制"是指学习者在多大程度上可以影响任务和任务的完成方式。如果学习者可以就任务目标进行协商，或者可以以提问等方式来降低输入的速度，那么他们对该任务的控制程度相对较高，该任务的难度就相对较低。

Skehan（1996）提出上述框架的目的是在对任务进行分析、对比和排序时有则可依。一项好的任务可以"实现语言流利度和准确度之间的有效平衡"，"提供机会复习之前所学过的语言结构"（Skehan 1996：72）。一方面，任务太难可能会过于强调语言流利度，因为学习者的注意力资源都聚焦在意义表达上，他们可能会忽视语言的准确度和复杂度。而且，在任务太难的情况下，学习者也没有足够的注意力资源来考虑如何将之前学过的语言结构融入意义表达中。另一方面，任务太容易也会有问题，太容易的任务没有挑战，也不能有效促进语言准确度和流利度的提高（Skehan 1996）。但是，这个分析框架只是对"任务的初级探索"（Skehan 2011：21），只是一份"纲领性文献"，"缺少实证数据的支持"（Skehan 2011：23）。因此，Skehan 和他的研究团队接下来进行了一系列的实证研究，既为该框架提供了实证依据，也不断完善了该框架的主要内容。

2.3.1.2　任务难度框架的实证依据：Skehan 的中期研究

基于任务难度框架，Skehan 和 Foster 进行了一系列实证研究（Foster & Skehan 1996，1999；Skehan & Foster 1997，1999，2005）。接下来笔者将对这

些研究进行归纳总结，以期能更好地理解任务和任务难度。

Foster 和 Skehan（1996）主要探讨了"任务类型"和"准备条件"对口语产出的影响。两位研究者设计了三种类型的任务，分别是个人信息交流任务、图画描述任务和做决定任务。个人信息交流任务要求受试告诉同学从其所在的大学去他家的行走路线，并关掉他家中的煤气炉。图画描述任务要求受试把五幅图画连成一个故事，五幅图画之间有联系，但联系不紧密、不明显。在做决定任务中，受试扮演法官，对违法者的量刑进行讨论并形成一致意见。从受试对任务的熟悉程度和任务要求的计算负荷来看，个人信息交流任务比图画描述任务简单，但后者又比做决定任务简单。除任务类型外，研究者们还控制了任务实施前的准备条件，也包括三种情况，分别是无准备时间、有准备时间但无指导以及同时具备准备时间和详细指导。有准备时间是指受试在任务开始之前享有 10 分钟的准备时间，详细指导覆盖句法、词汇、内容和组织结构四个方面。口语产出主要从句法的复杂度、准确度和流利度三个方面进行衡量。句法复杂度的测量指标包括平均每个 C 单位包含的子句数量和句法多样性；语言准确度的测量指标是无错误子句所占的比例；语言流利度的测量指标包括重铸、替代、错误起始、重复、犹豫、停顿和沉默。该研究的主要发现包括：①准备条件对口语产出的流利度和复杂度都产生显著性影响，准备越充分，口语产出越流利、越复杂；②准备条件和口语产出准确度之间的关系较复杂，有准备时间但无指导小组的口语产出比无准备时间小组更准确；③任务类型和准备条件对口语产出产生交互影响，准备条件在图画描述和做决定任务中产生的影响比其在个人信息交流任务中产生的影响大；④语言准确度和复杂度之间存在竞争关系，受试在个人信息交流任务中产出语言的准确度较高，但复杂度较低，在图画描述任务中产出语言的复杂度较高，但准确度较低。

Skehan 和 Foster（1997）也考察了任务类型和准备条件[①]对口语产出的影响，得出的研究结论与他们 1996 年的研究大体一致。但是，在 1997 年的研究中，两位研究者还关注了任务后活动对任务产出的影响。受试被随机分成两组，其中一组在任务开始之前就被告知以下信息："等所有同学完成任务，你们需要在全班同学面前展示你们的讨论。"（Skehan & Foster 1997：194）并且，他们确实也这么做了。另外一组只需完成任务，任务之前没有告知，任务之后也没有活动。研究者们假设，事先知道任务后需要在同学和老师面前展示

---

① 需要指出的是，虽然 1997 年研究中的任务类型和 1996 年的研究一样，但每项任务的具体内容有变化。此外，在 1997 年的研究中，任务前准备条件只包括有无准备时间两种情况，这与 1996 年的研究不同。

讨论这一点对语言流利度和复杂度不会有促进作用，但它会督促学习者尽量避免犯错误，提高语言准确度。研究结果显示，任务后活动对语言流利度和复杂度基本上没有影响，对语言准确度的显著性影响也只存在于做决定任务中。

Skehan 和 Foster（2005）① 主要探究了三个研究问题：①"准备条件"对口语产出的影响，准备条件的分类与他们 1996 年的研究相同；②任务实施过程中引入"奇异信息"（surprise information）对口语产出的影响；③学习者在任务实施过程中第一个五分钟和第二个五分钟的表现是否有差异。该研究的发现主要包括三点：①有指导的详细准备没有对口语产出产生显著性影响；②在任务中途引入奇异信息对产出的影响没有预期的大；③学习者的表现只能维持较短的一段时间，他们在第二个五分钟中产出的语言在准确度和复杂度两个方面都呈下降趋势。

上述三项研究（Foster & Skehan 1996；Skehan & Foster 1997，2005）的研究设计大体一致，但研究结果却不尽相同，特别是在"准备条件"这一变量上。具体而言，前两项研究（Foster & Skehan 1996；Skehan & Foster 1997）都发现在有指导的详细准备情况下，口语产出的语言复杂度和流利度得到了显著提高，但第三项研究（Skehan & Foster 2005）则没有发现"准备条件"对口语产出的显著性影响。鉴于此，两位研究者在 1999 年继续对"准备条件"进行了探讨（Foster & Skehan 1999），主要考察准备来源（source of planning）和准备焦点（focus of planning）对口语产出的影响。准备来源包括四种情况，分别是无准备、个人准备、小组准备和老师带领下准备；准备焦点指准备过程中的关注点是内容还是语言。该研究的主要发现包括两点。①准备来源对口语的流利度、准确度和复杂度产生显著性影响：由老师带领准备的小组产出的语言在流利度、准确度和复杂度三方面最平衡，他们的语言准确度显著高于其他组别，且流利度和复杂度也不低；个人准备小组产出的语言更复杂、更流利；小组准备产出的语言和无准备小组产出的语言之间没有显著性差异。②准备焦点对口语的流利度、准确度和复杂度没有显著性影响。

除关注"准备条件"外，Skehan 和 Foster 还对"任务结构"和"任务实施条件"进行了研究（Skehan & Foster 1999）。他们设计了"餐馆"和"高尔夫"两项录像描述任务，但这两项任务的内在结构存在差异。在"餐馆"任务中，事件的先后顺序较容易辨认，比如，去餐馆、取菜单、点餐、上菜等。相反，"高尔夫"任务中事件的先后顺序不太明显。"任务实施条件"包括四

---

① 尽管 Skehan 和 Foster（2005）的发表时间晚于 Foster 和 Skehan（1996）及 Skehan 和 Foster（1997），但这三项研究是在同一时期同一基金的支持下完成的（参见 Skehan 2011）。

种情况：第一种是受试边看录像边陈述故事；第二种是先把故事梗概发给受试，然后再让他们边看边说；第三种是先看录像两遍，看第二遍的时候陈述故事；第四种是先看录像再陈述故事。研究结果显示：①"任务结构"对句法复杂度和准确度没有影响，但它对语言流利度产生显著性影响，学习者在完成任务结构不明显的"高尔夫"任务时语言更不流利；②"任务实施条件"对语言流利度和准确度没有影响，但它对句法复杂度产生显著性影响，学习者在第四种情况下产出的语言最复杂；③"任务结构"和"任务实施条件"对语言流利度和复杂度不产生交互作用，但对语言准确度的交互影响达到了显著水平，在第四种情况下，学习者完成"餐馆"任务时产出的语言比完成"高尔夫"任务时产出的语言更准确。

综上所述，任务前准备能够促进语言的复杂度和流利度，并且，受试在完成熟悉任务时产出的语言更准确、更流利。也就是说，语言复杂度和流利度，或者语言准确度和流利度能够同时得到提高，但语言复杂度、准确度和流利度三者几乎不能同时进步。语言复杂度和准确度之间存在竞争关系，一方面的提高经常伴随着另一方面的降低。这些研究结果为"有限注意力假说"提供了有力支持。

2.3.1.3　任务难度框架的发展：Skehan 的近期研究

与早期和中期研究相比，Skehan 的近期研究（Skehan 2009a，2009b，2009c，2011，2014，2015；Skehan et al. 2012；Skehan & Foster 2008）主要在三个方面实现了突破：首先，在继续从句法的复杂度、准确度和流利度三方面衡量语言表现的同时，增加了词汇测量方式；其次，Skehan 承认，语言的复杂度和准确度在某些情况下能够同时被提高；最后，Skehan 将 Levelt 的一语产出模型（Levelt 1989，1999）应用于二语任务研究，认为该模型能够很好地解释现有研究结果。下面，我们将详细阐述这三个方面的发展。

首先，Skehan（2009a，2009b，2009c）与 Skehan 和 Foster（2008）都指出，他们之前的研究仅从句法的复杂度、流利度和准确度三个方面衡量学习者的语言表现，没有对学习者的词汇情况进行测量，存在不足之处，需要补充与改善。他们还提出，词汇测量可以从词汇多样性和词汇罕用性两个方面进行，具体的测量指标分别是 D 值（MacWhinney 2000；Malvern & Richards 2002）和 Lambda 值①（Meara & Bell 2001）。D 值越高，学习者使用的词汇越多样化；Lambda 值越高，学习者使用的词汇越不常见。研究（Skehan 2009c；Skehan &

---

① 词汇罕用性的测量指标之一，由 P_Lex 软件计算出。

Foster 2008）发现，母语说话者产出的 D 值和 Lambda 值都显著高于二语说话者，也就是说，母语说话者使用的词汇更多样化、更不常见；对于母语说话者来说，准备条件对词汇多样性的显著性影响体现在个人信息交流任务和图画描述任务中，母语说话者完成这两种类型任务时准备越充分，他们使用的词汇越多样化；母语说话者和二语说话者在完成图画描述任务时使用的不常见词汇最多，在完成做决定任务时使用的不常见词汇最少，但两者在完成做决定任务时使用的词汇最多样化，在完成个人信息交流任务时使用的词汇最不多样化。可见，任务类型、任务实施条件和学习者的母语背景都对词汇使用产生影响。

其次，如前所述（参见 2.2.1 节），语言的流利度、准确度和复杂度之间存在竞争关系。通常情况下，语言的复杂度和流利度，或者语言的准确度和流利度能够同时被提高，但语言的复杂度和准确度则不能，一方面的提高经常伴随着另一方面的降低（Skehan 2011）。Skehan 的大部分研究结果都支持这一"有限注意力假说"，但以下两项研究例外（Tavakoli & Foster[①] 2005；Tavakoli & Skehan 2008）。第一项研究重点关注的是任务结构对口语产出的影响（Tavakoli & Skehan 2005）。研究发现，任务结构产生的影响基本和预期一致，即同时促进了语言的流利度和准确度，但其中的一项任务同时促进了语言的准确度和复杂度。这项任务不仅结构明显，而且还需要整合前景信息（foreground information）和背景信息。鉴于此，Tavakoli 和 Foster（2008）进行了第二项研究，专门考察了任务结构和前景信息及背景信息对口语产出的影响。该研究的研究结果与他们 2005 年的研究发现一致，即语言复杂度和准确度同时得到提高。这似乎与"有限注意力假说"不相符。但 Skehan（2009c）认为，产生这一结果是因为任务的某些特征和任务条件共同起了作用，而不是像"认知假说"所说的那样，由任务复杂度本身造成。"任务结构促进了语言准确度"，"信息控制，即整合前景信息和背景信息，则促进了从句结构的使用，提高了句法复杂度"（Skehan 2009c：522）。当某一任务具备这两种任务设计特征时，它就可以同时促进语言的准确度和复杂度。此外，Skehan（2009c，2011）还指出，现有研究结果都是基于学习者的群体数据推导出来的，群体效应是否适用于个体层面这一点值得怀疑。要证明语言的复杂度和准确度能够同时得到提高，最有效的办法是要证实这两方面的进步发生在同一个体上。在一篇未正式发表的手稿中，Foster 和 Skehan 计算了语言准确度和复杂度的相关

[①] Tavakoli 是 Skehan 的博士生之一，Foster 则是 Skehan 最重要的研究伙伴（Skehan 2011）。基于 Tavakoli 和 Skehan（2005）的研究结果，Tavakoli 和 Foster 才进行了 2008 年的研究，因此本书认为 Tavakoli 和 Foster（2008）也属于 Skehan 的系列研究之一。

系数（参见 Skehan 2009c）。他们发现，在做决定任务中，语言准确度和复杂度的相关系数为 0.26（不显著），在图画描述任务中二者的相关系数为 -0.13（也不显著）。"看起来，任务后条件确实使学习者更关注语言形式，但他们关注的方面却不尽相同，有些强调句法复杂度，有些则重视语言准确度。总体而言，没有数据可以表明，（个体层面的）语言复杂度和准确度同时进步了"（Skehan 2009c：523-524）。可见，从个体层面来看，"有限注意力假说"是成立的。

除增加词汇测量方式和发现语言准确度和复杂度能同时提高外，Skehan（2009c）还将 Levelt（1989，1999）的一语言语产出模型和任务研究结合在一起，为任务研究提供了新的理论视角。Levelt（1989：1）认为，"说话者是一个高度复杂的信息处理器"，他们说话时会经历三个信息处理阶段：概念化阶段（conceptualizing）、形成阶段（formulating）和发音阶段（articulating），每个阶段都能自动地将"各具特色的输入转换成各具特色的输出，这一过程无需其他阶段的反馈与参与"（董艳萍 2008：xi），上一个阶段的输出是下一个阶段的输入。具体而言，概念化阶段发生在"概念器"中，包括为实现交际意图选择拟要表达的相关信息、对相关信息进行排序和跟踪之前已说过的话语等心理活动，产生的是语前信息（pre-verbal message）。语前信息被输入"形成器"，经过语法编码和语音编码两个过程，产生语音计划，形成语言结构。但此时的语言结构只是内部语言，还需要经过"发音器"的处理才能变成外在的语言。言语产出除需经历上述三个阶段之外，还会受到说话者的自我监控，体现在说话者会自我检查语前信息是否与交际意图一致，自我检查处于工作记忆中的语音计划和发音后的外在话语。说话者有可能发现自己话语中的错误并加以纠正。

Skehan（2009c：524，2011：103）认为，"过去 20 来年的二语任务研究已积累了大量的研究成果，为进行理论探讨，特别是与 Levelt（1989，1999）一语言语产出模型的结合，打下了基础"。任务影响因素和 Levelt 言语产出相结合的模型首先包括两个重要阶段（详见表 2.2）：概念化阶段和形成阶段，其中，形成阶段又细分为词注（lemma）提取和句法编码两个子阶段（Skehan 2009c）。此外，任务研究和 Levelt 言语产出相结合的模型还包括任务的影响因素，它们在言语产出的不同阶段发挥作用（详见表 2.2）（Skehan 2009c）。比如，在概念化阶段，信息的数量和本质特征会对任务难度产生影响。如果所需处理的信息是抽象的、动态的，或者信息量较大，那么说话者就需要花费更多的认知资源，更积极地使用工作记忆，任务相对较难。相反，如果所需处理的信息是具体的、静态的，或者信息量较小，任务就相对容易。在词注提取阶段,如果任务要求使用低频词或者任务不可协商,那么学习者在产出言语时就需要付出更多的努力从词注中提取信息,完成任务的压力会变大。但是,如果这一阶段有更多的准备时间组织观点,那么,某些词汇就可能得到凸显,提取的过程也会更顺利。对话式任务也能减轻任务的压力:一方面,当听话者开始说话时,原先的说话者可以有时间来计划、组织他接下来要表达的意思;另一方面,听话者说的话也是一种有力支撑和激活,可以帮助说话者完成任务。在句法编码阶段,如果任务有时间限制或者任务开始前或进行中有大量的输入,会增加学习者的压力。独白式任务不会带来"额外的困难",但它通常"包含大量的输入""有时间限制"(Skehan 2011:105),特别是基于录像的复述任务,因此,也会给学习者造成压力。当然,在这一阶段,也存在一些因素可以减轻学习者的压力,比如,给予准备时间、提供结构化或对话式任务和增加任务后活动等。如果任务结构明显,学习者就不需要在宏观结构上花费时间和精力,他们可以聚焦于细节,构筑所需要的句法结构;如果学习者参与的是对话式任务,他们既可以从听话者那儿获取"时间空隙",也可以"偷取"对方使用的句法结构;并且,对话式任务和任务后有活动一样,都能促使学习者注重表达的精准性,避免犯错误。

表 2.2 Levelt 的模型和任务的影响因素
(译自 Skehan 2009c)

复杂化/增压因素	阶段	减压/聚焦因素
准备:延长 更多复杂的认知操作 抽象、动态的信息 大量的信息	概念化阶段	具体、静态的信息 少量的信息 少数复杂的认知操作
需要不常见的词汇 任务不可协商	形成阶段:词注提取	准备:观点组织 对话式
时间压力 输入信息多 独白式	形成阶段:句法编码	准备:预演 结构化任务 对话式 任务后条件

2.3.2 Robinson 的任务复杂度框架

在一系列实证研究的的基础上,Robinson 及其团队提出并完善了任务复杂度框架(Robinson 1995, 2001a, 2001b, 2003, 2005, 2007a, 2007b, 2007c, 2010, 2011, 2015; Robinson et al. 1995, 2014; Robinson & Gilabert 2007)。任务复杂度框架(Robinson 2001a, 2001b, 2005, 2007a)是本研究任务设计的重要参考框架,因此,我们将详细阐述其形成过程和发展现状。基于Baralt (2010) 的分析,本书将Robinson的研究划分为早期、中期和近期三个研究阶段,分别对应任务复杂度框架的雏形、任务复杂度框架的正式提出和任务复杂度框架的发展与完善。

2.3.2.1　任务复杂度框架的雏形：Robinson 的早期相关研究

任务复杂度框架的提出最早可以追溯到Robinson在1995年的研究。该研究关注的是"此时此地"(here-and-now)这一影响任务复杂度的变量,比较了12名中等水平的英语学习者在完成"此时此地"简单任务和"彼时彼地"(there-and-then)复杂任务时的口语产出。"此时此地"任务给受试呈现了三幅无字连环画,要求他们使用现在时态描述连环画的内容,描述时可以参考连环画。而在"彼时彼地"任务中,受试仍然需要陈述三幅连环画的内容,但他们先看图再复述,复述时使用过去时态,且不能参照连环画。两项任务都是开放、单向的,且研究者在任务过程中不打断、不提问。Robinson对任务的完成情况进行了录音,并从语言的准确度、流利度和复杂度三个方面对受试的口语产出进行了分析与比较。研究结果显示,与"此时此地"任务相比,学习者在"彼时彼地"任务中使用的实词数显著更多;同时,学习者在"彼时彼地"任务中也使用了更多近似目标语的冠词。换言之,与简单任务相比,复杂任务能够促进学习者产出更高的语言复杂度和准确度。

但值得注意的是,在Robinson (1995) 的研究中,任务复杂度对口语产出的句法复杂度和流利度等虽有影响,但却没有达到显著水平。这可能有两个原因:一是受试人数太少(12位成人二语学习者),二是所设计的任务具有缺陷。受试是否一边看图一边说话这一点可能不足以把"此时此地"任务和"彼时彼地"任务区分开来(Robinson 1995)。此外,两项任务都是开放、单向的,都没有考虑到听者的需求。对此,Robinson (1995: 127) 解释说:

> "彼时彼地"任务和"此时此地"任务的区别在于说话者是否需要把不能从共享语境中推断出来的前提与预设用语言表达出来。因为任务中没有明确听话者的需求,所以说话者的责任可能就被最小化了,两种任务条件下的预期差异也就减少了。克服这一缺点的办法在于要更具体地明确听话者的需求,布置封闭类的描述任务,就像Pica等(1993)使用的信息

差任务那样。

可见,任务设计中的开放、封闭、单向、双向等变量可能会影响学习者的语言产出。事实上,Robinson 在 1995 年这篇文章第 131 页的尾注中提到了任务条件、任务类型和任务复杂度,但没有对它们进行详细的阐述和解释。Robinson(1995)指出,我们需要以其他领域的研究和本领域的现有实证研究为基础,建立一种理论,来解释为什么有些任务赋予学习者的"认知负荷"比其他任务赋予的要大。

Robinson 在 1995 年完成的另一项研究(Robinson et al. 1995)探讨了"任务需求"对口语和书面语的影响。该研究由四个子研究组成,"任务需求"的差异体现在三个方面:①认知负荷;②准备时间;③背景知识。尽管该研究的目的是为教学服务(给教师提供信息,让他们在任务型教学大纲中能够对任务进行排序和分级),但它同时也促进了任务复杂度框架的提出。在汇总综述任务型教学的相关文献后,Robinson 等(1995)意识到,教师和研究者们在对任务进行设计、分级和排序时还没有一个清晰的、基于实证研究的标准可参考,还缺乏"对教学有用的"任务分类标准,因此还需要对"任务"进行更多的行动研究。

Robinson 等(1995)的第一项子研究就是,通过连环画描述任务探讨任务的认知负荷(参见本节前文)。研究结果显示,与简单任务相比,复杂任务能够促进学习者产出的语言复杂度和准确度。

Robinson 等(1995)的第二项子研究也考察了任务的认知负荷,但该研究采用的是地图描述任务,其研究对象为 10 名中等水平的英语学习者。在认知负荷低的任务中,受试需要描述出 A、B 两点之间的路线,路线在地图上已经标出;在认知负荷高的任务中,受试仍然需要描述出 A、B 两点之间的路线,但路线在地图上没有标记出来。可见,受试在认知负荷高的任务中完成的就不是单一任务,而是双重任务(既要自己设计路线,还要描述出路线)。研究结果显示,在认知负荷高的复杂任务中,学习者产出的语言流利度受到了显著性影响,但是准确度和复杂度则没有受到影响。

Robinson 等(1995)的第三项子研究关注了"准备时间"对学习者口、笔语产生的影响。该研究的受试为以英语为母语的汉语学习者,其汉语水平为中高级。所有受试都需要完成两项口语任务和两项笔语任务。口语任务和笔语任务使用的材料相似但不完全一样。在第一项任务中,受试需要在没有准备时间的情况下描述出图画的内容,任务较复杂;在第二项任务中,受试先看图画,进行描述前有三分钟的准备时间,任务相对容易。两项任务不是连续完成，而是间隔了几天的时间。研究发现，不管是在口语还是笔语中，准备时间都不能促进语言准确度的提高；但在口语中，准备时间对语言流利度的提高有显著性影响。

Robinson 等（1995）的第四项子研究探究了任务复杂度框架中的"背景知识"变量，采用的是听力任务。在本研究中，受试为三组初级水平的汉语学习者，分别为 11 人、11 人和 7 人。三组受试都需要在听完一篇与南京旅游相关的演讲后完成多项选择测试卷。测试卷既检测学习者对演讲内容的理解，也考察他们基于演讲信息进行正确推理的能力。三组受试的不同之处在于他们所具备的相关背景知识：第一组受试对任务的形式比较熟悉，因为他们在听力任务开始之前完成了另一项和听力任务形式相同的任务，均为演讲；第二组受试对任务的话题比较熟悉，因为他们在听力任务开始之前也完成了另一项任务，该项任务的话题和听力任务的话题相关，为南京附近的某个城市的旅游介绍；第三组受试对任务的形式和内容都不熟悉，因为他们在听力任务开始之前没有完成任何其他任务。Robinson 等（1995）假设，具有相关背景知识的小组（即第一组和第二组）在信息理解和推理两项中的表现都会强于不具备背景知识的小组（即第三组）。这一假设只得到了部分验证：第一组和第二组受试在推理题中的表现显著优于第三组，但三组受试在信息理解题中的表现没有显著性的差异。

基于上述四项子研究的研究结果，Robinson 等（1995）绘制出了一张任务分类表（详见表 2.3）。任务从简单到复杂构成一个连续体。

表2.3　简单任务和复杂任务中语言流利度、准确度和复杂度研究结果汇总

（译自 Robinson 等 1995）

简单任务	复杂度维度	复杂任务
	认知负荷	
此时此地		彼时彼地
更流利		更复杂（词汇密度）
（单位话语字数更多）		更准确（冠词）
单一（地图）任务		双重（地图）任务
更流利	同等准确度（冠词）	
（单位字数更多，停顿更少）	同等复杂度（词汇密度）	

续上表

简单任务	复杂度维度	复杂任务
有准备时间的写作	准备时间	无准备时间的写作
	同等准确度（动词形态、时态标记等）	
	同等流利度（单词数和句子数）	
有准备时间的口语		无准备时间的口语
更流利 （单词数）		
	同等准确度（动词形态、时态标记等）	
	同等流利度（话语数）	
有背景知识	背景知识	无背景知识
（形式和内容）		
更多正确推理	同等复述	

表2.3显示，学习者在复杂任务中的产出更准确，在简单任务中的产出更流利。Robinson等（1995）曾假设，在有准备时间的写作任务中，学习者产出的语言会最准确，因为在写作中学习者不仅能够进行构思，而且有机会修正自己的笔误。但这一假设没有得到验证。研究者推断，"假如想要使有准备时间的写作任务能够切实提高语言准确度，那么，还需要增加任务的功能性认知负荷"，"更大的认知负荷有时可能造成对某种特殊形式的功能性需求，而非仅仅促使学习者更关注形式"（Robinson 1995：70）。只有当某种形式被真正需要时，学习者使用的语言才更有可能接近目标语。

这些思考"可能激发了 Robinson 最终提出任务设计中的资源指引维度"（Baralt 2010：29）。Robinson 等（1995）最后提出了任务复杂度的三个层面及其相互之间的影响（详见表2.4），成为任务复杂度框架的雏形。

表2.4 任务复杂度的三个层面及其在教学大纲不同等级任务中的潜在交互

（译自 Robinson 等 1995）

第一等级任务					
认知负荷		准备时间		背景知识	
低	高	有	无	有	无
简单	复杂	简单	复杂	简单	复杂
第二等级任务					
高认知负荷				无背景知识	
有准备时间	无准备时间			低认知负荷	高认知负荷
不太简单	更复杂			不太简单	更复杂
第三等级任务					
无准备时间					
高认知负荷					
无背景知识					
非常复杂					

2.3.2.2 任务复杂度框架的正式提出：Robinson 的中期研究

继1995年的研究之后，Robinson 在2001年又发表了两项重要研究成果，对任务复杂度进行了理论探讨，正式提出了有关任务复杂度的"三元框架"（triadic framework）。该框架由任务复杂度、任务条件和任务难度三部分组成（详见表2.5）（Robinson 2001a，2001b）。

如表2.5所示，影响任务复杂度的因素隶属于两个维度：①资源指引维度，包括"元素""此时此地"和"无推理需求"；②资源消耗维度，包括"准备""任务单一性"和"背景知识"（Robinson 2001a）。从资源指引维度增加任务的复杂程度能将学习者的注意力资源导向特定的语言形式，增加学习者语言产出的复杂度和准确度。比如，与"无推理需求"任务相比，"有推理需求"的任务可能会促使学习者使用更多的逻辑连接词（如 therefore、because 和 if-then 等）及其相应的句法结构。从资源消耗维度增加任务的复杂程度则会消耗学习者的注意力资源，对学习者语言产出的复杂度、准确度和流利度产生负面的影响。比如，当学习者需要同时完成两项任务时，那么他的注意力就会被分散，其产出语言的复杂度、准确度和流利度会受到负面影响。资源指引和资源消耗这两大维度还可能产生交互作用，影响学习者的任务表现。比如，与同时从两个维度增加任务复杂度相比,从资源指引维度增加任务复杂度(如增加推理需求)且从资源消耗维度降低任务复杂度(如提供准备时间)更能合理配置资源,从而满足任务要求(Robinson 2001a)。

表 2.5 任务复杂度、任务条件和任务难度 1

(译自 Robinson 2001a, 2001b)

任务复杂度	任务条件	任务难度
(认知因素)	(交互因素)	(学习者因素)
a) 资源指引型:	a) 参与因素:	a) 情感因素:
+/-①少数元素	单向/双向	动机
+/-此时此地	趋同/趋异	焦虑
+/-推理需求	开放/封闭	自信
b) 资源消耗型:	b) 参与者因素:	b) 能力因素:
+/-准备	性别	学能
+/-任务单一性	熟悉度	水平
+/-背景知识	权势/平等	智力

表 2.5 还显示,影响任务难度的因素也可以划分为两个维度:①情感因素,包括自信、动机和焦虑等可能随时会发生变化的变量,对学习者的认知资源产生暂时性的影响;②能力因素,包括智力、学能和水平等不易发生变化的变量,它们在一段时间内相对稳定,对学习者认知资源产生的影响相对稳定(Robinson 2001a)。

任务条件是指实施任务的条件,体现在参与因素和参与者因素两个方面。参与因素包括信息流动的方向(单向/双向)和交际的目的(一种或多种解决方案);参与者因素包括性别、相互之间的熟悉程度、对任务角色的熟悉程度和任务目标等(Robinson 2001a)。

任务复杂度、任务难度和任务条件三者之间会相互影响。比如,任务复杂度会影响学习者对任务难度的看法。在没有准备时间或需要完成双重任务的时候,学习者可能会更焦虑。再如,任务条件(如参与者角色)也会影响任务

---

① +/-既表示一个成分的存在或空缺,也可以是连续体,有数量多少的差异。

难度，信息给与者的焦虑会比信息接收者的焦虑更大。在这三者之中，任务复杂度是制定教学大纲、安排教学任务时应首要考虑的因素（Robinson 2001a）。

2007年，Robinson在汇总综述与任务相关的研究后更新了他的"三元框架"（Robinson 2007a，2007b，2007c；Robinson & Gilabert 2007）。尽管任务设计时仍然需要考虑三个方面的因素，即任务复杂度、任务难度和任务条件，但极大地丰富了每一方面所包括的信息（详见表2.6）。因为本研究关注的焦点是任务复杂度，所以我们仅对任务复杂度层面发生的变化进行详细阐述。

虽然任务复杂度总体仍然包括资源指引和资源消耗两大维度，但这两大维度所包括的变量却发生了变化。具体而言，资源指引维度原有的"推理需求"被进一步划分成了三项：①空间推理，即任务是否要求进行空间推理，是否包括容易辨认的、完成任务双方都知道的标志性建筑；②原因推理，即任务只是要求进行信息传递，还是要求对原因和关系进行推算；③意图推理，即任务只是要求进行信息传递，还是需要对他人的意图、目的和关系等进行推算。此外，该维度还增加了一个新变量：人称转换，即说话者或听话者在完成任务时只需要使用第一人称，还是需要同时使用第二、第三人称（Robinson 2007a）。

表2.6 任务复杂度、任务条件和任务难度2

（译自 Robinson 2007a，Robinson & Gilabert 2007）

任务复杂度	任务条件	任务难度
（认知因素） 分类标准：认知需求 分类方法：信息－理论分析	（交互因素） 分类标准：交互需求 分类方法：行为描述分析	（学习者因素） 分类标准：能力要求 分类方法：能力评估分析
a) 资源指引型： 产生认知/概念需求	a) 参与因素： 产生交互需求	a) 能力因素： 和任务相关的资源差异
+/－此时此地 +/－元素 －/+空间推理 －/+原因推理 －/+意图推理 －/+人称转换	+/－解决方案开放 +/－单向信息流动 +/－解决方案为趋同 +/－参与人数少 +/－所需要的贡献少 +/－不需要沟通	高/低工作记忆 高/低推理 高/低任务转换 高/低学能 高/低场独立 高/低读懂想法/意图
b) 资源消耗型： 产生行事/程序需求	b) 参与者因素： 产生相互作用的需求	b) 情感因素： 和任务相关的状态－特征差异

续上表

任务复杂度	任务条件	任务难度
+/-准备时间	+/-水平相同	高/低对经验的开放性
+/-任务数量	+/-性别相同	高/低情感控制
+/-任务结构	+/-熟悉度	高/低任务动机
+/-步骤数量	+/-共享专业知识	高/低焦虑
+/-步骤独立化	+/-地位与角色平等	高/低交流意愿
+/-背景知识	+/-共享文化知识	高/低自我效能感

在更新后的"三元框架"中，资源消耗维度所包括的变量也增加了三项：①任务结构，即任务中是否提供了清晰的结构；②步骤数量，即完成任务需要的步数，是一步、少数几步还是很多步；③步骤独立化，即完成任务的每一步骤可以独立于其他步骤，还是它们必须遵循一定的先后顺序（Robinson 2007a）。

2.3.2.3　任务复杂度框架的发展：Robinson 的近期研究

任务复杂度框架的最新发展是 SSARC 模型①（Robinson 2010，2015；Robinson et al. 2014）。该模型认为，给学习者安排任务时应首先布置最简单的任务，然后逐渐增加任务的复杂程度，最后过渡到最复杂的任务（Robinson 2010）。任务的排序需遵守两个原则：

第一，只对那些会使内在概念和认知加工变得复杂的认知需求进行排序。比如，应该把不需要进行意图推理的任务安排在需要进行意图推理的任务之前。任务的交互需求（如单向或双向信息流动）只需要进行复制，这样可以促进记忆中的深层语义加工（Hulstijn 2001，2003），以便在现实生活中能成功运用任务中使用的特殊"机制"（Schank 1999）。换言之，SSARC 模型只强调在任务排序时考虑任务复杂度这一方面的因素。

第二，任务排序时应首先沿着资源消耗维度增加任务复杂度（如从有准备时间到没有准备时间），然后再沿着资源指引维度增加任务复杂度（如从不需要进行意图推理到需要进行意图推理）。具体来说，任务排序可以分三步走：第一步，安排各个层面都简单的任务（如有准备时间、无意图推理需求），这样，任务表现就临近现有中介语系统中简单、稳定（simple, stable，

---

① SSARC 五个字母分别代表 simple, stable, automatization, restructuring, maximum complexity, 是进行任务排序时应遵循的步骤，详见本节下文。

SS）的"吸引状态"（attractor state） （参见 Larsen-Freeman 2006；Larsen-Freeman & Cameron 2007；van Geert 2008）。第二步，从资源消耗维度增加任务复杂度（如无准备时间、无意图推理需求），这能加快从现有中介语系统中进行提取的速度，实现中介语系统的自动化（automatization，A） （参见 Dekeyser 2007）。第三步，从资源消耗维度和资源指引维度同时增加任务复杂度（如无准备时间、有意图推理需求），有利于推进该系统的重组（restructuring，R），使任务变得最复杂（maximum complexity，C），中介语系统变得不稳定，形成新的形式与功能或概念的对应关系。

上述三个步骤构成了为增加二语教学任务复杂度服务的 SSARC 模型，如以下公式所示（Robinson 2010）。

第一步：$SS = i \times e\ ('s'rdisp) + ('s'rdir)\ n$

第二步：$A = i \times e\ ('c'rdisp) + ('s'rdir)\ n$

第三步：$RC = i \times e\ ('c'rdisp) + ('c'rdir)\ n$ （译自 Robinson 2010：244）

其中，i 等于现有的中介语系统（current interlanguage state）；e 等于脑力付出（mental effort）；s 等于简单任务需求（simple task demands）；c 等于复杂任务需求（complex task demands）；rdisp 等于资源消耗维度（resource dispersing dimensions of tasks）；rdir 等于资源指引维度（resource directing dimensions of tasks）；n 等于任务练习的次数，由教师根据现场情况决定。

Robinson 的 SSARC 模型为教师进行任务设计和排序提供了有力的指导。它是"迄今为止唯一一个同时如此细致考虑内在因素和外在因素的模型……是最全面的模型"（Baralt 2010：42）。

2.3.3 小结

本节首先介绍了现有任务复杂度研究中影响力较大的"有限注意力假说"和"认知假说"，发现这两大假说都认为任务给学习者造成的认知负荷会影响学习者的语言产出，都认为从资源消耗维度增加任务复杂度会降低语言产出的准确度、复杂度与流利度。但是，"有限注意力假说"和"认知假说"之间也存在争议，这种争议主要源自它们对学习者注意力资源理解的差异，反映在学习者产出中就是产出语言的准确度和复杂度是否能够同时得到提高。"有限注意力假说"和"认知假说"之间的争议既是本研究的出发点，也将是本研究的落脚点。

此外，本节主要回顾了任务难度框架和任务复杂度框架的提出与发展。通过文献梳理，我们发现，研究者对任务复杂度概念的界定越来越清晰。早期相关研究中较多使用的"任务难度"术语覆盖面比较广，所包括的内容也比较多。之后,"任务难度"这一概念被分化成"任务复杂度"和"任务难度"两个概念(Robinson 2001a),任务本身具有的属性和学习者对任务的感知被区分开来,"任务复杂度"更具操作性。鉴于此,本研究在进行任务设计时将主要参考任务复杂度框架。

2.4 语言复杂度的测量

在二语研究中,研究者们大多使用量化、客观的测量方式来测量语言复杂度,且语言复杂度的测量大多从句法和词汇两个层面进行(Bulté & Housen 2012)。因此,接下来我们将对句法复杂度和词汇复杂度的量化测量方式进行汇总与分析,从中选取适合本研究的测量方式。

2.4.1 句法复杂度的测量

句法复杂度,也称语法复杂度(grammatical complexity)或句法成熟度(syntactic maturity),是语言复杂度的表征之一。它指的是"语言产出中句法结构的多样性和复杂化程度"(Ortega 2015:82)。这一建构在二语研究中很重要,因为通常"二语学习者句法知识储量的增加以及在不同语境中恰当使用这些知识的能力的提高就意味着其语言的发展"(Ortega 2003:492)。

在二语写作研究中,测量句法复杂度是为了评估某种教学干预对语法发展和/或写作能力的影响,是为了探讨二语写作中与任务相关的因素,是为了考察不同水平、不同年龄的二语学习者的写作文本差异(Polio 2001)。可见,句法复杂度的应用非常广泛,其测量方式的可靠性和有效性受到了很多研究者的关注。

在过去半个多世纪里,研究者们(Hunt 1965;Hirano 1991;Monroe 1975)使用了大量不同的指标来测量句法复杂度。Polio(2001)综述了大量关于句法复杂度的研究,总结了这些文献中常用的句法复杂度测量指标,发现这些指标大体可以归纳为三类:语言结构的平均长度、语言结构的出现频率和语言结构之间的比率关系。

2.4.1.1 语言结构平均长度的测量

在句法复杂度研究中,常见的"语言结构"包括句子(sentence)、T单位(T-unit)和子句(clause)三种类型。它们的长度取决于它们所包含的单词的数量(参见 Hunt 1965;Polio 1997,2001;Wolfe-Quintero et al. 1998)。

"句子"通常由大写字母开头,以句号、问号和感叹号结尾,有时也使用省略号，含有至少一个主语和一个谓语（Polio 1997；Wolfe-Quintero et al. 1998；秦晓晴、文秋芳 2007）。"T 单位"这一概念最早由 Hunt（1965）在检验儿童写作句法成熟性的研究中提出。它由一个主句以及嵌入或从属于它的所有从句和非从句结构构成。从句的数量可以为零，这个时候的 T 单位就是一个简单句。也就是说，T 单位可以是简单句，也可以是复杂句。"子句"则由一个主语（包括并列主语）和一个限定动词（包括并列限定词）构成（Hunt 1965；Polio 1997）。例如：

① [Bill left the house.]①（1 个句子，1 个 T 单位，1 个子句）
② [Bill left the house and went to school.]（1 个句子，1 个 T 单位，1 个子句）
③ [After he left the house, Bill went to school.]（1 个句子，1 个 T 单位，2 个子句）
④ [Bill left the house][and he went to school.]（1 个句子，2 个 T 单位，2 个子句）
⑤ [Usually it will take several days for us to hear from our friends], [but we can get the message which is sent by friends in seconds.]（1 个句子，2 个 T 单位，3 个子句）。

语言结构的平均长度已被广泛应用于二语写作研究中，但研究者们对哪一种结构长度最能反映学习者的句法复杂度持不同意见。比如，Hunt（1970）的研究显示，学习者句法复杂度的最佳测量指标是 T 单位长度，因为 T 单位包含了各种复杂的从属关系或嵌入结构。但是，Bardovi-Harlig（1992）却对 T 单位持批评态度，认为 T 单位的定义中没有涉及并列子句，这样会给 T 单位的判别带来问题。鉴于此，Bardovi-Harlig（1992）建议，在描述成人二语学习者写作文本的句法复杂度时，采用句子长度作为衡量指标。Ishikawa（1995）并不赞同上述两位研究者的观点，他主张以子句为单位来分析学习者的写作文本。为了避免单一语言单位不能全面反映句法单位长度的问题，本研究决定同时测量三种语言单位的长度，即 T 单位、句子和子句的平均长度。

2.4.1.2 语言结构出现频率的测量

在二语写作研究中，部分研究者（Grant & Ginther 2000；Homburg 1984；

---

① T 单位用方括号标出，子句用下划线标出。

Monroe 1975）通过计算某些复杂语言结构的出现频率来测量句法复杂度。其中，常见的复杂语言结构包括紧缩子句（reduced clause）、从属子句（dependent clause）和被动句（passive sentence）等（参见 Wolfe-Quintero et al. 1998）。

Monroe（1975）采用段落改写的方法考察了学习者将多个子句压缩为一个子句的能力，探讨了写作中句法复杂度的发展阶段。研究结果显示，紧缩子句的数量可以显著区分出三个不同的年级。据此，Monroe（1975）认为，二语写作的句法发展经历了三个发展阶段，即从并列句到从属子句再到紧缩句。以英语为例就是：

原句：I have a son. He is ten.

阶段1：I have a son and he is ten.（并列句）

阶段2：I have a son who is ten.（从属子句）

阶段3：I have a ten-year-old son.（紧缩子句）（Monroe 1975：1026）

可见，在 Monroe（1975）的研究中，紧缩子句的主要成分是短语。但紧缩子句这一测量方法只适用于改写任务研究中（Wolfe-Quintero et al. 1998）。在非改写任务研究中，研究者则通过统计诸如形容词短语、副词短语和名词性短语的数量来检验短语结构的区分力（参见 Kameen 1979）。

Homburg（1984）和 Kameen（1979）统计了习作者文本中的从属子句的数量。从属子句包括副词性从句、形容词性从句和名词性从句。Homburg（1984）根据作文成绩将学习者划分为高、中、低三个语言水平，然后计算他们作文中从属子句数量与作文成绩之间的相关性。结果显示，作文中从属子句的数量和作文成绩成正比，高分组和低分组在从属子句的数量上存在显著性差异。Kameen（1979）也统计了高分组和低分组作文中出现的从属子句的数量。尽管高分组比低分组使用了更多的从属子句，但差异没有达到显著水平。"一般人的直觉是'好'学生对从句使用掌握得更好……但这一直觉没有得到数据支持"（Kameen 1979：347）。

作文中被动句的数量也是研究者们常用的句法复杂度测量指标。Kameen（1979）把被动句划分为真实或动态被动句（true or dynamic passives）和静态被动句（stative passives）两种。比如，"They were given the notice"和"He had been told to sit down"属于动态被动句，而"I am interested in the result"和"My coat is torn"则属于静态被动句。Kameen（1979）统计了高分组和低分组作文中的动态被动句数量。高分组作文指分数在79分以上的作文，该组的平均分为80.6分。低分组作文则指分数处于68到71分之间的作文，平均为70.2分。Kameen（1979）发现，作文文本中的被动句数量可以有效地区分学习者的写作水平。该研究发现在 Grant 与 Ginther（2000）的研究中得到了验证。Grant 和 Ginther（2000）首先根据学习者的英语写作水平将他们分成了低、中、高三组，然后使用 Biber（1988）开发的计算机软件对作文文本中的被动句进行标注（包括 by-被动句和未带施动者的被动句[①]），最后比较了三组学习者作文文本中的被动句使用数量。该研究发现，作文文本中被动句的使用数量随着学习者写作能力的提高而增加。

需要指出的是，"总体而言，把语言结构的出现频率作为句法复杂度的测量指标是令人怀疑的"（Wolfe-Quintero et al. 1998：75），因为语言结构的出现频次可能会受到文本长度的影响。鉴于此，研究者们（Hirano 1991；Ishikawa 1995；Kameen 1979）计算了各结构之间的比率关系，以期更好地测量出句法的复杂程度。本研究也将计算各结构之间的比率关系，详见下一节。

2.4.1.3 语言结构之间比率关系的测量

Wolfe-Quintero 等（1998）指出，句子、T 单位和子句之间的比率关系可以划分为三种类型。第一种为整体复杂度比率，计算方法为用子句数量除以句子或 T 单位的数量。比如，Ishikawa（1995）通过计算写作文本的句子复杂度（C/S）来考察写作文本句法复杂性的增长情况，其研究对象为两组初级水平的英语学习者。研究发现，通过三个月的学习，两组学习者写作文本的句子复杂度都增加了，并且，其中一组的增加幅度还达到了显著水平。与句子复杂度比率相比，T 单位复杂度比率（C/T）的应用更加广泛（Cooper 1976；Flahive & Snow 1980；Hirano 1991；Hunt 1965；鲍贵 2009；秦晓晴、文秋芳 2007；徐晓燕等 2013）。研究者们认为，T 单位中包含的子句越多，文章的句法就越复杂。Wolfe-Quintero 等（1998）在总结 39 项与语言发展相关的写作研究后指出，T 单位复杂度比率和写作水平之间呈线性增长关系，且该关系不受写作任务、写作语言和写作水平划分标准的影响。

第二种类型的比率关系基于子句层面，考察从属子句和独立子句之间的关系，常用的测量指标为从属子句比率（Wolfe-Quintero et al. 1998）。从属子句比率旨在测量学习者将从属子句和独立子句结合起来的能力，可通过计算从属子句和所有子句的百分比（DC/C）或从属子句和所有 T 单位的百分比（即 DC/T）获得。Hirano（1991）根据 CELT[②] 成绩将学习者划分为高、中、低三

[①] 在 Grant 和 Ginther（2000）的研究中，未带施动者的被动句（agentlless passives）包括下面两种句式：1）be 动词 +（副词）+（副词）+动词过去分词；2）be 动词 + 名词或代词 + 动词过去分词（参见 Biber 1988）。

[②] CELT 的全称为 Comprehensive English Language Test for Speakers of English as a Second Language，是日本的英语等级考试。

个语言水平,然后计算每组学习者写作文本的 DC/C 比率。研究发现,尽管 DC/C 比率和语言水平(即 CELT 分数)之间呈弱相关关系,但该比率可以显著区分语言水平。Homburg(1984)则计算了写作文本的 DC/T 比率,发现该比率和作文成绩显著相关,好作文每个 T 单位中包括更多的从属子句。但是,也有研究表明,DC/C 比率(Kameen 1979)或 DC/T(Vann 1979)比率和习作者总体性评分之间没有显著关系。

第三种类型的比率关系关注语言结构之间的并列关系,常用的测量方法有 T/S 比率和 CP/T 比率(Wolfe-Quintero et al. 1998)。T/S 比率计算的是每句话中包括的 T 单位数量,最初被 Hunt(1965)用来调查连写句(run-on sentence)和写作水平之间的关系。Hunt(1965)认为,当每个 T 单位包含的子句数量增加时,每个句子中包含的 T 单位应随之减少。CP/T 比率计算的是每个 T 单位中含有的复杂短语(complex phrase)数量。在 Cooper(1976)的研究中,复杂短语包括名词性短语(如 the man and woman)、形容词性短语(如 fresh and white)、副词性短语(如 quickly and carefully)和动词性短语(如 read and write)。Cooper 发现,不同年级学生在写作文本的 CP/T 比率上呈现出显著性差异,总体趋势为先下降后上升。

如前所述(参见 2.4.1.2 节),本研究将测量语言结构之间的比率关系,包括 C/T、CT/T、DC/C、DC/T、CP/C、CP/T、T/S、CN/C、CN/T、VP/T 和 C/S 11 项具体测量指标,隶属于从属子句、并列结构、特定短语结构和句子复杂度四个维度。

2.4.1.4 句法复杂度的自动化测量

Bulté 和 Housen(2012)在汇总了 40 项任务型实证研究中句法复杂度的测量方式后指出,当前的实证研究对于语言复杂度构成成分这一问题采用的视角"狭窄、简化,甚至过于简单"。多数研究只使用了少数几种测量方式(平均使用的测量方式为 2.7 种,有 22 项研究只使用了 1~2 种测量方式),这可能是因为缺少复杂度测量的自动化工具,手工计算太耗时耗力。

鉴于此,研究者们开始探索使用自动化工具来测量句法复杂度。比如,McNamara 等(2010)将原本用于测量阅读教材文本特征的自动化工具 Coh-Metrix 引入二语写作领域。这是在综合利用语料库语言学、计算语言学、自然语言处理、语篇分析和心理语言学等学科最新进展的基础上开发出来的文本处理工具,能够对文本的表层和深层特征进行自动量化(Crossley & McNamara 2014;Graesser et al. 2004)。Coh-Metrix 包含 200 多项测量指标,但其网站提供的免费试用版本只报告其中的 60 项指标(参见杜慧颖、蔡金亭 2013)。并且，在这 60 项指标中，和句法复杂度相关的只有 5 项（参见杜慧颖、蔡金亭 2013），包括主动词前的单词数、名词短语前的修饰语数量、每千词中的名词短语数量和否定表达密度等（参见杜慧颖、蔡金亭 2013；Crossley & McNamara 2014；Graesser et al. 2004；李雪莲 2014）。可见，该软件包含的句法复杂度测量指标比较有限，尚不能全面系统地反映文本的句法复杂度。此外，该软件目前只能通过在线分析界面逐篇处理 15000 字符以内的文本，数据处理的效率还有待提高。

除 McNamara 等研究者开发的 Coh-Metrix 外，Lu 和其博士生 Ai 也对句法复杂度的自动分析工具进行了探索，并设计出专门用于测量句法复杂度的自动分析器（Syntactic Complexity Analyzer）（Lu 2010）。该分析器从单位长度、从属子句、并列结构、特定短语结构和句子复杂度五个维度对句法复杂度进行测量，总计包括 14 项具体指标。在这 14 项指标中，有 11 项指标已经前人研究证实，"与学习水平、二语发展或写作质量有显著关系"（陆小飞、许琪 2016：414）。剩余三项指标为"Wolfe-Quintero 等（1998）向二语写作研究者推荐使用的"（陆小飞、许琪 2016：414）。Lu 和 Ai 将此自动分析器放于网上，所有人都可免费使用（网址是 http://aihaiyang.com/software/l2sca/）。

在设计出句法复杂度自动分析工具之后，Lu 和 Ai 还对它进行了检验，将其应用于不同类型的写作文本分析中。比如，Lu（2011）利用句法复杂度自动分析工具对中国学生英语笔语语料库（the Written English Corpus of Chinese Learners，简称 WECCL）（文秋芳等 2005）中的 3554 篇文本进行了分析，发现在句法复杂度的 14 种测量方式中，有 10 种测量方式能够有效区分出写作水平。在此基础上，Ai 和 Lu（2013）比较了以英语为母语的大学生的写作文本和以汉语为母语的大学生的写作文本，总共 600 篇，发现两者在单位长度、从属关系、并列关系和短语复杂程度四个方面都存在显著性差异。Lu 和 Ai（2015）进一步扩大了母语范围，比较了以英语为母语的大学生的写作文本和以其他七种语言（包括德语、法语、俄语、汉语、日语、保加利亚语和茨瓦纳语）为母语的大学生的写作文本，总共 1600 篇，发现当不考虑二语学习者的母语背景时，母语组和非母语组之间只在 3 种句法复杂度的测量方式上存在显著性差异；但是当二语学习者按照其各自的母语进行分组时，母语组和非母语组之间在 14 种句法复杂度的测量方式上都存在显著性差异。

除开发者本人外，其他研究者在研究中也使用了句法复杂度自动分析器。比如，Chan 等（2015）对口语和笔语中句法复杂度的发展进行了跟踪调查，他们使用的句法复杂度测量工具即为该自动分析器。在 Chan 等（2015）的研究中，研究对象为一对 15 岁的双胞胎女生，台湾人，英语水平为初级。整个数据收集历时 8 个月。在这 8 个月中，两位受试每周需要产出口语和笔语材料各三篇左右，材料的话题来自托福考试。因此，对于每一位受试，研究者最终收集到 100 篇口语产出和 100 篇书面语产出。所有产出随后被输入句法复杂度自动分析器进行句法复杂度分析。分析发现，这对双胞胎在句法复杂度方面的差异一开始体现在口语中，但随着时间推移，二者在句法复杂度方面的差异则更多地体现在笔语中。

同样使用了句法复杂度自动分析器的还有 Wang 和 Slater（2016）以及 Yoon 和 Polio（2017）。Wang 和 Slater（2016）使用该自动分析器测量了不同水平英语使用者所写的个人陈述。其中一组个人陈述为中国某大学非英语专业二年级本科生所写，总计 38 篇，平均篇幅长为 620.6 词，课外完成，无时间限制。另一组个人陈述则为美国和加拿大某些大学官网上贴出的个人陈述样本，总计 15 篇，平均篇幅长为 748.2 词。研究发现，不同水平的英语使用者在单位长度、从属子句使用量、并列结构使用量和特定短语结构这四个方面存在差异，且在句法单位长度和特定短语结构两方面的差异达到了显著。Yoon 和 Polio（2017）考察的是写作发展以及写作体裁对写作产出的影响，他们也使用了句法复杂度自动分析器对写作文本进行测量。该研究的研究对象为美国某大学的 37 名成人英语学习者，研究工具包括六篇作文，其中三篇为记叙文，三篇为议论文。所有学习者每隔两至三周完成一篇作文，时间为 30 分钟，写作时不可以参考其他资料。相邻两次完成的作文在体裁和话题上存在不同，以控制作文呈现顺序产生的影响。研究结果显示，记叙文和议论文这两种体裁的文章在单位长度、并列结构使用量和特定短语结构三个方面存在显著性的差异。

综上所述，Lu 和 Ai 设计开发的句法复杂度自动分析器受到越来越多的研究者关注，其提供的 14 项测量指标可以较为全面地呈现句法复杂度的整体面貌，因此，本研究也将使用该自动分析器对习作者作文文本的句法复杂度进行测量。

2.4.2 词汇复杂度的测量

词汇是语言的基本建筑材料，增加词汇量是语言学习者的重要目标之一。因此，词汇评估成为二语习得研究中的一个重要课题。词汇评估可以分为两类（鲍贵 2008）：一类以目标词汇为中心设计词汇测试，测试的内容涉及词汇量和词汇知识深度（Schmitt & Meara 1997；Wesche & Paribakht 1996；吴旭东、陈晓庆 2000；吕长竑 2004）；另一类认为词汇在完成交际任务过程中不可或缺，重点考察学习者在这一过程中如何使用词汇（Hyltenstam 1988；Laufer

1991；Engber 1995；文秋芳 2006）。

"通过作文评估习作者产出性词汇的运用是一个较新的领域。"（鲍贵 2008：38）词汇评估通常从流利度、准确度和复杂度三个方面进行。本研究重点考察词汇复杂度（lexical complexity）①。写作文本的词汇复杂度是"写作者产出性词汇（productive vocabulary）的广度和复杂程度"（Wolfe-Quintero et al. 1998：101）。文本的词汇复杂度高意味着该文本包括大量的、不同的基本词汇和高级词汇，反之则词汇种类有限。词汇复杂度主要体现在词汇密度（lexical density）、词汇复杂性（lexical sophistication）和词汇多样性（lexical variation）三个方面。

2.4.2.1　词汇密度的测量

词汇密度这一术语源于 Ure（1971）的研究，是指文本中实词（lexical words）词数在总词数中所占的比例。Ure（1971）发现，笔语的词汇密度通常大于40%，口语则低于40%。实词是个开放的集合，包括名词、动词、形容词和副词等词类，但各个研究对词类的定义不尽相同。比如，O'Loughlin（1995）认为副词包括时间副词、方式副词和地点副词，而 Engber（1995）则认为副词是由形容词转化来的，且带有"-ly"后缀。

除了比较口语和书面语的词汇密度外，研究者们还关注了本族语者和二语学习者写作文本的词汇密度。比如，Linnarud（1986）的研究显示，本族语者的词汇密度略高于二语学习者，二者差异接近显著性（$p < 0.07$）。Hyltenstam（1988）的研究则表明，本族语者和高水平二语学习者在词汇密度方面不存在显著性差异。

词汇密度与写作质量之间的相关关系也是研究者们探讨的课题。尽管 Nihalani（1981）发现实词的使用量和作文质量之间呈现相关的趋势，但多项研究表明，词汇密度和作文质量之间没有显著的相关关系（Engber 1995；Laufer 1991；Lu 2012）。

2.4.2.2　词汇复杂性的测量

词汇复杂性（lexical sophistication），也叫做词汇罕用性（lexical rareness），是指"学习者言语产出中低频词和高级词汇所占的比例"（Read 2000：203）。至于它的定义和计算方法，学者们的看法和操作不尽相同。比如，虽

---

①　在有的研究（Laufer 1991；Read 2000；Lu 2012）中，词汇复杂度也被称为词汇丰富度（lexical richness）。

然 Linnarud（1986）和 Hyltenstam（1988）都计算了复杂实词在所有实词中所占的比例，但他们对复杂实词的界定不同。Linnarud（1986）认为在瑞典学校九年级以后教授的英语词汇都为复杂高级词汇，而 Hyltenstam（1988）则把复杂高级词汇定义为 7000 词以外的词汇。

West（1953）为学习者开发了通用词表（General Service List，简称 GSL），包含了英语中最常用的 2000 词族（word families）。该词表从内含 5,000,000 词的语料库中提取，提取时充分考虑了出现频率、是否容易习得、是否是生活中常用的概念以及语体等因素。研究发现，GSL 词族在文学作品中的词汇覆盖率为 90%（Hirsh 1993），在非文学作品中的覆盖率为 75%（Hwang 1989），在学术类语料中的覆盖率为 76%（Coxhead 2000）。长期以来，这个词表在语言教学和研究中都发挥着重要作用。

另一个重要的词表是 Xue 和 Nation（1984）建立的大学词表（University Word List，简称 UWL），由四个词表重新编辑、合并而成，涵盖了"不在前 2000 个常用词族范围内，但在各个学科的学术文本中常用的词族"（Laufer & Nation 1995：312）。在这个词表的基础上，Heatley 和 Nation（1996）开发了 Range 软件，广泛用于词汇测量研究中。

Coxhead（2000）开发的学术词表（Academic Word List，简称 AWL），包括 570 个词族。其中，既有诸如 analyse、concept、data 和 research 等常见词族，也包括 convince、notwithstanding 和 whereby 等不常见词族（Coxhead 2000）。尽管 AWL 包括的词族数量不如 UWL，但其在学术语料库中的覆盖率要高于 UWL，而且词汇涉及的领域更广（Coxhead 2000）。

2.4.2.3　词汇多样性的测量

词汇多样性是指文本所使用的词汇范围，常用类符/形符比（type-token ratio，简称 TTR）来测量（Read 2000；Wolfe-Quintero et al. 1998）。类符是指"文章中所有不重复的单词"，形符是指"文章中所有单词，包括重复使用过的单词"（Read 2000：203）。但类符/形符比容易受到文本长度的影响：文本长度越长，类符/形符比越小（Carroll 1967；Wolfe-Quintero et al. 1998）。对此，研究者们尝试了不同的补救方法，主要有以下三种。

（1）控制样本长度

有些研究者尝试通过控制样本长度来解决文本长短不等对 TTR 造成影响的问题，但具体做法不太一致。Thordardottir 和 Weismer（2001）建议，所有的文本均以最短的文本为标准，舍去超出的部分。Laufer（1991）和 Arnaud（1984）则从文本中随机抽取相同数量的词，或者随机从文本的某一处开始，抽取连续的、相同数量的词，但两位研究者抽取的词数不相同。Laufer（1991）从每个样本中选取前 250 个单词，而 Arnaud（1984）则随机抽取 180 个单词。由于研究对象和素材来源不同，各个研究中的标准化处理也不相同，选择的字数从 1000（Hayes & Ahrens 1988）、400（Biber 1988）到 50（Stewig 1994）不等。标准化虽然解决了一个研究中的样本差异问题，但由于小文本的 TTR 值通常高于大文本的 TTR 值，因此，各研究之间还是不具有可比性。

（2）改变 TTR 的计算方式

为了克服样本大小的影响，有些研究者还尝试了使用不同的 TTR 计算方式。比如，Guiraud（1960）提出了 RTTR（Root Type Token Ratio），把 TTR 算式里的分母词数开平方，使其按比例减小，其运算结果称为"G 值"，算式为"G = type$/\sqrt{token}$"。Carroll（1967）提出了 CTTR（Corrected Type Token Ratio），即用类符数除以两倍形符的平方根，算式为"type$/\sqrt{2token}$"。

（3）调整 TTR 与形符之间的线性关系

有研究证明控制样本长度和改编 TTR 的计算方式都不能完全摆脱文本长度对 TTR 值的影响（参见 Hess et al. 1986；Richards 1987），超大文本的问题仍没有获得彻底解决。当语料扩大、词数增多时，TTR 说明力减小。后来的学者们尝试了更复杂的统计方法：D 值，由一个在 Unix、PC 和 Macintosh 环境中运行的 vocd 软件来计算（MacWhinney 2000；Mckee et al. 2000）。D 值越大，文本包含的词汇越多样化。

2.4.2.4　词汇复杂度的自动化测量

Lu 及其合作者 Ai 研发了词汇复杂度自动分析工具（Lexical Complexity Analyzer），包括 25 种测量指标，可以免费使用（网址是 http://aihaiyang.com/software/lca/）。该自动分析器所用的 Stanford POS Tagger 准确率在 97% 左右，Morpha Lemmatizer 准确率则高达 99%，保证了其词汇复杂度分析的准确率（个人通信）。

目前，该词汇复杂度自动分析器也受到越来越多的研究者关注。比如，Lu（2012）采用这一工具分析了二语学习者口语产出的词汇复杂度，探讨了它与口语成绩之间的关系。该研究数据来自中国学生英语口语语料库（the Spoken English Corpus of Chinese Learners，简称 SECCL）（文秋芳等 2005），由 408 份英语专业四级考试口试转写材料组成。研究发现，在词汇复杂度的 25 项测量指标中，有 15 项指标和二语学习者的口语成绩显著相关。Alexopoulou 等（2017）也使用这一自动化工具测量了 EFCAMDAT 这一公开语料库中的 1,180,543 篇英语作文的词汇复杂度。研究结果显示，高水平英语学习者产出的词汇复杂度显著高于低水平英语学习者,且词汇复杂度受到任务复杂度和任务类型的影响。鉴于此,本研究也将使用这一词汇复杂度自动分析工具对写作文本词汇复杂度进行测量。

2.4.3 小结

通过汇总句法复杂度和词汇复杂度的量化测量方式,我们发现,句法复杂度的常用测量指标包括语言结构的平均长度、语言结构的出现频率和语言结构之间的比率关系,词汇复杂度的常用测量指标包括词汇密度、词汇多样性和词汇复杂性。但是,因为手工测量的局限性(Bulté & Housen 2012;Norris & Ortega 2009),现有多数研究在分析句法复杂度和词汇复杂度时只使用了少数几种测量方式。鉴于此,本研究将使用 Lu 和 Ai 设计的句法复杂度和词汇复杂度自动分析器(Ai & Lu 2013;Lu 2010,2011,2012;Lu & Ai 2015),尝试从多维度对句法复杂度和词汇复杂度进行探索与分析。

2.5 任务复杂度对语言复杂度和作文成绩的影响研究

Robinson(2007a)在其提出的任务复杂度框架中列出了 12 种影响任务复杂度的因素,分属于资源指引和资源消耗两大维度。资源指引维度包括六种影响因素,分别为"此时此地""元素""空间推理""原因推理""意图推理"和"人称转换"(参见 2.3.2.2 节)。基于这些因素增加任务复杂度能够将学习者的注意力资源导向特定的语言结构和形式,使其产出的语言更加准确、更加复杂,但语言流利度会受到影响。与资源指引维度一样,资源消耗维度也包括六种影响因素,分别是"准备时间""单一任务""任务结构""少数步骤""步骤独立化"和"背景知识"(参见 2.3.2.2 节)。基于这些因素增加任务复杂度会消耗学习者更多的注意力和工作记忆,使学习者分配给语言形式的注意力资源相对减少,从而影响其产出语言的准确度、复杂度和流利度。

在上述 12 种影响任务复杂度的因素中,最受关注的是"准备时间"(Abrams & Byrd 2016;Ahmadian 2012;Ahmadian & Tavakoli 2010;Ellis & Yuan 2004;Farahari & Meraji 2011;Johnson et al. 2012;Li et al. 2015;Ojima 2006;Ortega 1999;Piri et al. 2012;Rahimpour & Safarie 2011;Skehan & Foster 1997;Yuan & Ellis 2003)。研究发现,"准备时间"对语言流利度产生显著性影响,但对语言复杂度和准确度的影响则还需进一步探讨,因为现有实证研究中只有部分研究能够证明"准备时间"显著提高了语言的复杂度和准确度(Ellis 2009)。

除"准备时间"外,研究者们也经常考察"此时此地"(Cardierno & Robinson 2009；Ishikawa 2006,2007；Rahimpour & Hosseini 2010；Robinson 1995；Robinson et al. 2009)、"任务结构"(Adams et al. 2015；Masrom et al. 2015；Ong 2013；Ong & Zhang 2010,2013；Sadeghi & Mosalli 2012；Skehan & Foster 1999)和"推理需求"(Awwads et al. 2017；Chong 2014；de Jong & Vercellotti 2016；Kim 2012；Kormos 2011；Ruiz-Funes 2013,2014,2015；Vasylets et al. 2017；邢加新 2016)等变量对语言产出的影响。但需要指出的是,少数变量几乎没有引起研究者们的关注,比如"人称转换"和"步骤独立化"(参见 Jackson & Suethanapornkul 2013；Johnson 2017)。

本研究没有探讨上述受关注最多或最少的因素,而是从资源指引和资源消耗两大维度各选择了"元素"和"背景知识"这两个变量。做出如此选择的首要原因在于研究时间的紧迫性。如上面两段所述,在现有任务复杂度研究中,已有大量研究考察了"准备时间"和"此时此地"等变量,但探讨"元素"和"背景知识"两个变量的研究并不多。因此,探讨"元素"和"背景知识"这两个变量更具紧迫性。当然,如果仅从紧迫性的角度考虑,我们应该选择"人称转换"和"步骤独立化",毕竟现有研究几乎没有关注这两个变量的(参见上一段)。但是,没有被关注也许是因为研究的价值不大或者操作性较低,故本研究也没有将"人称转换"和"步骤独立化"作为考察重点。也就是说,从研究的紧迫性、价值和可行性三方面综合考虑,我们最终选择探讨"元素"和"背景知识"这两个变量。因此,本节的综述也将围绕这两个变量展开,详细阐述它们在国内外的研究现状。

2.5.1 "元素"和"背景知识"两个变量对语言复杂度的影响研究

2.5.1.1 "元素"变量对语言复杂度的影响研究

Robinson(2001a,2001b)指出,任务中包含的元素越多,任务越复杂,复杂任务能够促进写作文本的语言复杂度。需要指出的是,语言复杂度经常和语言准确度及流利度一起,共同出现在研究中,因此,本节在综述"元素"变量对语言复杂度的影响的同时,也将汇总它对语言准确度和流利度的影响。

二语研究者设计了不同类型的任务来探讨"元素"变量对口语产出产生的影响。其中,比较受欢迎的有地图描述任务(Gilabert 2007；Gilabert et al. 2009)、电子产品选择任务(Michel et al. 2007,2012)、约会或学习伙伴配对任务(Michel 2013；邢加新 2016)和基金分配任务(Révész 2011)。这些任务的研究表明，"元素"变量对口语准确度产生积极的影响，即在完成复杂程度更高的任务时，学习者口语的准确度更高，这与"认知假说"的观点一致。但就"元素"变量对口语复杂度产生的影响来说，研究者们持不同意见。比如，Michel 等（2007，2012）发现"元素"变量对口语复杂度不产生显著性影响，而 Révész（2011）的研究结果则显示，"元素"变量对口语中的句法复杂度产生负面的影响，学习者在完成简单任务时使用的句法更复杂。

与探讨"元素"变量对口语产出的影响不同，研究者们在考察"元素"变量对书面语产出的影响时大多采用了选择决定型任务。比如，Kuiken 等（2005）及 Kuiken 和 Vedder（2006，2007，2008，2011，2012）设计了宾馆选择任务，要求即将启程去度假的受试给和他一起去度假的朋友写一封信，告诉他自己从五家备选宾馆中选择了哪一家以及选择这一家的原因。76 名荷兰籍大学生参与了该项研究，他们需要完成元素不同的意大利语写作任务，元素是选择宾馆时所需考虑的因素。具体来说，在简单任务中，受试在选择宾馆时只要考虑三个元素，但在复杂任务中，受试需要考虑六个元素（参见 2.1.3 节）。写作文本的语言复杂度从句法和词汇两方面进行测量，使用的指标分别是每 T 单位的子句数（C/T）、每子句的从句数（DC/C）、类符形符比（TTR）和矫正的类符形符比（CTTR）。该系列研究结果显示，基于元素变量增加任务复杂度对句法复杂度和词汇复杂度都不产生显著性的影响。

基于 Kuiken 等人（Kuiken et al. 2005；Kuiken & Vedder 2006，2007，2008）的研究，Frear（2013）及 Frear 和 Bitchener（2015）设计了餐厅选择任务，邀请了 34 名中等水平的成人学习者参与其研究。为了增强可对比性，Frear 和 Bitchener（2015）添加了一项复杂程度更低的任务。也就是说，该研究中的受试需要完成三项英语写作任务：在复杂度最低的任务中，受试需要给即将来新西兰旅游的朋友介绍新西兰的情况；在复杂度中等的任务中，受试需要从两家备选餐厅中为其朋友选择一家合适的餐厅，选择的时候要考虑受试自己和其朋友的需求；在复杂度最高的任务中，受试仍然需要选择一家合适的餐厅，但这次的备选餐厅有三家，需要考虑的对象从两位增加到了四位。研究者们通过计算每 T 单位的从句数（DC/T）、每 T 单位的形容词性从句数（ADJ-DC/T）、每 T 单位的名词性从句数（NOM-DC/T）、每 T 单位的副词性从句数（ADV-DC/T）和标准化的类符形符比（MSTTR）来测量语言的句法和词汇复杂度。研究发现，习作者在完成元素较多的复杂任务时使用了更复杂的词汇和更多的副词性从句，但在总从句数、形容词性从句数和名词性从句数三个方面没有显著性的变化。

Frear 和 Bitchener（2015）的研究发现在 Cho（2015）的研究中没有得到

验证。Cho（2015）也采用了选择决定型任务，但这一次受试需要选择的"元素"是他的室友。110名不同英语水平（低—高）的韩国高中生参与了该项研究，他们需要完成"元素"不同的英语写作任务，"元素"数量由备选室友的数量及备选室友的特征数量决定（详见2.1.3节）。在该研究中，语言复杂度的测量只聚焦于句法方面，使用的指标是C/T和每句的T单位数（T/S）。研究发现，任务涉及元素的多少对产出语言的句法复杂度不产生显著性的影响。

Zalbidea（2017）采用的写作任务与Kuiken和Vedder（2011）的相同，也为宾馆选择任务。简单任务和复杂任务的区别在于选择宾馆时需要考虑的元素数量。32名以英语为母语的大学本科生参与了该项研究，他们需要完成元素数量不同的西班牙语写作任务，其西班牙语水平不高。此外，还有8名既精通西班牙语也精通英语的双语成人也参与了此项研究。研究者从句法和词汇两个方面测量语言的复杂程度，采用的指标包括平均T单位长（MLT）、DC/T和G值（类符数/形符数的平方根，即RTTR）。研究结果显示，写作任务的复杂程度对产出语言的句法复杂度和词汇复杂度都不产生显著性的影响。

除了选择决定型任务外，研究者们还设计了其他类型的写作任务来探讨"元素"这个变量，如Salimi等（2011）及Salimi和Dadashpour（2012）的"火警救人"任务。这两项研究的研究对象相同，均为29名母语为土耳其语的大四本科生，专业为英文翻译或教学。这29名受试需要完成元素不同的英语写作任务，任务的复杂程度由图画中人物的多少、人物的特征和火情的严重程度等决定。研究者们只测量了语言的句法复杂度，使用的指标是每T单位的句子数（S/T）。研究发现，习作者在完成复杂任务时产出的写作文本的句法复杂度显著高于其完成简单任务时产出的写作文本。Rahimi和Zhang（2017）将口语中的基金分配任务（Révész 2011）运用到了书面语中，邀请了80名中高水平的二语学习者完成英语写作任务，写作任务的复杂程度取决于基金数量的多少和待分配项目的多少。语言复杂度的测量从句法和词汇两方面进行，使用的指标包括平均子句长（MLC）、每子句的从句数（DC/C）、每T单位的并列短语数（CP/T）、D值和罕用实词比（LS1）。研究结果显示，与元素少的简单任务相比，元素多的复杂任务能够显著促进语言复杂度中的从属子句使用量和词汇罕用性，但二者在平均子句长、并列短语使用量和词汇多样性三个语言复杂度测量指标上不存在显著性的差异。

随着国外学者在"元素"方面的研究进一步深入，国内研究者近几年也开始尝试探讨"元素"变量对学习者产出产生的影响。比如，王静萍（2013）仿照Kuiken和Vedder（2007，2008）的研究设计，考察了"元素"变量对写作文本的影响。该研究的受试为四组中国非英语专业大学生，其中，两组英语水平较高，另两组英语水平较低。写作文本的语言复杂度测量指标为 DC/T 和 D 值。研究发现，任务涉及的元素越多，产出文本的词汇越复杂，但其句法复杂度没有显著性的变化。

闫荣和张磊（2015）设计了复杂程度不同的写作任务，探讨了任务复杂度、任务难度和自我效能感对外语写作的影响。参与该研究的是 50 名英语专业三年级本科生，需要完成的是英语写作任务。高复杂度写作任务要求受试在 40 分钟内根据给定的一系列背景信息选择最佳旅游景点，并完成一篇 250 词左右的说明文；低复杂度任务同样要求受试完成一篇 250 词左右的说明文，但这次没有时间限制，题目为"My View On Dissatisfaction"。高、低复杂度的写作任务在"此时此地""元素数量""准备时间"和"任务的单一性"这四个维度上都存在差异。研究者们也使用了 DC/T 对句法复杂度进行测量，但其词汇复杂度的测量指标为语篇内排除语气词后的词汇类别数占词汇总数（重复使用的词不计算在内）的比例。研究发现，在排除目的语水平的影响后，任务复杂度对句法复杂度和词汇复杂度的影响均不显著。

综上所述，大部分相关研究（Cho 2015；Kuiken et al. 2005；Kuiken & Vedder 2006，2007，2008；Zalbidea 2017；王静萍 2013；闫荣、张磊 2015）的研究结果表明，基于"元素"变量增加写作任务复杂度对产出文本的句法复杂度不产生显著性的影响。但也有四项研究发现，元素更多的复杂任务能够显著促进写作文本的句法复杂度（Frear & Bitchener 2015；Salimi & Dadashpour 2012；Salimi et al. 2011；Rahimi & Zhang 2017）。在词汇复杂度方面，现有研究间的结果也相互矛盾。Kuiken 等（2005）与 Kuiken 和 Vedder（2006，2007，2008，2011，2012）发现，写作文本的词汇复杂度不受任务涉及元素数量的影响。这一发现得到了 Zalbidea（2017）及闫荣和张磊（2015）的支持，但却与 Frear（2013）、Frear 和 Bitchener（2015）、Rahimi 和 Zhang（2017）以及王静萍（2013）的研究结果不一致。后几项研究（Frear 2013；Frear & Bitchener 2015；Rahimi & Zhang 2017；王静萍 2013）的研究结果显示，基于"元素"变量增加写作任务复杂度可以显著促进写作文本的词汇复杂度。可见，写作任务复杂度中的"元素"变量对语言复杂度的影响还需进一步的探讨。

2.5.1.2 "背景知识"变量对语言复杂度的影响研究

在 Robinson 的任务复杂度框架中，"背景知识"变量隶属于资源消耗维度（Robinson 2001a，2001b）。学习者具备与任务话题相关的背景知识越多，任务就越简单，学习者产出的语言就越准确、越复杂和越流利。换言之，减少学习者的背景知识，增加任务复杂度，会影响学习者产出语言的复杂度、准确度和流利度。

较早关注"背景知识"变量的研究者有 Good 和 Butterworth（1980）以及 Chang（1999），但是他们在研究中没有使用"背景知识"这一术语，他们使用的是"话题熟悉度"。并且，他们研究的是"话题熟悉度"对口语产出的影响。Good 和 Butterworth（1980）发现，与描述不熟悉的道路相比，受试在描述他所熟悉的道路时使用的语言更流利。这在 Chang（1999）的研究中得到了验证。Chang 在对六名台湾的英语学习者进行研究后发现，话题熟悉度可以显著促进语言流利度，但它对语言准确度没有影响。

Robinson（2001a）也考察了"背景知识"变量对口语产出的影响。44 名日本大学生参与了该项研究，他们需要完成复杂程度不同的两项任务。这两项任务都要求描述出地图上 A、B 两点之间的线路，它们的区别在于受试对地图的熟悉程度，即受试是否具备相关背景知识。具体而言，简单任务中的地图是受试比较熟悉的，是他们所在学校的地图；复杂任务中的地图则是东京市中心某一区域的街景地图，受试对该地区相对陌生。语言复杂度的测量从句法和词汇两个方面进行，采用的指标分别是 DC/C 和 TTR。研究发现，与简单任务相比，受试完成复杂任务时产出的词汇复杂度显著更低，但句法复杂度没有显著性的变化。需要指出的是，该研究还测量了产出的语言流利度，使用的指标是每子句的单词数。该指标在近期的部分研究中被称为平均子句长（MLC），可用来测量产出的句法复杂度（Lu 2010；Yang 2014）。Robinson（2001a）发现，习作者在完成背景知识多的简单任务时产出的子句更长。

除关注"背景知识"对口语产出的影响外，研究者们也探讨了该变量对写作文本产生的影响。比如，Spaan（1993）探讨了话题熟悉度对学习者写作文本产生的影响。在该研究中，作者比较了 Michigan English Language Assessment Battery（简称 MELAB）① 考试中四个不同话题的写作文本。这四个话题分别为"能源""士兵""时间"和"演讲"，其中，前两个话题为非个人话题，后两个话题为个人话题。写作文本的语言复杂度从句法和词汇两方面进行测量，采用的指标包括无错 T 单位数、平均 T 单位长、平均无错 T 单位长、类符形符比、三音节或三音节以上的单词数、三音节单词的类符数以及三音节单词所占的比率。研究发现，学习者在完成个人话题和非个人话题写作时产出的语言在复杂程度上不存在显著性的差异。

Yu（2009）也考察了话题熟悉度对写作文本产生的影响，其作文文本也

---

① Michigan English Language Assessment Battery 和 TOFEL 及 IELTS 的一样，都是由美国密歇根大学和英国剑桥大学联合举办的国际性英语水平测试。

来自 MELAB，作文话题也有个人和非个人之分。作者主要对作文文本的词汇多样性进行测量，测量指标为 D 值。D 值越高，词汇越多样化。研究发现，与个人话题（熟悉程度高）相比，习作者在完成非个人话题（熟悉程度低）写作时使用的词汇更多样化，二者差异达到显著性水平。

Adams 和 Nik（2014）关注了计算机辅助环境中的"背景知识"变量对二语产出的影响，其研究对象为两组大学二年级本科生，共 48 名。这两组受试的专业不同：一组为电气工程，另一组为化学工程。在该研究中，受试需要扮演一名跨国企业的工程师，在网上和他的同事一起讨论并选出适合他们企业的电气工程软件。由于选择的是电气工程软件，所以电气工程专业的学生具备相关背景知识，而化学工程专业的学生则缺少相关背景知识。语言复杂度的测量指标包括每 AS 单位的子句数（C/AS）①、词频概貌（lexical frequency profile，简称 LFP）② 和 G 值③。研究结果表明，化学工程专业的学生（无背景知识）的习作者使用的词汇更多样化。

Yang（2014）依据受试对话题的熟悉程度将"背景知识"分为高、中、低三个层次（参见 2.1.4 节）。在背景知识较高的任务中，受试需要介绍一次自己使用电脑或因特网完成课堂作业的经历；在背景知识中等的任务中，受试需要论述电脑或因特网给其所在国家的大学生带来的好处和问题；在背景知识较低的任务中，受试需要论述电脑或因特网给欠发达国家的年轻人带去的好处和问题。语言复杂度的测量指标包括 MLT、DC/T、每子句的并列短语数（CP/C）、罕用实词数（LS1）和 D 值等。研究发现，基于"背景知识"变量增加任务复杂度对写作文本的句法复杂度不产生显著性的影响，但它对词汇复杂度的影响显著：当受试对写作话题更不熟悉时，其文本的词汇罕用性和词汇多样性更低。

Ruiz-Funes（2015）设计了两项研究来探讨"背景知识"对语言产出的影响。在第一项研究中，简单任务要求受试比较其母语文化中的一个或多个具有重要历史意义的文化传统，复杂任务则要求受试在阅读一篇有关非法移民的文章后讨论支持还是反对文章的观点。在第二项研究中，简单任务要求受试介绍

---

① AS 常用于口语文本的测量，包括独立句或主句附带从句或从句成分的句子单位（Foster et al. 2000）。由于 Adam 和 Nik（2014）考察的文本为受试在网上进行的讨论，Adam 和 Nik 认为文本具有口语特征，所以采用 AS 这一单位。

② 词频概貌可以反映不同等级的词汇在文本中的出现频率，由 RANGE 软件计算得出（Adam & Nik 2014）。

③ G 代表 guiraud，G 值是类符形符比的一个变体，计算方法为类符数/总词数的平方根（Adam & Nik 2014）。

对出国学习的兴趣及预期目标等,复杂任务则要求受试讨论出国学习的好处和挑战。作者指出,在这两项研究中,简单任务和复杂任务在背景知识、体裁、任务类型和推理需求四个方面都存在差异。语言复杂度的测量只聚焦句法方面,采用的指标包括 MLT、T/S 和 DC/T。上述两项的研究结果显示,增加写作任务复杂度能够促进句法复杂度的提高,习作者在复杂任务时产出的 T 单位更长、使用的从句数更多。需要指出的是,由于上述两项研究的研究受试较少(研究一只有 8 位参与者,研究二有 24 位参与者),作者只是根据描述性数据如平均值、标准差和 95% 的置信区间等进行数据分析,因此,我们在解读其研究结果时要十分小心。此外,该研究把"背景知识"变量和其他变量(如"因果推理""体裁"和"任务类型")进行了合并考察,没有单独列出"背景知识"变量对写作文本产生的影响。

刘兵等(2017)也考察了"背景知识"对英语写作产生的影响。在该研究中,受试需要在线完成三项写作任务:"背景知识"最多的简单任务要求受试介绍大学经历;"背景知识"中等的任务要求受试解释在手机上安装微信等社交 App 的重要性;"背景知识"较少的复杂任务则要求受试讨论"虚拟现实"是否会给教育产业带来变革性的影响。语言复杂度的测量从句法和词汇两方面进行,其中句法复杂度使用的指标包括 MLT、MLS、MLC、T/S 和 DC/T,词汇复杂度考察单词长度(以音节和字母为单位)、TTR、D 值和 MTLD(the measure of textual lexical diversity,采用估计算法,克服了 TTR 受文本长度影响的问题)。研究发现,任务复杂度的提高减少了写作产出的句法单位数量,但增加了句法单位的长度。同时,任务复杂度的提高也显著提高了单词的长度,但对词汇多样性则没有显著性的影响。遗憾的是,该研究也把"背景知识"变量和其他变量(如"因果推理"和"体裁")进行了合并考察,没有单独列出"背景知识"变量对写作文本产生的影响。

综上所述,现有探讨"背景知识"变量的相关研究(Adams & Nik 2014;Spaan 1993;Yang 2014;Yu 2009)[①] 在研究结果上既存同也存异。这几项研究的相同之处在于它们都发现基于"背景知识"变量增加任务复杂度对写作文本的句法复杂度不产生显著性的影响。它们的分歧主要在于词汇复杂度方面。具体而言,Yu(2009)及 Adams 和 Nik(2014)都发现,当学习者缺少与任务相关的背景知识时,他们产出语言的词汇更多样化。但是,Yang(2014)的研究结果则刚好相反,Yang(2014)发现,当受试对写作话题不熟

---

① Ruiz-Funes(2015)和刘兵等(2017)的两项研究没有单独计算"背景知识"变量对写作文本产生的影响,因此无法将其结果与其他研究进行比较。

悉时，他所使用的语言更简单。可见，"背景知识"变量还需进一步的探究。

2.5.2 "元素"和"背景知识"两个变量对作文成绩的影响研究

在现有任务复杂度研究中，鲜有研究关注"元素"变量对作文成绩的影响，除 Rahimi 和 Zhang（2017）外。在 Rahimi 和 Zhang（2017）的研究中，研究者对写作质量的评估采用了分项评分法（analytic scoring），评分维度包括内容（30 分）、结构（20 分）、语言（25 分）、词汇（20 分）和规范（5 分）五个方面。五个方面的分数相加，得到该份作文的总成绩。该研究发现，与元素较少的简单任务相比，元素较多的复杂任务能够显著促进写作内容和作文成绩，但对文章结构不产生显著性的影响。

与关注"元素"变量和作文成绩的研究相比，探讨"背景知识"变量对作文成绩的影响的研究在数量上相对更多。比如，Tedick（1990）考察了话题熟悉度对作文成绩的影响。105 名受试参与了该项研究，其中 43 名英语水平较低，43 名英语水平中等，19 名英语水平较高。研究采用重复测量设计，即每位受试在不同时间（中间间隔三个星期）完成两个话题的写作。其中一个话题讨论的是"科技进步是否使人变得懒惰"，另一个话题则由受试从其研究领域中自行选取。与"科技进步"话题相比，受试对自己研究领域的话题更为熟悉。研究者邀请了八名经验丰富的评分员对作文进行了整体性评分。结果显示，受试在完成与自己领域相关的话题（背景知识较多）写作中取得的成绩显著高于他在"科技进步"话题（背景知识较少）写作中取得的成绩。

Tedick（1990）的上述研究结果在 Spaan（1993）、Yang（2014）及 Hamp-Lyons 和 Mathias（1994）的研究中没有得到验证。Spaan（1993）的研究包括四个写作话题，分别是"能源""士兵""时间"和"演讲"。其中，前两个话题为非个人话题，后两个话题属于个人话题。该研究的作文数据来自 88 名参加 MELAB 考试的学生，其中 27 名为研究生，61 名为本科生。两名评分员参照 MELAB 考试的评分标准对作文进行评分。该标准包括十个分数级别，从 53 分到 97 分不等。通过比较受试在四个话题写作中取得的成绩，研究者发现，尽管受试在个人话题写作中取得的成绩总体高于他们在非个人话题写作中取得的成绩，但二者的差异没有达到显著性。

话题熟悉度对作文成绩不产生显著性的影响，这一结果在 Yang（2014）的研究中得到了验证。Yang（2014）采用的是电脑影响讨论任务，要求受试分析电脑给自己、本国家大学生和欠发达国家年轻人带来的利与弊。375 名中国英语专业一、二年级和非英语专业一、二年级的本科生参与了该项研究，每位学生完成一项写作任务，因为该研究采用的是完全受试间设计。五名评分员依据托福独立写作评分标准对习作者的手写作文进行评分。该标准包括 0～5 分六个分数等级，但研究者在这六个分数等级之外加入了半分制。研究结果显示，习作者在熟悉程度不同的写作任务中取得的作文成绩不存在显著性的差异。

Hamp-Lyons 和 Mathias（1994）把写作话题分为"个人导向"（private orientation）和"公众导向"（public orientation）两类。在"个人导向"类话题中，学习者阐述自己的感觉或讲述自己的经历；在"公众导向"类话题中，学习者围绕团体或社会进行讨论。Hamp-Lyons 和 Mathias（1994）认为，"个人导向"类话题比"公众导向"类话题容易，学习者在"个人导向"类话题写作中取得的成绩应高于在"公众导向"类话题写作中取得的成绩。但他们的研究结果则显示，学习者在"个人导向"类话题写作中取得的成绩显著低于他们在"公众导向"类话题写作中取得的成绩。也就是说，当学习者具备更多背景知识时，他们取得的作文成绩更低。需要指出的是，该研究的所有作文都来自 MELAB 考试，因此它采用的评分标准也是 MELAB 考试的评分标准，和 Spaan（1993）一样。

综上所述，考察"元素"变量对作文成绩的影响的研究十分有限。考察"背景知识"变量对作文成绩影响的相关研究（Hamp-Lyons & Mathias 1994；Spaan 1993；Tedick 1990；Yang 2014）虽相对更多，但它们的研究发现并不一致。此外，至今还没有研究同时考察"元素"和"背景知识"两个变量对作文成绩产生的交互影响。因此，"元素"和"背景知识"两个变量对作文成绩产生的主效应和交互效应还需进一步的探讨和验证。

2.5.3 小结

通过综述"元素"和"背景知识"两个变量对学习者书面语产出影响的研究，我们发现，任务复杂度研究已得到许多研究者的关注，且已取得较为丰富的研究结果。但现有相关研究的研究发现并不一致，这可能有以下两个方面的原因。

第一，有些研究（如 Frear & Bitchener 2015；闫荣、张磊 2015）中所采用的写作任务在复杂程度上是否真正具有差异还值得商榷。比如，在闫荣和张磊（2015）的研究中，复杂任务要求受试根据一系列背景信息选择合适的旅游景点，简单任务则要求受试写一篇题为"My View on Dissatisfaction"的说明文，复杂任务可能并不比简单任务复杂。再如，在 Frear 和 Bitchener（2015）的研究中，复杂任务要求受试根据餐厅信息和朋友的喜好选择一家合适的餐厅，简单任务则要求受试介绍新西兰的情况，高、低复杂度的写作任务之间可能不具有可比性。此外，尽管Frear和Bitchener（2015）旨在探讨"元素"变量对写作文本产生的影响，但采用的写作任务不仅在"元素"变量上存在差异，在"推理需求"上也存在差异（Johnson 2017）。

第二，现有的多数研究（Adams & Dik 2014；Cho 2015；Frear 2013；Frear & Bitchener 2015；Kuiken et al. 2005；Kuiken & Vedder 2006，2007，2008，2011，2012；Rahimi & Zhang 2017；Salimi & Dadashpour 2012；Salimi et al. 2011；Spaan 1993；Yu 2009；Zalbidea 2017；王静萍 2013；闫荣、张磊 2015）只采用了少数几项指标来测量语言复杂度，它们呈现的可能只是语言复杂度的某个侧面。此外，各研究之间所采用的具体衡量指标还不一致。比如，Kuiken等（2005）通过计算每个T单位中包含的子句数量和每个子句中包含的从句数量来测量文本的句法复杂度，而Frear和Bitchener（2015）则通过计算每个T单位包含的从句数量来测量文本的句法复杂度。测量指标的不一致也降低了研究结果的可比性。

可见，在今后的任务复杂度研究中，我们一方面需要改进任务设计，确保设计出的任务在复杂程度上真正具有差异。另一方面，我们还需更为全面地测量语言的准确度、复杂度和流利度，保证研究结果之间的可比性。

第3章 预研究与研究设计

本章重点介绍预研究和正式研究的研究设计。在任务研究中,任务设计是最关键、最复杂的一环,任务的合适与否直接关系到研究的成功与否。因此,为了确定本研究将使用的英语写作任务,我们进行了两项预研究,分别为英语写作任务及问卷试测和英语写作任务难度比较。之后,基于这两项预研究的研究结果,我们确定了本研究的整体设计、研究工具、语言复杂度测量方式和作文评分标准。

3.1 预研究

本研究进行了两项预研究(详见表3.1)。预研究一通过小规模的英语写作测试和问卷调查确定研究设计的可行性,完善研究工具,并初步考察"元素"和"背景知识"两个变量对语言复杂度和作文成绩的影响。但是,预研究一发现,研究对象对四项英语写作任务难度的感知不存在显著性的差异,甚至认为本应更难的复杂任务比简单任务还容易(参见3.1.5.1节)。因此,我们基于文献设计的写作任务可能存在问题,进行了第二项预研究,调查习作者对四项英语写作任务难易程度的感知及其原因。预研究二的研究结果显示,与简单任务相比,复杂任务确实给习作者造成了更大的认知负荷。也就是说,我们基于文献设计的英语写作任务合理可行。

表3.1 预研究的具体内容

类别	研究问题	研究对象数量	研究设计
预研究一	英语写作任务及问卷试测	8名	每人完成一项写作任务及其对应的问卷,写作任务随机发放
预研究二	英语写作任务难度比较	84名	每人完成一份开放式调查问卷

3.1.1 预研究一

3.1.1.1 研究问题

本项预研究的主要目的是拟定正式研究中的研究工具，发现任务实施中可能出现的问题，完善研究设计。具体研究问题包括：

1）本研究拟采用的四项英语写作任务在复杂程度上是否真正具有差异？写作时长是否合适？

2）本研究拟采用的调查问卷是否有措辞不清的地方？给予的填写时间是否合适？

3）写作任务复杂度中的"元素"和"背景知识"两个变量是否会影响写作文本的语言复杂度？

3.1.1.2 研究对象

本项预研究通过教师发放研究邀请函（详见附录1）的形式招募受试。我们首先将电子版的研究参与邀请函及知情同意书通过邮件的方式发送给任课老师，然后由任课老师转发到学生QQ群或者微信群。如果学生愿意参与此项研究，他们可以在填写好参与同意书后将其发送到指定的邮箱，或者通过同意书上列出的手机号码直接和我们取得联系。

经统计，本项预研究总计招募到8名三年级本科生，平均年龄为20.6岁。其中，男生5名，女生3名；英语专业四级考试成绩优秀者3名，良好者3名，及格者1名，未填写专四成绩者1名。

3.1.1.3 研究工具

（1）英语写作任务

关于预研究一中使用的英语写作任务，我们最初参照Kuiken和Vedder（2006，2007，2008）的"宾馆选择任务"以及Yang（2014）的"电脑影响讨论任务"（参见2.5.1节）设计了"学校选择任务"（详见附录2），拟考察"元素"和"背景知识"两个变量对写作文本产生的影响。在该任务中，受试需要从2~4所备选学校中选择一所自己或父母合意的学校并阐述理由。任务的复杂程度由备选学校的数量、每所学校的信息数量和受试对话题的熟悉程度决定。经讨论发现，该任务有三处不合理的地方：①备选学校的相关信息太多，受试在开始写作之前需要花费大量的时间阅读，这可能会给他们带来疲倦感和厌烦感；②备选学校在具体信息条目上的差异不明显，如学校A要求雅思成绩在7分以上，学校B则要求在6.5分以上；③备选学校的部分信息不重要，差异也不明显，如学校A要求三封推荐信，学校B则只需要一封推荐信。可见，该任务缺乏可行性，所得研究结论将缺乏说服力。

之后，我们设计了和中国大学生生活更为相关的"择偶任务"（详见附录3），以期引起他们更浓厚的参与兴趣。"择偶任务"的复杂程度同样取决于"元素"和"背景知识"两个变量，但具体体现与"学校选择任务"不同。在"择偶任务"中，"元素"变量取决于可供选择的特征数和需要选择的特征数。具体而言，在简单任务中，受试需要从三个特征中选择他最看重的一个特征并详细阐述理由；在复杂任务中，受试需要从六个特征中选择他最看重的三个特征并详细阐述理由。同时，"背景知识"变量由受试对话题的熟悉程度决定（参见 Spaan 1993；Yang 2014）：简单任务要求受试对自己的选择进行讨论，这方面的信息与受试直接相关，受试具备较多的背景知识；复杂任务则要求受试阐述父母可能推荐的对象，这方面的信息与受试不直接相关，受试具备的背景知识相对较少。

此外，在候选人特征的设置上，我们查阅了相关文献，发现这一代独生子女在选择配偶时考虑的因素依次为"道德品质、性格、感情、能力、相貌、学历……"（罗小琴 2014：92）；而在1995年左右（即受试父母那一辈人）的择偶标准中，受到重视的因素依次为"年龄、婚姻状况、身高、性格品德、职业、教育程度……"（吴雪莹、陈如 1996：31）。综合两个时代的择偶情况，研究者初步确定了本次设计中可供选择的特征：简单任务从"性格""能力"和"品德"三个特征中选择最重要的一个，复杂任务从"性格""能力""品德""外表""受教育程度"和"健康状况"六个特征中选择最重要的三个。但是，该任务也存在不合理的地方。比如，在三选一任务中，习作者可能只需关注其中一个特征，对其进行详细论述即可。换言之，他们可能会直接忽略其他两个特征，不加以讨论。这样，设置其他两个特征就不能增加习作者的认知负荷。也就是说，不管题目设计是三选一、四选一还是五选一，习作者面临的认知负荷是一样的，写作题目在复杂程度上不存在差异。该问题在六选三任务中也存在。因此，任务指令还需修改。

为了保证所设计出的复杂任务比简单任务复杂，我们对任务指令进行了进一步的修改。在修改后的任务中（详见附录4），"元素"变量的差异体现在候选人人数和每位候选人具备的特征数上。具体而言，简单任务包括两个候选人，他们在"性格"和"能力"两个特征上存在差异：候选人A性格好但能力一般；候选人B性格一般但能力强；复杂任务包括三个候选人，他们在"性格""能力"和"品德"三个特征上存在差异：候选人A品德高尚、性格好但能力一般；候选人B品德高尚、能力强但性格一般；候选人C性格好、能力强但品德一般。修改后的任务促使习作者必须对"性格"和"能力"两者或者"性格""能力"和"品德"三者进行比较，然后做出选择并进行论述。

在初步确定了上述四项英语写作任务后（详见附录4），我们邀请了10位[①]英语专业本科生从候选人中选择出自己中意的一位。出乎意料的是，所有的同学都选择了候选人A，即与能力相比，他们在选择"另一半"时更看重性格和品德。这样，设置其他候选人就没有意义，仍不能增加任务的认知负荷。可见，候选人的特征还需做进一步修改。因此，研究者在写作任务的修改过程中，放弃了"品德""能力"和"性格"这些覆盖面较广的词语，转而使用了较为具体的特征，如"天赋""勤奋""社交能力"和"家庭背景"。并且，为了更好地区分写作任务中的"元素"变量，研究者将复杂任务中候选人具备的特征数量从三个增加到了四个（详见表3.2和附录5）。"背景知识"变量保持不变，其"多"与"少"的差异仍体现在是讨论自己的选择还是讨论父母可能推荐的对象。

最后，就本研究写作测试时间和作文篇幅长短的确定，研究者参考了现行影响力较大的三项英语考试：英语专业四级考试、英语专业八级考试和雅思考试。其中，英语专业四级的写作时间为35分钟，字数为200词以上；英语专业八级的写作时间为45分钟，字数为400词以上；雅思考试的写作时间为40分钟，字数为250词以上。鉴于本研究的研究对象为英语专业三年级的本科生，本研究取中间值。也就是说，本预研究要求受试在40分钟内完成一篇250词以上的作文。

---

① 该10位英语专业本科生和参加预研究一的8名研究对象不是同一批人，但也通过招募获得。

表 3.2　预研究一中的研究对象及英语写作任务设计

写作任务及复杂度①	受试人数	写作题目	具体说明
任务1：元素少，背景知识多	2	Suppose you are looking for your life partner. Which of the following two candidates would **YOU** prefer? Why would you choose this candidate and not the other one? Please justify your preference with detailed reasons. **Candidate A** is talented but a little lazy. **Candidate B** is not so talented but hard-working	两位候选人，每位候选人具备两个特征；自己的选择
任务2：元素少，背景知识少	2	Suppose you are looking for your life partner. Which of the following two candidates would **YOUR PARENTS** recommend to you? Why would they choose this candidate and not the other one? Please justify their possible preference with detailed reasons. **Candidate A** is talented but a little lazy. **Candidate B** is not so talented but hard-working	两位候选人，每位候选人具备两个特征；父母可能推荐的对象
任务3：元素多，背景知识多	2	Suppose you are looking for your life partner. Which of the following three candidates would **YOU** choose? Why would you choose this candidate and not the others? Please justify your preference with detailed reasons. **Candidate A** is talented, hard-working, but not so sociable and comes from a relatively poor family background. **Candidate B** is not so talented, but is hard-working and very sociable though she/he comes from a relatively poor family background. **Candidate C** is not so talented and a little lazy. She/he is, however, very sociable and comes from a very well-to-do family background	三位候选人，每位候选人具备四个特征；自己的选择

---

① 从任务的复杂程度来说，任务1最简单，任务4最复杂，任务2和任务3的复杂程度居于任务1和任务4之间。

续上表

写作任务及复杂度	受试人数	写作题目	具体说明
任务4：元素多，背景知识少	2	Suppose you are looking for your life partner. Which of the following three candidates would YOUR PARENTS recommend to you? Why would they choose this candidate and not the others? Please justify their possible preference with detailed reasons. **Candidate A** is talented, hard-working, but not so sociable and comes from a relatively poor family background. **Candidate B** is not so talented, but is hard-working and very sociable though she/he comes from a relatively poor family background. **Candidate C** is not so talented and a little lazy. She/he is, however, very sociable and comes from a very well-to-do family background	三位候选人，每位候选人具备四个特征；父母可能推荐的对象

（2）调查问卷

预研究一所使用的问卷主要围绕研究目的和研究内容进行设计，包括"对写作任务的看法""对语言复杂度的看法"和"其他"三个部分（详见表3.3和附录6）。预研究一采用匿名调查方式，不要求研究对象提供姓名和学号等个人信息，这是因为我们更关心"回答问题的真实性"（秦晓晴2009：52）。

"对写作任务的看法"部分包括11道题项。其中，五道题项涉及任务难度（参见Robinson 2001a），旨在考察受试对此次写作任务难度和有趣程度等的整体感知。其余六个题项主要测量受试对本研究重点探讨的"元素"变量和"背景知识"变量的看法，即受试如何看待写作任务所包括的元素数量，他们是否认为自己具有与此次写作话题相关的背景知识等。

"对语言复杂度的看法"部分由31个题项组成，旨在测量受试在写作过程中对语言复杂度的关注程度。语言复杂度主要包括词汇复杂度和句法复杂度两个方面（参见Bulté & Housen 2012；Pallotti 2015；Wolfe-Quintero et al. 1998）。其中，词汇复杂度通常从词汇密度、词汇罕用性和词汇多样性三个方面进行测量，句法复杂度则从单位长度、从属子句、并列结构和特定短语结构四个方面进行测量（参见 Ai & Lu 2010，2013；Lu 2010，2011，2012；Lu & Ai 2015；Norris & Ortega 2009；Ortega 2003）。这七个方面构成了此份问卷的主要内容。

"其他"部分包括九个题项，主要考察受试在写作过程中对文章内容、文章结构和文章语言的关注程度。Skehan（1998）指出，学习者的注意力资源是有限的，对写作文本某一方面（如语言复杂度、准确度和流利度）的注意会造成对其他方面的忽视。鉴于此，我们推测，学习者在写作过程中对文章内容、文章结构和文章语言准确度及流利度的注意也可能会造成对语言复杂度的忽视，故在问卷中添加了这一部分。

综上所述，本研究问卷总共包括 51 个题项，篇幅适中（参见王重鸣 1990：179–180）。此外，本研究在设计问卷题项时还尽量做到：①将同类性质的问题安排在一起；②使用相同句式进行表述；③题项设计尽量言简意赅，一目了然（参见水延凯 1996；吴红云 2006；吴红云、刘润清 2004），以最大程度上节省受试阅读题项的时间；④交叉使用正反向题，尽量避免引导问卷填写者，这么做"有利于获得客观真实的数据"（秦晓晴 2009：111）。所有问卷题项均采用李克特（Likert）五级量表，从 5 到 1 分别代表完全同意、基本同意、不确定、不太同意和完全不同意。

表 3.3　预研究一中的问卷框架与题项分类明细

框架	对写作任务的看法（共11题）						对平时英语写作情况的看法（共40题）									
							对语言复杂度的看法							其他		
							词汇复杂度			句法复杂度						
题目考察内容	话题有趣度	话题难易度	话题背景知识复杂度	话题元素复杂度	写作焦虑感	写作信心	词汇密度	词汇罕用性	词汇多样性	单位长度	从属子句	并列结构	特定短语结构	文章内容	文章结构	文章语言①
题项	第1题	第2题	第3—5题	第6—8题	第9题	第10—11题	第12—14题	第15—19题	第20—24题	第25—29题	第30—35题	第36—37题	第38—42题	第43—45题	第46—48题	第49—51题

① 此处的文章语言主要涉及语言准确度和语言流利度。

需要指出的是，本预研究包括四组复杂程度不同的英语写作任务，因此，完成写作任务后填写的问卷也存在四个版本。这四个版本的问卷内容和格式总体保持一致，但在与"元素"和"背景知识"两个变量相关的题项表述上存在少许差异。具体而言，当写作任务包含的候选人从两位增加到三位，且每位候选人的特征从两个增加到四个时，问卷第 6 题和第 8 题中的"两位候选人"变为"三位候选人"，第 7 题中的"两个特征"变为"四个特征"；当写作任务由研究受试为自己选择配偶转变成由研究受试的父母为其选择配偶时，问卷第 4 题和第 5 题分别变为"我和父母讨论过'另一半'应具备的素质"和"我很清楚父母对我'另一半'的要求"。

3.1.1.4　数据收集与分析

8 名英语专业三年级本科生参加了此次预研究，数据收集持续了一周的时间，于 2016 年 4 月中旬完成。由于受试的空余时间不尽一致，所以我们和受试逐一确定了时间和地点，每位受试单独参与本次预研究。每位受试需完成一项英语写作任务及其相应的调查问卷，任务的发放具有随机性。在受试完成英语写作任务的过程中，我们还记录了每位受试完成作文和问卷的时间。在受试完成问卷填写后，我们还邀请他们进行了简单的访谈，主要了解他们对英语写作任务难度的感知情况，以及作文指令和问卷题项的表述是否存在措辞不清、不易理解之处等（详见附录 7）。

对于所收集的英语写作文本，我们首先将其全部录入电脑，转换成 Word 文档。这么做的原因有二：①为了"避免作文在'外形'上对评阅客观性产生干扰"（吴红云 2006：66）；②以便用于复杂度自动分析器。在文档转换过程中，对于每一份作文，我们都保存了相应的两份电子文档。其中一份电子文档与学生手写的作文完全一致，适用于教师进行成绩评阅。在另一份电子文档中，我们对拼写有误的词语进行了如下处理：假如某一拼写有误的词语在同一文本的其他地方是拼写正确的，那么，该拼写错误将被纠正，否则，我们将按照错误的形式将其输入电脑；假如同一文本中的同一词语有几个不同形式的错误拼写，我们将随机选取其中一种错误的拼写形式替代其他错误形式，因为两种或多种错误形式可能会增加词汇的多样性（参见 Yu 2009）。该份电子文档适用于句法复杂度和词汇复杂度自动分析工具。

在完成文本输入后，我们邀请了两名应用语言学博士生兼高校英语教师对作文进行评阅。具体评阅方法是：①正式评阅前，研究者与阅卷老师共同讨论，确定本预研究的评分标准为英语专业四级考试的作文评分标准；②两位评分员集体批阅了三篇作文，以熟悉评分标准，缩小彼此之间的打分差异；③两位评分员各自评阅剩下的五篇作文;④如果两位评分员所给的成绩相差不超过 3 分,取两者的平均分作为该篇作文的最后成绩;如果相差超过 3 分,研究者则与两位评分员一起讨论,直到意见达成一致。

此外,我们还使用了句法复杂度和词汇复杂度自动分析器对作文文本进行测量,计算出每份作文在语言复杂度各维度上的值,并使用 SPSS 20.0 进行了统计分析。具体而言,句法复杂度自动分析器内含与单位长度、从属子句使用量、并列结构使用量、特定短语结构和句子复杂度相关的 14 项具体测量指标,词汇复杂度自动分析器则包括与词汇密度、词汇罕用性和词汇多样性相关的 25 项具体测量指标。可见,该自动分析器可以较为全面地测量出写作文本的语言复杂度。

对于所收集的问卷,我们也采用 SPSS 20.0 进行了分析。但需要指出的是,由于预研究中受试数量较少,所有文本和问卷数据的分析仅涉及描述性统计。

3.1.1.5 研究结果

(1) 英语写作任务的确定

问卷的第一部分为"对写作任务的看法",旨在考察英语写作任务的难度是否得当,以及受试对此次写作练习是否感兴趣等。通过计算问卷中相关题项的平均值(详见表 3.4),我们发现,8 名受试都认为此次写作练习的话题非常有趣,他们在写作过程中不紧张,且都认为发挥了自己的写作水平。同时,表 3.4 还显示,受试对背景知识多的任务更熟悉,认为元素多的任务更复杂,这与本研究的设计目的基本一致。可见,本研究设计的四项英语写作任务是合理的。此外,通过记录每位受试完成写作任务的时间发现,写作最快者用时 33 分钟,最慢者用时 41 分钟,平均用时 36.8 分钟。可见,40 分钟的写作时间是合适的。

表 3.4 预研究一中受试对写作任务的感知情况

类别	写作任务		平均值					
	具体要求	复杂度	有趣程度	难度	话题熟悉度	话题元素复杂度	焦虑	自信
任务1	两位候选人,每位候选人具备两个特征;自己的选择	元素少,背景知识多	4.50	3.00	4.00	1.84	3.00	3.75

续上表

类别	写作任务		平均值					
	具体要求	复杂度	有趣程度	难度	话题熟悉度	话题元素复杂度	焦虑	自信
任务2	两位候选人，每位候选人具备两个特征；父母可能推荐的对象	元素少，背景知识少	4.00	2.00	2.83	2.84	2.00	4.00
任务3	三位候选人，每位候选人具备四个特征；自己的选择	元素多，背景知识多	4.50	2.00	4.17	3.34	3.00	4.00
任务4	三位候选人，每位候选人具备四个特征；父母可能推荐的对象	元素多，背景知识少	4.00	2.00	3.17	3.84	2.00	4.25

需要指出的是，表3.4还显示，所有受试均认为本预研究中的四项英语写作任务都不难，甚至觉得本应更难的复杂任务（即任务2、3、4）比简单任务（即任务1）还容易。这可能是因为本预研究是通过教师发放研究邀请函的形式招募受试，研究开始前没有对受试的英语水平进行控制，导致完成各项英语写作任务的受试在英语水平上存在差异。比如，根据受试填写的个人基本信息，我们发现，完成任务3的两名受试的英语专业四级成绩均为优秀，该组受试的英语水平总体高于其他三组受试。因此，尽管他们完成的是相对复杂的任务3，也不会觉得该题目的难度大。此外，本预研究中的受试人数较少，每位受试只完成一项英语写作任务，他们不了解其他三项英语写作任务的要求，没有对不同的写作题目进行比较，这也可能导致受试对各项任务难度的看法不存在差异（如任务2、3、4）。

(2) 调查问卷的确定

通过对受试进行简单的访谈发现，个别问卷题项的表述存在模糊之处。比如，有些受试表示："不太了解实词和虚词指什么。"针对这一问题，我们在相应题项中补充了实词和虚词各自所包括的典型词类。比如，实词包括名词、动词、形容词和副词等，虚词包括介词、冠词和连词等。

还有受试表示："有些题，特别是评价语言复杂度的题项，不知道是该以这次写作的情况为标准还是以平时写作的情况为标准。"鉴于此,我们调整了问卷的格式,舍弃了"对写作任务复杂度的看法""对语言复杂度的看法"和"其他"三个小标题,添加了"对此次英语写作练习的看法"和"对平时英语写作情况的看法"两个小标题。

此外,我们还发现预研究中的问卷存在下列五个问题:①第6题和第7题不能很好地反映出任务"元素"和任务复杂度之间的关系,需要进行合并;②第17题中的"单词"二字不够具体,可以细分为"名词""动词"和"形容词"等,且不太常见的除"单词"外,还需要补充短语;③第29题不能很好地反映习作者对文本句子长度的看法,需要删除;④第41题中"动名词或不定式"的表述不够准确,属于双管问题(double-barreled),含有双重含义(参见秦晓晴2009),需要进行分化;⑤第50题考察习作者对语言复杂度的看法,但该看法已在前面题项中(第12—42题)有所反映,需要删除。对于这些问题,我们在正式研究的问卷中做了相应的调整,调整后的问卷总共包括53道题项,分属于"对此次英语写作练习的看法"和"对平时英语写作情况的看法"两个部分(详见附录9)。

最后,通过记录每位受试填写问卷的时间,研究者发现,问卷填写最快者用时5分钟,最慢者用时10分钟,平均用时7.2分钟。为了确保每位受试都能顺利完成问卷填写,我们决定在正式研究中把问卷填写时间确定为10分钟。还需指出的是,由于预研究中研究对象人数较少,我们没有对问卷的信效度进行检测。但是,在正式研究中,问卷的信度和效度都得到了测量(参见6.4节)。

(3)"元素"和"背景知识"两个变量对语言复杂度的影响

为了解"元素"和"背景知识"两个变量对写作文本语言复杂度的影响,我们对8名受试在句法复杂度和词汇复杂度两个方面的39项衡量指标进行了描述性统计分析(详见表3.5)。需要指出的是,预研究一采取的是随机发放英语写作任务的模式,研究者在研究开始前没有对受试的写作水平进行控制,因此,研究者在进行统计分析时将受试在此次写作任务中取得的作文成绩作为协变量,以便更准确地评估"元素"和"背景知识"对写作文本语言复杂度的影响(参见秦晓晴2009)。

表3.5显示,基于"元素"变量增加写作任务的复杂程度总体上提高了写作文本的句法复杂度,这体现在单位长度、从属子句使用量、特定短语结构使用量和句子复杂度四个方面。具体而言,当习作者完成元素较少的简单任务时,所产出文本的平均句子长和平均T单位长分别为17.89和15.40,均低于

他们在完成元素更多的复杂任务中的表现（M_{MLS}[①] = 18.75；M_{MLT} = 16.15）。同时，习作者在完成元素较少的任务时产出文本的从属子句使用量（$M_{C/T}$ = 1.57；$M_{CT/T}$ = 0.47；$M_{DC/C}$ = 0.36；$M_{DC/T}$ = 0.57）、特定短语结构使用量（$M_{CN/C}$ = 1.02；$M_{CN/T}$ = 1.61；$M_{VP/T}$ = 2.14）和句子复杂度（$M_{C/S}$ = 1.84）也都低于他们在完成元素更多的任务时的表现（$M_{C/T}$ = 1.76；$M_{CT/T}$ = 0.60；$M_{DC/D}$ = 0.44；$M_{DC/T}$ = 0.82；$M_{CN/C}$ = 1.10；$M_{CN/T}$ = 1.93；$M_{VP/T}$ = 2.32；$M_{C/S}$ = 2.05）。但值得注意的是，与元素更多的复杂任务相比（$M_{CP/C}$ = 0.20；$M_{CP/T}$ = 0.36；$M_{T/S}$ = 1.16），学习者在完成元素较少的简单任务时使用了更多的并列结构（$M_{CP/C}$ = 0.28；$M_{CP/T}$ = 0.45；$M_{T/S}$ = 1.17）。也就是说，任务越复杂，并列结构使用量越低。

基于"背景知识"变量增加写作任务的复杂程度总体上也提高了写作文本的句法复杂度，这同样体现在单位长度、从属子句使用量、特定短语结构使用量和句子复杂度四个方面（参见表3.5）。具体而言，当习作者完成背景知识较多的简单任务时，所产出文本的平均句子长和平均T单位长分别为17.67和14.47，均低于他们在完成背景知识较少的复杂任务中的表现（M_{MLS} = 18.96；M_{MLT} = 17.07）。同时，习作者在完成背景知识较多的任务时产出文本的从属子句使用量（$M_{C/T}$ = 1.56；$M_{CT/T}$ = 0.50；$M_{DC/D}$ = 0.34；$M_{DC/T}$ = 0.53）、特定短语结构使用量（$M_{CN/C}$ = 1.03；$M_{CN/T}$ = 1.59；$M_{VP/T}$ = 2.07）和句子复杂度（$M_{C/S}$ = 1.91）也都低于他们在完成背景知识较少的任务时的表现（$M_{C/T}$ = 1.77；$M_{CT/T}$ = 0.58；$M_{DC/C}$ = 0.46；$M_{DC/T}$ = 0.85；$M_{CN/C}$ = 1.10；$M_{CN/T}$ = 1.95；$M_{VP/T}$ = 2.39；$M_{C/S}$ = 1.98）。但值得注意的是，与背景知识较少的复杂任务相比（$M_{CP/C}$ = 0.23；$M_{T/S}$ = 1.11），学习者在完成背景知识较多的简单任务时使用了更多的并列结构（$M_{CP/C}$ = 0.25；$M_{T/S}$ = 1.22）。

除了对句法复杂度产生影响，基于"元素"和"背景知识"变量增加写作任务的复杂程度也会对词汇复杂度产生影响。与背景知识较多的简单任务（M_{LS1} = 0.22；M_{LS2} = 0.19；M_{VS1} = 0.11；M_{VS2} = 0.44；M_{VS2} = 0.55；M_{NDW-50} = 40.05；$M_{NDW-ER50}$ = 39.56；$M_{NDW-ES50}$ = 39.66；M_{TTR} = 0.48；M_{CTTR} = 6.02；M_{RTTR} = 8.51；M_{LogTTR} = 0.87；M_{Uber} = 19.95；M_{LV} = 0.66；M_{VV1} = 0.82；M_{SVV1} = 21.71；M_{CVV1} = 3.27；M_{AdjV} = 0.17；M_{ModV} = 0.26）相比，习作者在完成背景知识较少的复杂任务时产出的写作文本在词汇罕用性（M_{LS1} = 0.18；M_{LS2} = 0.17；M_{VS1} = 0.07；M_{VS2} = 0.31；M_{VS2} = 0.36）和词汇多样性（M_{NDW-50} = 38.07；$M_{NDW-ER50}$ = 39.24；$M_{NDW-ES50}$ = 39.57；M_{TTR} = 0.45；M_{CTTR} =

[①] M 表示"平均值"，M_{MLS} 表示 MLS 这一测量指标的平均值，后面以此类推。

5.89;$M_{\text{RTTR}} = 8.33$;$M_{\text{LogTTR}} = 0.86$;$M_{\text{Uber}} = 18.71$;$M_{\text{LV}} = 0.63$;$M_{\text{VV1}} = 0.75$;$M_{\text{SVV1}} = 21.00$;$M_{\text{CVV1}} = 3.19$;$M_{\text{AdjV}} = 0.13$;$M_{\text{ModV}} = 0.23$)两个方面都呈下降趋势。

"元素"变量对写作文本词汇复杂度产生的影响较为复杂。与元素较少的简单任务相比($M_{\text{LS2}} = 0.17$;$M_{\text{VS1}} = 0.06$;$M_{\text{CVS1}} = 0.24$;$M_{\text{VS2}} = 0.13$;$M_{\text{NDW}} = 154.90$;$M_{\text{NDW-50}} = 39.45$;$M_{\text{NDW-ER50}} = 39.41$;$M_{\text{TTR}} = 0.47$;$M_{\text{MSTTR-50}} = 0.79$;$M_{\text{CTTR}} = 6.02$;$M_{\text{RTTR}} = 8.52$;$M_{\text{Uber}} = 19.84$;$M_{\text{LV}} = 0.65$;$M_{\text{NV}} = 0.61$;$M_{\text{AdjV}} = 0.16$;$M_{\text{ModV}} = 0.25$),习作者在完成元素更多的复杂任务时产出文本的词汇罕用性更高($M_{\text{LS2}} = 0.19$;$M_{\text{VS1}} = 0.12$;$M_{\text{CVS1}} = 0.51$;$M_{\text{VS2}} = 0.79$),但与此同时,产出文本的词汇多样性整体呈下降趋势($M_{\text{NDW}} = 148.85$;$M_{\text{NDW-50}} = 39.30$;$M_{\text{NDW-ER50}} = 39.39$;$M_{\text{TTR}} = 0.46$;$M_{\text{MSTTR-50}} = 0.78$;$M_{\text{CTTR}} = 5.88$;$M_{\text{RTTR}} = 8.32$;$M_{\text{Uber}} = 19.17$;$M_{\text{LV}} = 0.64$;$M_{\text{NV}} = 0.58$;$M_{\text{AdjV}} = 0.14$;$M_{\text{ModV}} = 0.23$)。

综上所述,"元素"和"背景知识"两个变量对习作者写作文本的句法复杂度和词汇复杂度产生不同的影响。当任务包含的元素越多或学习者具备较少的背景知识时,习作者使用的句法更复杂,但其使用的词汇总体更简单。句法复杂度和词汇复杂度之间呈现出此消彼长的竞争关系。需要指出的是,预研究仅涉及8名受试,他们之间的个体差异会对研究结果造成很大影响,因此,本研究结果还需进一步的验证。

表3.5 预研究一中"元素"和"背景知识"对语言复杂度的影响

语言复杂度	测量指标		元素					背景知识				
			少（简单）		多（复杂）		M变化方向	多（简单）		少（复杂）		M变化方向
	类别	编码	M	SD	M	SD		M	SD	M	SD	
句法复杂度	单位长度	MLS	17.89	1.17	18.75	1.17	↑	17.67	1.17	18.96	1.17	↑
		MLT	15.40	1.04	16.15	1.04	↑	14.47	1.04	17.07	1.04	↑
		MLC	9.93	0.35	9.37	0.35	↓	9.41	0.35	9.89	0.35	↑
	从属子句使用量	C/T	1.57	0.10	1.76	0.10	↑	1.56	0.10	1.77	0.10	↑
		CT/T	0.47	0.05	0.60	0.05	↑	0.50	0.05	0.58	0.05	↑
		DC/C	0.36	0.01	0.44	0.01	↑	0.34	0.01	0.46	0.01	↑
		DC/T	0.57	0.05	0.82	0.05	↑	0.53	0.05	0.85	0.05	↑
	并列结构使用量	CP/C	0.28	0.07	0.20	0.07	↓	0.25	0.07	0.23	0.07	↓
		CP/T	0.45	0.12	0.36	0.12	↓	0.41	0.12	0.41	0.12	=
		T/S	1.17	0.03	1.16	0.03	↓	1.22	0.03	1.11	0.03	↓
	特定短语结构使用量	CN/C	1.02	0.13	1.10	0.13	↑	1.03	0.13	1.10	0.13	↑
		CN/T	1.61	0.27	1.93	0.27	↑	1.59	0.27	1.95	0.27	↑
		VP/T	2.14	0.09	2.32	0.09	↑	2.07	0.09	2.39	0.09	↑
	句子复杂度	C/S	1.84	0.12	2.05	0.12	↑	1.91	0.12	1.98	0.12	↑

续上表

语言复杂度	测量指标 类别	编码	元素 少（简单）		多（复杂）		M变化方向	背景知识 多（简单）		少（复杂）		M变化方向
			M	SD	M	SD		M	SD	M	SD	
词汇复杂度	词汇密度	LD	0.50	0.02	0.50	0.02	=	0.50	0.02	0.50	0.02	=
	词汇罕用性	LS1	0.20	0.02	0.20	0.02	=	0.22	0.02	0.18	0.02	↓
		LS2	0.17	0.02	0.19	0.02	↑	0.19	0.02	0.17	0.02	↓
		VS1	0.06	0.05	0.12	0.05	↑	0.11	0.05	0.07	0.05	↓
		CVS1	0.24	0.21	0.51	0.21	↑	0.44	0.21	0.31	0.21	↓
		VS2	0.13	0.41	0.79	0.41	↑	0.55	0.41	0.36	0.41	↓
	不重复词数	NDW	154.90	7.97	148.85	7.97	↓	150.60	7.97	153.15	7.97	↑
		NDW-50	39.45	1.37	39.30	1.37	↓	40.05	1.37	38.70	1.37	↓
		NDW-ER50	39.41	0.23	39.39	0.23	↓	39.56	0.23	39.24	0.23	↓
		NDW-ES50	39.17	0.86	40.06	0.86	↑	39.66	0.86	39.57	0.86	↓
	形符/类符比	TTR	0.47	0.02	0.46	0.02	↓	0.48	0.02	0.45	0.02	↓
		MSTTR-50	0.79	0.02	0.78	0.02	↓	0.78	0.02	0.80	0.02	↑
		CTTR	6.02	0.29	5.88	0.29	↓	6.02	0.29	5.89	0.29	↓
		RTTR	8.52	0.40	8.32	0.40	↓	8.51	0.40	8.33	0.40	↓
		LogTTR	0.87	0.01	0.87	0.01	=	0.87	0.01	0.86	0.01	↓
		Uber	19.48	1.41	19.17	1.41	↓	19.95	1.41	18.71	1.41	↓
	词汇多样性	LV	0.65	0.05	0.64	0.05	↓	0.66	0.05	0.63	0.05	↓
		VV1	0.75	0.05	0.82	0.05	↑	0.82	0.05	0.75	0.05	↓
		SVV1	19.95	4.50	22.75	4.50	↑	21.71	4.50	21.00	4.50	↓
		CVV1	3.15	0.36	3.31	0.36	↑	3.27	0.36	3.19	0.36	↓
	实词多样性	VV2	0.16	0.03	0.17	0.03	↑	0.17	0.03	0.17	0.03	=
		NV	0.61	0.06	0.58	0.06	↓	0.59	0.06	0.59	0.06	=
		AdjV	0.16	0.01	0.14	0.01	↓	0.17	0.01	0.13	0.01	↓
		AdvV	0.09	0.00	0.10	0.00	↑	0.09	0.00	0.10	0.00	↑
		ModV	0.25	0.01	0.23	0.01	↓	0.26	0.01	0.23	0.01	↓

注：M 为平均值，SD 为标准差，符号↑表示上升，符号↓表示下降，符号=表示没有变化。测量指标的全称请参照 2.4.1.4 和 2.4.2.4 节。

3.1.1.6 小结

预研究一以 8 名英语专业本科生为研究对象,以复杂程度不同的四项英语写作任务及其相应的调查问卷为研究工具,初步考察了正式研究中拟采用的研究工具的合理性以及"元素"和"背景知识"两个变量对写作文本语言复杂度产生的影响。研究结果显示,我们基于文献自行设计的四项英语写作任务及其相应的调查问卷能基本满足本研究的研究目的,"元素"和"背景知识"两个变量对写作文本的语言复杂度产生影响。但是,四项英语写作任务也还存在一些问题。比如,在学习者看来,这四项英语写作任务的难度不存在显著性的差异。鉴于此,我们决定进行第二项预研究,进一步考察学习者对四项英语写作任务难度的看法。

3.1.2 预研究二

预研究一的问卷调查结果显示,研究对象对四项英语写作任务难度的感知不存在显著性的差异,甚至认为本应更难的复杂任务比简单任务还容易(参见 3.1.5.1 节),预研究一中采用的英语写作任务可能存在问题。基于文献设计出的复杂任务是否确实比简单任务更复杂这一点还值得商榷。鉴于此,我们进行了第二项预研究,旨在更深入地探究习作者对四项英语写作任务难度的感知情况,从习作者的角度验证本研究设计的可行性,即本研究设计的复杂任务是否能给习作者造成更大的认知负荷,使他们感知到的任务难度更高。

3.1.2.1 研究问题

本项预研究将考察习作者对四项英语写作任务的难度感知,拟回答的具体问题包括:

1)在四项英语写作任务中,哪一项任务最容易写?为什么?
2)在四项英语写作任务中,哪一项任务最难写?为什么?

3.1.2.2 研究对象

本研究通过教师发送电子邮件的形式招募研究受试。首先,研究者将参与邀请和知情同意书(参见附录 1)和英语写作任务难度比较调查问卷(详见附录 10)由北京和南昌的两所高校的三名英语教师转发给学生。假如学生在阅读研究参与邀请函和知情同意书后,愿意参与此项研究,他们将填写好的英语写作任务难度比较问卷发送到指定的邮箱。假如学生不愿意参与此项研究,他们可以不回复邮件。

经统计,来自北京和南昌两所高校的 84 名大学本科生参与了该项调查,平均年龄为 19.7 岁。其中,英语专业 29 名,非英语专业 55 名;一年级 39 名,二年级 16 名,三年级 29 名。本项预研究的研究对象涵盖不同专业[①]不同年级[②],和正式研究同质。

3.1.2.3 研究工具

在"有限注意力假说"和"认知假说"中,任务的难度或复杂度和任务的认知负荷相关(Robinson 2001;Skehen 1998)。因此,可以通过测量任务的认知负荷来衡量任务的难度或复杂度,这在认知心理学中已被广泛使用(Sasayama 2016)。Brünken 等(2003)曾指出,从客观性和直接性两个方面可以将现有测量任务认知负荷的方法划分为四类:第一类方法主观直接,如让受试直接对任务难度进行评价(如 Kalyuga et al. 1999);第二类方法主观但不直接,通常的做法是让受试自己汇报任务完成过程中的脑力负荷(如 Paas et al. 1994);第三类方法客观不直接,包括对受试行为和生理的测量,如让受试预测自己完成任务所需的时间(如 Brünken et al. 2003)和利用仪器测量受试的心脏活动(如心率)(如 Paas & van Merriënboer 1994)和眼部活动(如眼睛的注视点、眼球的移动和眨眼频率等)(如 Paas et al. 1994);第四类方法客观直接,如脑活动测量和双重任务法(dual-task method)。脑活动的测量即使用 fMRI(functional magnetic resonance imaging)等脑成像技术来直接展示受试在完成不同任务过程中脑力活动的差异(如 Smith & Jonides 1997)。双重任务法则要求受试同时完成主要和次要两项任务,次要任务被用来辅助测量主要任务的认知负荷(如 Brünken et al. 2002)。

在任务型教学领域,研究者们也开始关注任务认知负荷的测量,从认知心理学借用了不同的方法。比如,Robinson(2001b)通过闭合式问卷调查了受试对任务难度的看法,以此来反映任务的认知负荷。在该研究中,受试在完成任务后立即填写问卷。问卷题项采用 9 点量表,涉及任务难度、压力、自信心、兴趣和动机五个方面。研究表明,受试认为研究者设计的简单任务和复杂任务在难度上存在显著性的差异。与 Robinson(2001b)不同,Kim(2013)和 Kim 等(2015)采用了刺激回想法(stimulated recall)来探究任务的认知负荷。81 名中等水平的英语学习者参与了 Kim 的这两项研究(Kim 2013;Kim et

---

[①] 此处的专业指英语和非英语。

[②] 不同年级中没有包括四年级,这是因为本项预研究收取数据的时间为 5 月份,此时的四年级学生正忙于毕业事宜,无法参加数据收集。

al. 2015)。研究者们通过录像的方式记录了受试完成口语任务的过程，并在受试完成任务后立即将录像回放给受试观看，观看的同时向受试提问，请受试告知他们在任务完成过程中彼时彼刻的想法。研究结果显示，与简单任务相比，研究者设计的复杂任务（即推理需求更大的任务）促使受试进行更多的对比与评估，给受试造成的认知负荷更大。

除了上述问卷法和刺激回想法，研究者们还借鉴了认知心理学中常用的方法来测量任务的认知负荷，如 Baralt（2010，2013）采用的时间判断法（time estimation）。在该研究中，受试在完成任务后立即预测他们自己花了多长时间来完成该项任务。研究结果显示，受试对复杂任务完成时间的预测显著多于其实际花费的时间，对简单任务完成时间的预测则显著少于其实际花费的时间。Révész（2014）和 Révész 等（2014）则使用了眼动跟踪法（eye tracking）来测量任务的认知负荷，他们使用眼动跟踪仪测量了受试在完成推理需求不同的两项任务时眼睛的注视点及注视时间的长短，属于任务型教学领域使用该方法测量认知负荷的首批研究者（Sasayama 2016）。Révész 等人的研究发现，与简单任务相比，受试在完成复杂任务时眼睛的注视点显著更多，注视的时间也显著更长。除眼动跟踪法外，双重任务法也被用来测量任务的认知负荷。比如，在 Sasayama（2016）的研究中，受试需要同时完成两项任务：主任务为描述图片内容，次任务为发现字母颜色变化。两项任务都呈现在电脑屏幕上。受试在进行图片描述时还需注意图片上方字母 A 的颜色变化（字母从黑色变为红色再变为黑色）。字母颜色每变化一次，受试就需敲击一次空格键。研究发现，与复杂任务相比，受试在完成简单任务时敲击键盘的速度更快，正确率也更高。该结果说明，简单任务造成的认知负荷小于复杂任务。

上述研究方法各有利弊，研究者需根据研究背景、研究问题及研究可行性来确定合适的研究方法（Kim 等 2015）。为了调查本研究所设计的英语写作任务是否真正体现难度方面的差异，我们自行设计了英语写作任务难度比较问卷①（详见附录10），作为本项预研究的研究工具。该问卷首先呈现了四个英语写作任务的英文指令，然后用汉语重述了该四个写作题目的具体要求，以确保受试能准确地、高效率地把握四个英语写作题目之间的差异。比如，第1道题讨论的是你自己的选择，候选人有 A 和 B 两位，两位候选人在"聪明"和

---

① Robinson（2001a）将"任务复杂度"和"任务难度"区分开来，认为"任务复杂度"是任务本身具有的属性，是客观的，而"任务难度"则是一种主观因素，受到学习者个体差异的影响（详见2.1.2节和2.3.2.2节）。本项预研究旨在比较英语写作任务的复杂程度，但所采用的调查问卷却命名为"英语写作任务难度比较调查问卷"，这是因为本项预研究是对习作者的感知进行调查。对习作者而言，他们感知到的应是"任务难度"，而非"任务复杂度"。

"勤奋"两个方面具有不同的特点；第 2 道题考察的是你父母可能推荐的对象，候选人有 A 和 B 两位，两位候选人在"聪明"和"勤奋"两个方面具有不同的特点；第 3 道题关注的是你自己的选择，候选人有 A、B 和 C 三位，三位候选人在"聪明""勤奋""社交能力"和"家庭背景"四个方面具有不同的特点；第 4 道题探讨的是你父母可能推荐的对象，候选人有 A、B 和 C 三位，三位候选人在"聪明""勤奋""社交能力"和"家庭背景"四个方面具有不同的特点。

在用汉语说明写作题目的要求后，我们设计了一个闭合式问题和两个开放式问题，分别是：

1）在上面四篇英语作文中，你觉得最容易写的题目序号是____，最难写的题目序号是____。

2）你为什么认为上述题目序号最容易写？请简述原因。

3）你为什么认为上述题目序号最难写？请简述原因。

三个问题旨在了解学习者对四个英语写作题目难度的看法及其原因。

3.1.2.4 数据收集

英语写作任务难度比较问卷通过电子邮件的形式发放与回收。整个数据收集持续了一周的时间，完成于 2016 年 5 月上旬。

对于回收的问卷，我们进行了频率统计，计算出四个英语写作题目在最容易写和最难写两个维度上出现的频次及其百分比。此外，我们还逐一阅读了研究受试陈述的有关题目易写或难写的原因（参见附录 11），以期发现写作话题所包括的"元素"和涉及的"背景知识"是否会影响习作者对写作任务难度的感知。

3.1.2.5 研究结果

通过对问卷题项进行频率统计（详见表 3.6），我们发现，近六成（58.3%）的受试认为任务 1（复杂度最低）最容易写，六成以上（65.5%）的受试认为任务 4（复杂度最高）最难写。进一步分析受试陈述的原因，我们发现，绝大部分受试（84.5%）认为讨论父母可能推荐的对象难于讨论自己的选择，因为"平时与父母比较少谈论这些方面"（冰心[①]），"不太了解他们的想法"（凯文），"需要去揣摩"（时光）。此外，大部分受试（73.8%）也认为元素多的任务比元素少的任务难写，因为"需要对比的要素更多"（藉

---

① 为保护被试隐私，所有名字均为化名，下同。

馥），"情况更为复杂"（云飞），"难以在有限的时间和有限的字数内表述清楚"（甜馨）。但需要指出的是，也有小部分受试（26.1%）认为元素少的任务更难写，因为"选项就两个，太简单，不好展开"（夏雨），"需要头脑风暴，想出更多的论据来支撑"（思行）。

表3.6　英语写作任务难度比较调查结果

写作任务		最容易写的任务		最难写的任务	
类别	复杂度	出现频次	百分比	出现频次	百分比
1	元素少，背景知识多	49	58.3	6	7.1
2	元素少，背景知识少	5	6.0	16	19.0
3	元素多，背景知识多	25	29.8	7	8.3
4	元素多，背景知识少	5	6.0	55	65.5

综合频率统计和原因分析可知，研究受试对自己的选择更了解，具备的背景知识更多；他们对父母的看法了解不多，具备的背景知识较少。此外，受试普遍认为元素更多的任务难于元素较少的任务。因此，习作者对四项英语写作任务难度的感知和本研究的设计目标相一致。

3.1.2.6　小结

预研究二以84名英语专业和非英语专业本科生为研究对象，以英语写作任务难度比较调查问卷为研究工具，考察了习作者如何看待正式研究中拟采用的四项英语写作任务的难度。研究结果显示，大部分研究对象认为元素多的任务难于元素少的任务，背景知识少的任务难于背景知识多的任务。该研究结果证明，本研究设计的四项英语写作任务给习作者造成不同程度的认知负荷，间接证明了四项英语写作任务在复杂程度上存在差异。

3.2　研究设计

3.2.1　正式研究的整体设计

根据本研究的三项主要研究内容（参见1.2节）和两项预研究的研究结果（参见3.1.1.5和3.1.2.5节），本研究设计了三项正式研究（详见表3.7）。正式研究一将采用与现有多数考察双自变量的写作任务复杂度研究

(Adams et al. 2015；Farahari & Meraji 2011；Masrom et al. 2015；Ong & Zhang 2010，2013）相同的研究设计，即受试间设计，每位受试完成一项英语写作任务。该研究将采用双因素方差分析的数据分析方法来考察"元素"和"背景知识"两个变量对语言复杂度和作文成绩的主效应和交互效应，研究结果与现有多数研究具有可比性。

在正式研究一的基础上，正式研究二进一步完善实验设计，采用受试间和受试内的混合设计。其中，受试间变量为"背景知识"，受试内变量为"元素"，每位受试在不同时间完成复杂程度不同的两项英语写作任务，这样可以更好地控制受试个体因素对研究的影响（舒华 2013），更准确地反映"元素"和"背景知识"两个变量对语言复杂度和作文成绩的影响。此外，正式研究一和正式研究二的研究结果还可以相互验证（Nunan et al. 2009），提高研究结果的"准确度，减少偶然性"（刘润清、吴一安 2000：8）。正式研究二的数据分析方法为双因素重复测量方差分析。

上述两项正式研究将回答本研究的前两项研究内容，即"元素"和"背景知识"两个变量对语言复杂度和作文成绩的主效应和交互效应（参见1.2节），而第三项正式研究将探讨本研究的第三项主要研究内容。正式研究三将采用问卷法调查习作者对任务复杂度及语言复杂度的看法，并将该结果与正式研究一和正式研究二中测量出的写作文本语言复杂度及作文成绩进行皮尔森相关分析，探究习作者对任务复杂度及语言复杂度的看法与语言复杂度及作文成绩、语言复杂度内部各维度及各维度与作文成绩之间的相关关系。

表3.7 正式研究的具体内容

类别	研究问题	研究对象数量	研究设计
正式研究一	任务复杂度对语言复杂度和作文成绩的影响（受试间设计）	616 名	每人完成一项写作任务，写作任务随机发放
正式研究二	任务复杂度对语言复杂度和作文成绩的影响（混合设计）	178 名	每人在不同时间段完成两项写作任务，两项任务在"元素"变量上存在差异
正式研究三	习作者对任务复杂度和语言复杂度的看法、写作文本语言复杂度和作文成绩的关系	794 名	每人完成一份闭合式调查问卷

3.2.2 正式研究采用的研究工具

3.2.2.1 英语写作任务

两项预研究的研究结果显示（参见 3.1.1.5 和 3.1.2.5 节），我们基于文献设计的四项英语写作任务能够引起习作者的兴趣，能够体现本研究的研究目的，且复杂任务给习作者造成的认知负荷确实大于简单任务。因此，这四项英语写作任务将成为本研究正式研究的研究工具。

具体而言，四项英语写作任务在"元素"和"背景知识"两个变量上存在差异（详见表 3.8）。在元素少的英语写作任务中，受试需要从两位候选人中进行选择，每位候选人具备两项特征；在元素多的英语写作任务中，受试需要从三位候选人中进行选择，每位候选人具备四项特征。四项英语写作任务在"背景知识"变量上的差异主要体现在受试对话题的熟悉程度上：背景知识多的任务要求受试根据自己的标准进行选择，背景知识少的任务则要求受试选择父母可能推荐的对象。

表 3.8 正式研究中的英语写作任务设计

写作任务及复杂度①	写作题目	具体说明
任务 1：元素少，背景知识多	Suppose you are looking for your life partner. Which of the following two candidates would **YOU** prefer? Why would you choose this candidate and not the other one? Please justify your preference with detailed reasons. **Candidate A** is talented but a little lazy. **Candidate B** is not so talented but hard-working.	两位候选人，每位候选人具备两个特征；自己的选择
任务 2：元素少，背景知识少	Suppose you are looking for your life partner. Which of the following two candidates would **YOUR MUM OR DAD** recommend to you? Why would they choose this candidate and not the other one? Please justify their possible preference with detailed reasons. **Candidate A** is talented but a little lazy. **Candidate B** is not so talented but hard-working.	两位候选人，每位候选人具备两个特征；父母可能推荐的对象

① 从任务的复杂程度来说，任务 1 最简单，任务 4 最复杂，任务 2 和任务 3 的复杂程度居于任务 1 和任务 4 之间。

续上表

写作任务及复杂度	写作题目	具体说明
任务3：元素多，背景知识多	Suppose you are looking for your life partner. Which of the following three candidates would **YOU** choose? Why would you choose this candidate and not the others? Please justify your preference with detailed reasons. **Candidate A** is talented, hard-working, but not so sociable and comes from a relatively poor family. **Candidate B** is not so talented, but is hard-working and very sociable though she/he comes from a relatively poor family. **Candidate C** is not so talented and a little lazy. She/he is, however, very sociable and comes from a very well-to-do family.	三位候选人，每位候选人具备四个特征；自己的选择
任务4：元素多，背景知识少	Suppose you are looking for your life partner. Which of the following three candidates would **YOUR MUM OR DAD** recommend to you? Why would they choose this candidate and not the others? Please justify their possible preference with detailed reasons. **Candidate A** is talented, hard-working, but not so sociable and comes from a relatively poor family. **Candidate B** is not so talented, but is hard-working and very sociable though she/he comes from a relatively poor family. **Candidate C** is not so talented and a little lazy. She/he is, however, very sociable and comes from a very well-to-do family.	三位候选人，每位候选人具备四个特征；父母可能推荐的对象

需要指出的是，尽管预研究中的受试没有指出英语写作任务的作文指令存在问题，但我们在正式研究中对这些指令做了进一步的修改，主要体现在任务2和任务4中。这两项任务均要求受试选出其父母可能推荐的对象，因此预研究的题目指令中包含了"YOUR PARENTS"这两个单词。但是，这两个单词有可能会给受试带来困惑或者不舒服的感觉，因为他们可能只拥有父母中的一方。鉴于此，我们在正式研究中将任务2和任务4题目指令中的"YOUR

PARENTS"改成了"YOUR MUM OR DAD"(详见表3.8和附录8)。

3.2.1.2 调查问卷

基于预研究一的研究结果(参见3.1.1.5节),正式研究采用的调查问卷将包括53个题项,分属于"对此次英语写作练习的看法"和"对平时英语写作练习的看法"两大部分(详见表3.9)。具体而言,"对此次英语写作练习的看法"由11个题项组成。其中,五个题项用于测量习作者对话题有趣度和难易度的看法以及他们写作过程中的焦虑感和自信心(参见 Robinson 2001a)。其余六道题项则旨在测量习作者如何看待本研究探讨的"元素"和"背景知识"这两个变量,即习作者是否认为写作话题涉及的元素数量会影响写作任务的难度,习作者是否具备与此次写作任务相关的背景知识等。

表3.9 正式研究中的问卷框架与题项分类明细

框架	对此次英语写作练习的看法（共11题）					对平时英语写作情况的看法（共42题）							其他		
						对语言复杂度的看法									
						词汇复杂度			句法复杂度						
题目考察内容	话题有趣度	话题难易度	话题背景知识复杂度	话题元素复杂度	写作焦虑度	写作信心	词汇密度	词汇罕用性	词汇多样性	单位长度	从属子句	并列结构	特定短语结构	文章内容	文章结构	文章语言①
题项	第1题	第2题	第3—5题	第6—8题	第9题	第10—11题	第12—14题	第15—20题	第21—26题	第27—30题	第31—35题	第36—37题	第38—43题	第44—46题	第47—49题	第50—53题

"对平时英语写作情况的看法"部分包括42道题项,主要测量习作者对语言复杂度的看法,具体体现他们对单位长度、从属子句、并列结构、特定短语结构、词汇密度、词汇罕用性和词汇多样性七个方面的关注程度(Lu 2010, 2012)。此外,本部分还测量了习作者对文章内容、文章结构和文章语言准确

---

① 此处的文章语言主要指文章语言的准确度和流利度。

度及流利度的看法,因为如果认知资源的总量有限(Skehan 1998),习作者对这三个方面的关注程度可能会影响他们对语言复杂度的关注程度。

3.2.3 正式研究使用的语言复杂度测量方式

本研究认为语言复杂度是一个多维度的建构,需要从句法和词汇两方面进行多层面、多变量的测量。因此,本研究拟采用 Lu 和 Ai 开发的自动分析工具(Lu 2010,2012)对写作文本的句法复杂度和词汇复杂度进行测量(参见 2.4.1.4 和 2.4.2.4 节)。

句法复杂度自动分析工具总计包括 14 项测量指标,可以测量出写作文本在单位长度、从属子句使用量、并列结构使用量、特定短语结构使用量和句子复杂度五个方面的复杂程度(详见表 3.10)。词汇复杂度自动分析工具则立足于词汇密度、词汇罕用性和词汇多样性三个方面,采用 25 项具体指标对写作文本的词汇复杂度进行测量(详见表 3.11)。

表 3.10 正式研究中的句法复杂度测量方式
(译自 Lu 2010)

分类	具体指标	编码	计算公式
单位长度	平均子句长	MLC	词数 / 子句数
	平均句长	MLS	词数 / 句子数
	平均 T 单位长	MLT	词数 / T 单位数
从属子句使用量	T 单位复杂度	C/T	子句数 / T 单位数
	复杂 T 单位比率	CT/T	复杂 T 单位数/T 单位总数
	从属子句比率	DC/C	从句数 / 子句数
	每个 T 单位中的从属子句数	DC/T	从句数 / T 单位数
并列结构使用量	每个子句中的并列短语数	CP/C	并列短语数 / 子句数
	每个 T 单位中的并列短语数	CP/T	并列短语数 / T 单位数
	并列句比率	T/S	T 单位数 / 句子数
特定短语结构使用量	每个子句中的复杂名词短语数	CN/C	复杂名词短语数/子句数
	每个 T 单位中的复杂名词短语数	CN/T	复杂名词短语数/T 单位数
	每个 T 单位中的动词短语数	VP/T	动词短语数 / T 单位数
句子复杂度	每个句子中的子句数量	C/S	子句数 / 句子数

表 3.11 正式研究中的词汇复杂度测量方式
（译自 Lu 2012）

分类	子类	具体指标	编码	计算公式
词汇密度	—	—	LD	实词数／词汇总数
词汇罕用性		罕用性 - Ⅰ	LS1	罕用实词数／实词总数
		罕用性 - Ⅱ	LS2	罕用类符数／类符总数
		动词罕用性 - Ⅰ	VS1	罕用动词类符数／动词总数
		矫正后的动词罕用性 - Ⅰ	CVS1	罕用动词类符数／动词数 2 倍的平方根
		动词罕用性 - Ⅱ	VS2	罕用动词类符数的平方／动词数
词汇多样性	不重复词数	不重复词数	NDW	类符数
		不重复词数（前 50 个词）	NDW-50	文本前 50 个词中的类符数
		不重复词数（随机选择的 10 个 50 词）	NDW-ER50	随机选择的 10 个 50 词中的平均类符数
		不重复词数（从随机处选择的连续的 10 个 50 词）	NDW-ES50	随机选择的连续的 10 个 50 词中的平均类符数
	类符／形符比	类符／形符比	TTR	类符数／词汇总数
		标准化样本的平均类符/形符比（50）	MSTTR-50	50 个词样本的平均类符／形符比
		矫正的类符／形符比	CTTR	类符数／总词数 2 倍的平方根
		平方根类符／形符比	RTTR	类符数／总词数的平方根
		对数类符／形符比	LogTTR	类符数的对数／总词数的对数
		Uber 指数	Uber	类符数的对数平方／（总词数／类符数）的对数
	实词多样性	实词多样性	LV	实词类符数／实词总数
		动词多样性 - Ⅰ	VV1	动词类符数／动词总数
		动词多样性的平方	SVV1	动词类符数的平方／动词总数
		矫正的动词多样性	CVV1	动词类符数／动词总数 2 倍的平方根
		动词多样性 - Ⅱ	VV2	动词类符数／实词总数
		名词多样性	NV	名词类符数／实词总数
		形容词多样性	AdjV	形容词类符数／实词总数
		副词多样性	AdvV	副词类符数／实词总数
		修饰语多样性	ModV	（形容词类符数＋副词类符数）／实词总数

3.2.4 正式研究使用的作文成绩评分标准

本研究将邀请预研究中的两位评分员对正式研究中的所有作文进行评阅。但需要指出的是,本研究在研究之初只计划考察写作任务复杂度对英语专业学习者写作文本产生的影响,因此预研究一邀请的研究对象全部是英语专业本科生。但随着研究计划的深入,我们扩大了研究对象的范围,拟邀请非英语专业的学生参与。因此,正式研究中的作文评阅标准也需要做出相应调整。

经过和评阅教师共同讨论,我们决定参考现有较有影响力的、全国性的英语考试(主要为英语专业四级考试和全国大学生英语四级考试)来制定本研究正式研究的作文评阅标准(详见表3.12)。具体而言,正式研究的作文评阅将采用15分制,从内容、结构、连贯性、语法和词汇五个方面对作文进行考察。

表 3.12 正式研究的作文评分标准

得分	内容	结构	连贯性	语法	词汇
13—15分	内容充实	结构合理	行文通顺连贯	句式多样、语法正确,仅有个别小错	用词丰富、准确,仅有个别小错
10—12分	内容较充实	结构较合理	行文较连贯	句式有变化,有少量语法错误	用词较丰富,有少量词汇错误(如拼写、搭配等)
7—9分	内容尚可	结构完整	行文勉强连贯	句式较少变化,语法错误较多,其中一些是严重错误	词汇量一般,词汇错误较多
4—6分	内容匮乏	结构不完整	行文连贯性差	句式基本无变化,有较多严重的语法错误	词汇量较小,有较多严重的词汇错误
1—3分	几乎无内容和结构可言,语言支离破碎或大部分句子都有错误,且多数为严重错误				

3.3 本章小结

本章首先重点介绍了本研究的两项预研究,详细说明了每个预研究的研究问题、研究对象、研究工具、数据收集和研究结果五个方面的内容。基于两项预研究的研究结果，我们确定了正式研究的整体设计。正式研究将包括三项子研究，将通过四项英语写作任务和一份调查问卷，采用39项语言复杂度测量指标和基于现有主要考试设计的作文评阅标准，考察"元素"和"背景知识"两个变量对语言复杂度和作文成绩的影响，并探究习作者对任务复杂度及语言复杂度的看法、语言复杂度和作文成绩之间的关系。

第4章 正式研究一（完全受试间设计）

前期两项探索性预研究的研究结果显示，本研究设计的四项英语写作任务能够引起习作者的兴趣，能够反映本研究的研究目的。因此，正式研究开始。本章呈现的是第一个正式研究。该研究采用完全受试间设计，每位受试完成一项英语写作任务及其对应的问卷，探讨"元素"和"背景知识"两个变量对写作文本语言复杂度和习作者作文成绩的主效应和交互效应。

4.1 研究问题

本研究以"认知假说"和"有限注意力假说"为理论框架，以任务复杂度框架为设计基础（Robinson 2001，2007），以中国英语专业和非英语专业的大学生为研究对象，采用英语写作测试的实验方法，考察任务复杂度框架中的"元素"和"背景知识"两个变量对写作文本语言复杂度和作文成绩的影响。其中，自变量为"元素"和"背景知识"，因变量为写作文本的语言复杂度和习作者的作文成绩。具体研究问题包括：

1）写作任务复杂度中的"元素"和"背景知识"两个变量是否会影响写作文本的语言复杂度？

2）写作任务复杂度中的"元素"和"背景知识"两个变量是否会影响习作者的作文成绩？

4.2 研究对象

本研究采用方便抽样，力求覆盖大学英语的教授对象。为了更好地保证研究对象的代表性，本研究在选择研究对象时做以下四点：第一，研究对象包括英语专业和非英语专业各年级的学生；第二，非英语专业学生覆盖面较广：既有人文类专业的学生，也有理工科和商科的学生；第三，参与研究的院校性质多样化：既有人文类和理工类院校，也有综合类和专业性质的院校；第四，参与研究的院校层次多样化：既有隶属于"985工程"和"211工程"的重点院校，也有二本院校。经统计，来自北京、南昌、济南和大连四座城市中六所高校的616名大学本科生参与了本项研究，平均年龄为19.8岁，其学校、性别、年级和专业分布详见表 4.1。

表 4.1 研究对象的学校、性别、年级和专业分布

学校		性别	一年级		二年级		三年级	总计
编码	层次及属性		英语专业	非英语专业	英语专业	非英语专业	英语专业	
1	211 综合类	男				16 人	18 人	34 人
		女				99 人	90 人	189 人
2	985 人文类	男		37 人	10 人			47 人
		女		51 人	27 人			78 人
3	211 理工类	男			10 人			10 人
		女			46 人			46 人
4	985 综合类	男		38 人				38 人
		女		21 人				21 人
5	二本 专业类	男	13 人					13 人
		女	103 人					103 人
6	二本 综合类	男			4 人			4 人
		女			33 人			33 人
总计			116 人	147 人	130 人	115 人	108 人	616 人

表 4.1 显示，正式研究一的研究对象来自英语专业一、二、三年级和非英语专业一、二年级，且各年级的人数相当。本研究本应也招募英语专业四年级本科生参加。但是本研究收取数据的时间为 5 至 6 月份，此时英语专业四年级本科生正忙于毕业事宜，无法参与数据收集。此外，本研究没有邀请非英语专业三、四年级学生参加，因为他们已没有大学英语课，不属于大学英语的教授对象。

需要指出的是，尽管本研究的研究对象来自不同学校、不同专业、不同年级，但这并不影响本研究的研究结果，即不影响我们探讨"元素"和"背景知识"两个变量对语言复杂度和作文成绩的影响。原因在于本研究将不同学校、不同专业、不同年级的受试都平均分成了四组，每一组完成一项英语写作任务。也就是说，每个高校、每个专业、每个年级都有一组受试完成同一项英语写作任务。因此，最终完成四项英语写作任务的四组受试在学校、专业和年

级三个方面不存在显著性的差异，四组受试具有同质性。

此外，我们还使用单因素方差分析比较了对各高校、各专业、各年级四组受试最近一次综合英语考试中取得的卷面成绩。结果显示，同一学校、同一专业、同一年级的四组受试在英语水平上不存在显著性差异（详见表4.2）。

表4.2 研究对象的综合英语考试成绩

学校	专业	年级	人数	M ± SD				单因素方差分析	
				第一组	第二组	第三组	第四组	F	Sig.
1	英语	3	108	75.18 ± 8.21	73.67 ± 8.95	78.69 ± 10.68	75.61 ± 9.54	1.130	0.340
	非英语	2	115	67.20 ± 11.71	68.60 ± 8.47	70.76 ± 8.25	70.50 ± 7.28	0.888	0.450
2	英语	2	37	80.25 ± 10.83	85.28 ± 5.67	84.89 ± 3.80	80.50 ± 7.92	1.177	0.334
	非英语	1	88	49.96 ± 5.22	51.75 ± 3.04	49.72 ± 4.93	52.04 ± 3.70	1.699	0.174
3	英语	2	37	74.93 ± 5.16	74.91 ± 8.62	75.05 ± 9.43	73.72 ± 10.20	0.046	0.987
4	英语	2	56	89.93 ± 3.22	88.78 ± 2.22	88.89 ± 3.14	89.29 ± 2.67	0.423	0.738
5	英语	1	116	82.21 ± 10.64	80.70 ± 12.03	80.41 ± 9.29	81.02 ± 8.95	0.180	0.910
6	非英语	1	59	78.15 ± 10.74	74.40 ± 7.67	80.50 ± 7.27	78.68 ± 5.95	1.369	0.262

需要指出的是，不同学校、不同专业、不同年级最近一次的英语考试在考试内容、考试形式和评分标准等方面都可能存在差异，但这并不影响本研究的研究结果。如前所述（参见本节前文），本研究中完成四项英语写作任务的四组受试在学校、专业和年级三方面具有同质性，每一组受试中都有来自不同高校、不同专业、不同年级的部分学生。也就是说，尽管各个高校、各个专业、各个年级最近一次的英语考试可能存在差异，但最终完成四项英语写作任务的四组受试总体上在英语考试的内容、形式和评分标准等方面不存在差异。因此，各个高校、各个专业、各个年级最近一次综合英语考试在考试内容、考试形式和评分标准等方面的差异不会影响本研究的研究结果。此外，我们在比较受试的英语水平时，选择最近一次考试的卷面成绩进行比较，而非期末成绩，这是因为学生的期末成绩中通常包含平时成绩，而平时成绩可能取决于英语水平以外的因素，如到课率、学习态度等。

4.3 研究工具

根据预研究的研究结果，本次正式研究的研究工具为复杂程度不同的四项英语写作任务（详见表3.9和附录8）。任务复杂度的不同主要体现在"元素"和"背景知识"两个变量上，每个变量各有简单和复杂两个水平。具体而言，"元素"变量的差异体现在候选人人数和每位候选人的特征数上：简单任务包括两位候选人，每位候选人具备两个特征；复杂任务包括三位候选人，每位候选人具备四个特征。"背景知识"差异取决于受试对写作话题的熟悉程度：简单任务要求受试从候选人中选出自己中意的对象，复杂任务则要求受试从候选人中选出父母可能推荐的对象。

需要指出的是，正式研究中给予英语专业受试的写作时间为40分钟，字数要求为250词以上；给予非英语专业受试的写作时间也为40分钟，但字数要求为150词以上。对非英语专业受试的最低字数要求设置更低，是为了与他们平时的英语写作练习和考试（如全国大学英语四、六级考试）保持一致，避免增加他们的写作焦虑，影响他们的写作表现（Cheng et al. 1999；李航 2015）。需要说明的是，作文最低字数的设置可能会对习作者的写作表现产生影响，但本研究中英语专业和非英语专业所写作文的最低字数不同却不会影响本研究的研究结果，因为本研究并不会对英语专业和非英语专业两类受试的写作文本和作文成绩进行比较。此外，完成本研究四项英语写作任务的四组受试在学校、年级和专业等方面都具有同质性，即每组受试中都既有英语专业学生，也包括非英语专业学生（参见4.2节）。也就是说，每组受试所写的作文中既有最低字数要求为250词的作文，也有最低字数要求为150词的作文。因此，本研究对英语专业和非英语专业作文设置的最低字数不同这一点不会影响本研究对"元素"和"背景知识"两个变量的探讨。

4.4　数据收集与分析

本次数据收集总共持续了一个半月的时间，分别在北京、南昌、济南和大连四地进行。我们首先征得了任课教师与学生的同意，强调受试可以自己决定参与或不参与此项研究，也可以随时退出此项研究。之后，写作测试正式开始。受试在班会课上完成英语写作任务，时间为40分钟，同一组受试完成的英语写作任务相同。具体实施步骤如下：

1）研究者首先向受试简单介绍本项研究的主要内容，再次强调受试可以自己决定参与或不参与此项研究，也可以随时退出此项研究①。受试的决定不会对其学业成绩造成任何影响。

2）研究者发放作文指令，询问受试对即将完成的任务是否有疑问。此外，研究者还告知受试，在任务实施过程中不可以借助手机和字典等工具，只要如实反映出他们自己的真实写作水平即可。

3）在确认所有受试都清楚任务要求后，写作正式启动，研究者开始计时。30 分钟后，研究者提醒受试，告知他们写作时间还剩 10 分钟。

4）40 分钟后，写作时间结束，所有受试停止写作，研究者收回写作文本。

和预研究一中的做法一样（参见 3.1.4 节），研究者首先将收回的文本全部录入电脑，转换成 Word 文档（参见附录 12 和附录 13）。在完成电子文档转换后，研究者使用句法复杂度和词汇复杂度自动分析器（Lu 2010，2012）从单位长度和词汇密度等八个方面对写作文本的语言复杂度进行测量（参见附录 12 和附录 13）。测量出的语言复杂度各项指标的值最终借助 SPSS 20.0 进行双因素方差分析。

此外，研究者还邀请了预研究中的两位作文评阅老师继续评阅作文，评阅标准为基于现行主要英语考试设计的（参见表 3.12）。首先，研究者使用等距抽样的办法抽取了 30 篇英语作文。然后，两位评分员对这 30 篇英语作文进行集体讨论式批阅，再次熟悉评分标准。最后，两位评分员各自评阅了剩下的 586 篇英语作文。如果两位评分员所给的成绩相差不超过 3 分，取两者的平均分作为该篇作文的最后成绩；如果相差超过 3 分（参见大学英语四级评分标准），研究者则与两位评分员一起讨论，直到达成一致意见。使用 SPSS 20.0 进行斯皮尔曼相关系数分析，求得两位评分员的评分一致性系数为 0.754，评分存在相当强的相关性（参见韩宝成 2000）。

4.5 研究结果

研究结果的汇报将围绕本研究的两个研究问题进行（参见 4.1 节）。我们将首先呈现"元素"和"背景知识"两个变量对语言复杂度的影响，然后汇

---

① 假如受试此时想要退出研究，他可以不完成英语写作任务，但不可以离开教室，以避免对其他想要参与研究的受试产生影响。想要退出研究的受试可以利用这段时间完成其英语课程布置的课后作业，或者阅读我们为其准备的两篇英文美文，分别为"Of Studies"和"Youth"。幸运的是，在这个阶段，没有受试要求退出研究。

报它们对作文成绩的影响。此外，由于语言复杂度的测量指标总共包括39项，所以"元素"和"背景知识"两个变量对写作文本语言复杂度的影响比较复杂。鉴于此，我们将对这两个变量对语言复杂度产生的主效应和交互效应分开进行汇报。也就是说，我们首先汇报"元素"变量对语言复杂度产生的主效应，然后呈现"背景知识"变量对语言复杂度产生的主效应，最后展示"元素"和"背景知识"两个变量对语言复杂度产生的交互效应。

4.5.1 "元素"对语言复杂度的影响

为了考察写作任务复杂度中的"元素"和"背景知识"两个变量对写作文本语言复杂度的主效应和交互效应，我们计算了四项英语写作任务中语言复杂度各项指标的平均值和标准差（详见表4.3和附录14），进行了2×2的双因素方差分析（详见表4.4和附录15）。研究结果显示，"元素"对语言复杂度测量指标中的八项指标产生显著性的影响。

具体而言，在句法复杂度方面，与元素多的复杂任务（$M_{CP/T}$[①] = 0.328；$M_{CP/C}$ = 0.180；$M_{VP/T}$ = 2.241）相比，习作者在完成元素少的简单任务时每T单位使用的并列短语数（CP/T，M = 0.366）和每子句中使用的并列短语数（CP/C，M = 0.200）更多，且每T单位中使用的动词短语数（VP/T，M = 2.339）也更多，差异都达到显著性（$F_{CP/T}$ = 6.038，$p_{CP/T}$ = 0.014；$F_{CP/C}$ = 6.101，$p_{CP/C}$ = 0.014；$F_{VP/T}$ = 6.955，$p_{VP/T}$ = 0.009）。也就是说，基于"元素"变量增加写作任务的复杂程度显著降低了产出文本的并列结构使用量和动词短语使用量。

[①] M表示"平均值"，$M_{CP/T}$表示CP/T这一测量指标的平均值，后面以此类推。再则，此处的0.328不能直接在表4.3中找到，因为它是完成两项元素多的复杂任务（即任务3和任务4）的所有习作者的平均CP/T，由SPSS自动计算，后面也以此类推。

表4.3 四项英语写作任务中语言复杂度各测量指标的平均值和标准差①

语言复杂度	测量指标 类别	编码	任务1 M	任务1 SD	任务2 M	任务2 SD	任务3 M	任务3 SD	任务4 M	任务4 SD
句法复杂度	并列结构使用量	CP/T	0.356	0.189	0.377	0.225	0.346	0.199	0.310	0.164
		CP/C	0.196	0.105	0.204	0.118	0.190	0.103	0.170	0.090
	特定短语结构使用量	VP/T	2.371	0.504	2.306	0.440	2.240	0.441	2.243	0.428
词汇复杂度	词汇密度	LD	0.496	0.032	0.491	0.044	0.492	0.046	0.507	0.027
	词汇罕用性	LS1	0.304	0.051	0.286	0.058	0.279	0.055	0.247	0.060
		LS2	0.196	0.035	0.190	0.042	0.189	0.037	0.180	0.040
	词汇多样性	NDW-ER50	37.516	1.767	37.069	2.550	36.971	3.068	38.036	1.940
		NDW-ES50	37.718	1.843	37.625	2.041	37.416	2.594	38.347	1.884
		TTR	0.461	0.059	0.453	0.055	0.455	0.052	0.476	0.068
		MSTTR-50	0.746	0.038	0.740	0.047	0.736	0.051	0.755	0.039
		LogTTR	0.860	0.019	0.857	0.020	0.858	0.020	0.865	0.021
		Uber	17.530	2.200	17.251	2.419	17.506	2.444	17.520	2.321
		VV2	0.162	0.033	0.160	0.030	0.154	0.028	0.154	0.032

---

① 该表格只包括双因素方差分析中 p 值小于0.05的测量指标，其余指标详见附录14。

表 4.4 "元素"和"背景知识"对语言复杂度的主效应和交互效应①

语言复杂度	测量指标		元素			背景知识			元素 * 背景知识		
	类别	编码	F	df	p	F	df	p	F	df	p
句法复杂度	并列结构使用量	CP/T	6.038	1	0.014*						
		CP/C	6.101	1	0.014*						
	特定短语结构使用量	VP/T	6.955	1	0.009*						
词汇复杂度	词汇密度	LD	4.005	1	0.046*				10.164	1	0.002*
	词汇罕用性	LS1	49.802	1	0.000*	31.720	1	0.000*			
		LS2	7.852	1	0.005*	5.866	1	0.016*			
	词汇多样性	NDW-ER50							15.548	1	0.000*
		NDW-ES50				6.030	1	0.014*	9.015	1	0.003*
		TTR							9.148	1	0.003*
		MSTTR50							12.996	1	0.000*
		LogTTR							8.175	1	0.004*
		Uber	4.879	1	0.028*				5.455	1	0.020*
		VV2	9.024	1	0.003*						

* 代表 p 值小于 0.05。

在词汇复杂度方面,与元素多的复杂任务($M_{LD} = 0.450$;$M_{Uber} = 17.833$)相比,习作者在完成元素少的简单任务时产出文本的词汇密度(LD,$M = 0.494$)和 Uber 指数(Uber,$M = 17.405$)都更低,且差异达到显著性($F_{LD} = 4.005$,$p_{LD} = 0.046$;$F_{Uber} = 4.879$,$p_{Uber} = 0.028$)。但与此同时,习作者在完成元素少的简单任务时使用的罕用实词数(LS1,$M = 0.295$)、罕用类符数(LS2,$M = 0.193$)和动词多样性比值(VV2,$M = 0.161$)则高于他们在元素多的复杂任务中的表现($M_{LS1} = 0.263$;$M_{LS2} = 0.185$;$M_{VV2} = 0.154$),

---

① 该表格也只包括双因素方差分析中 p 值小于 0.05 的测量指标,其余指标详见附录 15。

且差异也都达到显著性（$F_{LS1} = 49.802$，$p_{LS1} = 0.000$；$F_{LS2} = 7.852$，$p_{LS2} = 0.005$；$F_{VV2} = 9.024$，$p_{VV2} = 0.003$）。也就是说，基于"元素"变量增加写作任务的复杂程度显著了提高了写作文本的词汇密度、类符/形符比和形容词多样性，但同时显著降低了写作文本词汇罕用性和动词多样性。

4.5.2 "背景知识"对语言复杂度的影响

表4.3和表4.4还显示，"背景知识"变量对词汇复杂度的三项测量指标产生显著性的影响。与背景知识少的复杂任务相比（$M_{LS1} = 0.267$；$M_{LS2} = 0.185$；$M_{NDW-ES50} = 37.986$），习作者在完成背景知识多的简单任务时使用的罕用实词数（LS1，$M = 0.292$）和罕用类符数（LS2，$M = 0.193$）均更高，但从文本随机处选择的连续的10个50词的平均类符数（NDW-ES50，$M = 37.567$）则更低，且差异都达到了显著性（$F_{LS1} = 31.720$，$p_{LS1} = 0.000$；$F_{LS2} = 5.866$，$p = 0.016$；$F_{NDW-ES50} = 6.030$，$p_{NDW-ES50} = 0.014$）。也就是说，基于"背景知识"变量增加任务的复杂程度显著提高了写作文本的词汇多样性，但同时显著降低了写作文本的词汇罕用性。

此外，从表4.4和附录15还可以看出，"背景知识"变量对单位长度、从属子句使用量、并列结构使用量、特定短语结构和词汇密度五个方面的影响都不显著。也就是说，不论习作者对写作话题的熟悉程度如何，他们产出的文本在句法复杂度和词汇密度两方面都不存在显著性的差异。

4.5.3 "元素"和"背景知识"对语言复杂度的交互作用

"元素"和"背景知识"两个变量对语言复杂度产生的交互效应集中在词汇复杂度的词汇密度和词汇多样性两个方面（详见表4.3和表4.4）。具体而言，"元素"和"背景知识"两个变量对词汇密度（LD，$F = 10.164$，$p = 0.002$）、随机选择的10个50词的平均类符数（NDW-ER50，$F = 15.548$，$p = 0.000$）、随机选择的连续的10个50词的平均类符数（NDW-ES50，$F = 9.015$，$p = 0.003$）、类符形符比（TTR，$F = 9.148$，$p = 0.003$）、50个词样本的平均类符形符比（MSTTR-50，$F = 12.996$，$p = 0.000$）、类符形符比的对数（LogTTR，$F = 8.175$，$p = 0.004$）以及 Uber 指数（Uber，$F = 5.455$，$p = 0.020$）这七项指标都产生显著性的交互作用。

需要指出的是，表4.4虽能呈现"元素"和"背景知识"两个变量对词汇密度和词汇多样性产生显著性的交互作用，但并不能展示"元素"变量在"背景知识"变量不同水平上的效应，也不能展示"背景知识"变量在"元素"变量不同水平上的效应。鉴于此，我们进行了进一步的简单效应检验。

简单效应指一个因素在另一个因素不同水平上的效应（舒华 2013）。简单效应检验没有现成的菜单选项，需要在 SPSS 中编写语法（syntax）。由于本研究是双因素完全受试间设计，所以我们编写的语法是"/EMMEANS = TABLES（元素 * 背景知识）COMPARE（元素）ADJ（SIDAK）"（参见舒华 2013）。其中，EMMEANS 是 estimated marginal means subcommand 的缩写，意思是"估计边际平均数"；ADJ（SIDAK）是均值比较的方法。并且，这一语法适用于每一个被"元素"和"背景知识"两个变量交互作用的因变量，包括 LD、NDW-ER50、NDW-ES50、TTR、MSTTR-50、LogTTR 和 Uber 指数。具体做法是在完成每一个因变量的双因素方差分析后，在结果列表的菜单栏中打开刚才使用过的"单变量"对话框，点击对话框中的"粘贴"按钮，添加上述语法命令，最后点击运行，获取简单效应分析结果（参见舒华 2013）。

简单效应分析的结果显示[①]（详见表 4.5），当习作者具备的相关背景知识较多时，任务涉及的元素的数量对词汇密度和词汇多样性没有显著性的影响。但当习作者具备的相关背景知识较少时，任务涉及的元素越少，写作文本的词汇密度（LD, $MD = -0.016$, $p = 0.000$）、随机选择的 10 个 50 词的平均类符数（NDWER-50, $MD = -0.967$, $p = 0.001$）、随机选择的连续的 10 个 50 词的平均类符数（NDWES-50, $MD = -0.723$, $p = 0.003$）、类符形符比（TTR, $MD = -0.023$, $p = 0.001$）、50 个词样本的平均类符形符比（MSTTR-50, $MD = -0.016$, $p = 0.002$）、类符形符比的对数（LogTTR, $MD = -0.007$, $p = 0.002$）以及 Uber 指数（Uber, $MD = -0.885$, $p = 0.002$）都越低。也就是说，基于"元素"和"背景知识"两个变量同时增加任务复杂度能够促进写作文本词汇密度和词汇多样性的提高。

表 4.5　简单效应分析结果

词汇复杂度	编码	MD 和 p 值	背景知识多		背景知识少	
			元素少	元素多	元素少	元素多
词汇密度	LD	MD	0.003		-0.016	
		p	0.409		0.000*	

[①] 为了更好地展示"元素"和"背景知识"两个变量对 LD、NDWER-50、NDWES-50、TTR、MSTTR-50、LogTTR 和 Uber 指数这七项测量指标的交互作用，我们还绘制了相应的交互作用图，详见附录16。

续上表

词汇复杂度	编码	MD 和 p 值	背景知识多		背景知识少	
			元素少	元素多	元素少	元素多
词汇多样性	NDWER-50	MD	0.515	−0.967		
		p	0.054	0.001*		
	NDWES-50	MD	0.305	−0.723		
		p	0.200	0.003*		
	TTR	MD	0.005	−0.023		
		p	0.425	0.001*		
词汇多样性	MSTTR-50	MD	0.010	−0.016		
		p	0.051	0.002*		
	LogTTR	MD	0.002	−0.007		
		p	0.467	0.002*		
	Uber	MD	−0.018	−0.885		
		p	0.947	0.002*		

注：MD 为 Mean Difference 的缩写，表示"均值差"。

此外，表4.5和附录15还显示，"元素"和"背景知识"两个变量对单位长度、从属子句使用量、并列结构使用量、特定短语结构使用量和词汇罕用性五个方面的交互效应都不显著。不论任务涉及的元素有多少，"背景知识"变量对句法复杂度和词汇罕用性的效应是相同的；不论习作者具备的背景知识有多少，"元素"变量句法复杂度和词汇罕用性的效应也是相同的。

4.5.4 "元素"和"背景知识"对作文成绩的影响

通过计算习作者在四项英语写作任务中的平均作文成绩和标准差（详见表4.6），进行双因素方差分析（详见表4.7），我们发现，"元素"和"背景知识"两个变量对习作者的作文成绩不产生显著的主效应（$F_{元素} = 0.005$，$p_{元素} = 0.946$；$F_{背景知识} = 0.294$，$p_{元素} = 0.588$）和交互效应（$F_{元素*背景知识} = 0.216$，$p_{元素*背景知识} = 0.642$）。也就是说，任务涉及元素的多少和习作者具备的相关背景知识的多少都不会显著影响习作者的作文成绩。

表4.6 四项英语写作任务中作文成绩的平均值和标准差

任务	任务1		任务2		任务3		任务4	
	M	SD	M	SD	M	SD	M	SD
作文成绩	9.668	1.458	9.659	1.381	9.728	1.330	9.614	1.402

表4.7 "元素"和"背景知识"对作文成绩的影响

变量	元素			背景知识			元素*背景知识		
	F	df	p	F	df	p	F	df	p
作文成绩	0.005	1	0.946	0.294	1	0.588	0.216	1	0.642

第5章 正式研究二（受试间和受试内的混合设计）

在上一章节中，我们采用与现有多项考察双自变量的研究（Adams et al. 2015；Farahari & Meraji 2011；Masrom et al. 2015；Ong & Zhang 2010，2013）相一致的受试间设计，探讨了"元素"和"背景知识"两个变量对写作文本语言复杂度和习作者作文成绩的影响。研究结果表明，"元素"和"背景知识"对语言复杂度内部的不同维度产生不同的主效应和交互效应，对习作者作文成绩则不产生显著性的影响。本章节继续探讨"元素"和"背景知识"两个变量对写作文本语言复杂度和习作者作文成绩的影响，但采用的是受试内和受试间的混合设计。这样的设计能够更好地控制受试个体因素对研究结果的影响（参见舒华 2013），也就能更好地呈现"元素"和"背景知识"两个变量对语言复杂度和作文成绩的影响。

5.1 研究问题

本章节旨在进一步考察"元素"和"背景知识"两个变量对写作文本语言复杂度和作文成绩的主效应和交互效应。具体问题包括：
1）写作任务复杂度中的"元素"和"背景知识"两个变量是否会影响写作文本的语言复杂度？
2）写作任务复杂度中的"元素"和"背景知识"两个变量是否会影响习作者的作文成绩？

5.2 研究对象

本研究采用受试间和受试内的混合设计，每位受试需要在不同时间段完成两项英语写作任务。换言之，本研究对研究对象配合度的要求较高。鉴于此，本研究采用方便抽样，研究对象全部来自研究者所在的高校，由178名大学本科生组成，平均年龄为19.3岁。其中，男生41人（占23%），女生137人（占77%）；英语专业二年级71人（占40%），非英语专业一年级107人（占60%）。

本研究按照自然班形式将英语专业和非英语专业学生都分成了四组，分别完成本研究的四项英语写作任务（参见4.2节）。由于英语专业的特殊性，英语专业学生需要参加不同的专业课程，且这些课程的授课老师不同，但是，同一门课程的授课老师基本相同，这一定程度上保证了英语专业四个自然班的学生的同质性。此外，本研究在研究开始之前还对英语专业四个班级最近一次综合英语考试①中取得的卷面成绩进行了单因素方差分析。分析结果显示，四个班级的英语水平不存在显著性的差异（详见表5.1）。

表5.1 研究对象的综合英语考试成绩

专业	年级	人数	$M \pm SD$				单因素方差分析	
			第一组	第二组	第三组	第四组	F	p
英语	2	71	74.29±8.59	77.53±7.80	71.71±14.03	73.40±10.39	0.934	.429
非英语	1	107	74.03±5.68	73.51±8.10	73.70±5.78	75.17±7.27	0.294	.829

与英语专业学生一样，非英语专业学生也来自四个不同的自然班，其专业分别为历史学、电子商务、工商管理和电气工程。研究者在研究开始之前也对这四个自然班在最近一次大学英语课程中取得的卷面成绩进行了单因素方差分析，发现该四个班级的英语水平相当（详见表5.1）。此外，该四个自然班还具有以下共同点：①他们的大学英语课程的任课教师为同一人，该教师年龄为39岁，女性，讲师，外国语言学及应用语言学硕士研究生毕业，已有17年高校教龄；②该四个自然班都是英语A班②的学生，英语水平相对较高；③在本研究第一次数据收集时，该四个班的学生正在为全国大学生英语四级考试（CET-4）做准备，他们都认为这是一次练习英语写作的好机会，参与研究的积极性比较高。

5.3 研究工具

与正式研究一相同（参见4.3节），本研究的研究工具也包括四项英语写作任务：任务1元素少、背景知识多；任务2元素少、背景知识少；任务3元素多、背景知识多；任务4元素多、背景知识少。根据任务复杂度框架（Rob-

---

① 之所以选择综合英语这一课程，是因为相对于其他课程而言，该课程能较为全面地反映学生的英语水平。

② 所有新生在入学时都会参加学校组织的英语分级考试，考试分数高的学生会被分到A班，考试分数中等的学生会被分到B班，考试分数低的学生会被分到C班。

inson 2007a），在上述四项英语写作任务中，任务1最简单，任务4最复杂，任务2和任务3的复杂程度中等。

具体而言，本研究设计了配偶选择任务（参见3.1.5.1节和附录8）。候选人的人数和每位候选人具备的特征数是任务包含的"元素"，候选人对话题的熟悉程度体现任务涉及的"背景知识"。在复杂程度最低的任务1中，候选人有两位，他们在"天赋"和"勤奋"两个特征上存在差异，受试需要从中选择一个自己中意的对象并论述原因；在复杂程度最高的任务4中，候选人有三位，他们在"天赋""勤奋""社交能力"和"家庭背景"四个特征上存在差异，受试需要从中选择一个其父母可能推荐的对象并论述原因。

5.4 数据收集与分析

本研究采用双因素混合设计，属于重复测量的一种，其受试内因素是"元素"，受试间因素是"背景知识"。虽然最理想的实验设计是双因素受试内设计，因为这样"能分离出所有由受试个体差异引起的变异，达到减少实验误差、提高结果精度的目的"（舒华2013：101）。但如果采用双因素受试内设计，每位受试需要"接受所有实验处理的结合"（舒华2013：102），即他们需要完成四篇差异不大的英语作文，这样可能会带来疲劳、练习等效应（舒华2013），可行性不高。鉴于此，本研究采用双因素混合设计。尽管在双因素混合设计中受试间因素的结果精度比不上双因素受试内设计中的，但它的"受试内因素的处理效应及两个因素的交互作用的结果精度都是好的"（舒华2013：93），而且对受试个体差异的控制比双因素受试间设计更好。

根据本研究的实验设计，本研究的数据收集分两个阶段进行，分别完成于2016年5月和9月。两个阶段之所以间隔4个月的时间，主要是为了尽量减少任务重复带来的影响（Ahmadian 2012；Kim & Tracy-Ventura 2013）。此外，本研究还采用了"ABBA法"（详见表5.2），以平衡写作任务呈现顺序带来的系统误差（张学民2010）。A和B分别代表两个水平的实验处理，在本研究中指元素的"少"与"多"。以英语专业1班和2班为例，英语专业1班在数据收集的第一和第二阶段分别完成元素少（A）和元素多（B）的任务，而英语专业2班在这两个阶段分别完成元素多（B）和元素少（A）的任务。在数据分析的时候，首先将两组A的实验数据相加，两组B的实验数据相加，然后再对A、B进行重复测量方差分析，最后得出结论。可见，A和B两种实验处理出现的先后顺序是相等的，实验顺序误差得到了有效控制。

表 5.2　混合设计中的数据收集安排

数据收集阶段	数据收集时间	受试 专业	受试 班级	受试 人数	写作任务 类别	写作任务 复杂度	实验处理水平
第一阶段	2016年5月上旬	英语	1	17	任务1	元素少，背景知识多	A
		英语	2	17	任务3	元素多，背景知识多	B
		英语	3	17	任务2	元素少，背景知识少	A
		英语	4	20	任务4	元素多，背景知识少	B
		非英语	5	29	任务1	元素少，背景知识多	A
		非英语	6	28	任务3	元素多，背景知识多	B
		非英语	7	27	任务2	元素少，背景知识少	A
		非英语	8	23	任务4	元素多，背景知识少	B
第二阶段	2016年9月上旬	英语	1	17	任务3	元素多，背景知识多	B
		英语	2	17	任务1	元素少，背景知识多	A
		英语	3	17	任务4	元素多，背景知识少	B
		英语	4	20	任务2	元素少，背景知识少	A
		非英语	5	29	任务3	元素多，背景知识多	B
		非英语	6	28	任务1	元素少，背景知识多	A
		非英语	7	27	任务4	元素多，背景知识少	B
		非英语	8	23	任务2	元素少，背景知识少	A

和正式研究一一样（参见4.4节），本研究在实验开始之前也征得了受试及其任课教师的同意。之后，研究者按照自然班的形式将英语专业和非英语专业的受试各分为四组，并使用单因素方差分析比较了他们在最近一次综合英语考试中的卷面成绩①（详见表5.1）。分析结果表明，同一专业四组受试的英语水平不存在显著性的差异。

在确定英语专业和非英语专业四组受试都具有同质性后（吴红云等2016），写作测试正式开始。受试在班会课上完成英语写作任务，时间为40分钟，同一组受试完成的写作任务相同。任务实施的具体步骤同正式研究一（参见4.4节），即研究者首先介绍研究的主要内容和实施流程，在确定所有

---

① 该成绩由任课教师提供。

受试都清楚任务要求后宣布写作测试正式开始。写作过程中不可以相互讨论，不可以借助手机和字典等工具。40 分钟后，研究者收回写作文本。

和正式研究一中的做法一样（参见 3.1.4 节），我们首先将收回的文本全转换成电子文档后，然后借助句法复杂度自动分析器和词汇复杂度自动分析器，计算出每份文档在句法复杂度和词汇复杂度各项测量指标上取得的值。最后，我们使用 SPSS 20.0 进行了双因素混合设计方差分析。

此外，研究者还邀请了正式研究一中的两位作文评阅老师继续评阅作文，评阅标准与正式研究一一致（参见表 3.12 和 4.4 节）。两位评分员首先集体批阅了通过等距抽样抽出的 30 篇作文，然后各自评阅了剩下的 326 篇作文。经计算，两位评分员的评分一致性系数为 0.761，评分存在相当强的相关性（参见韩宝成 2000）。

5.5 研究结果

此部分的研究结果汇报将围绕本研究的两个研究问题进行。我们首先呈现写作任务复杂度中的"元素"和"背景知识"两个变量对语言复杂度产生的主效应，然后展示这两个变量对语言复杂度产生的交互效应，最后汇报它们对作文成绩产生的影响。

5.5.1 "元素"变量对语言复杂度的影响

通过计算四项英语写作任务中语言复杂度各项指标的平均值和标准差（详见表 5.3 和附录 17），进行双因素重复测量方差分析（详见表 5.4 和附录 18），我们发现，"元素"对语言复杂度测量指标中的 10 项指标产生显著性的影响。

具体而言，在句法复杂度方面，与元素少的任务相比（$M = 15.345$），习作者在完成元素多的复杂任务时使用的句子更长（MLS, $M = 16.373$），且二者的差异达到显著性（$F = 8.518, p = 0.004$）。此外，习作者在完成元素多的复杂任务时每句中使用的 T 单位数（T/S, $M = 1.149$）和子句数（C/S, $M = 2.195$）也多于他们在完成元素少的简单任务时的表现（$M_{T/S} = 1.116$, $M_{C/S} = 2.096$），且差异也都达到显著性（$F_{T/S} = 4.399$, $p_{T/S} = 0.037$；$F_{C/S} = 4.739$, $p_{C/S} = 0.031$）。但是，与元素少的任务相比（$M = 1.431$），习作者在完成元素多的复杂任务时每 T 单位中使用的复杂名词短语量（CN/T, $M = 1.291$）则显著更少（$F = 10.186, p = 0.002$）。也就是说，基于"元素"变量增加写作任务的复杂程度显著提高了写作文本的单位长度、并列结构使用量和句子复杂度，但同时显著降低了写作文本的特定短语结构使用量。

在词汇复杂度方面，习作者在完成元素多的复杂任务时产出的词汇密度（LD，$M=0.503$）、文本类符数（NDW，$M=114.214$）、文本前50个词中的类符数（NDW-50，$M=35.489$）和50个词样本的平均类符形符比（MSTTR-50，$M=0.743$）都高于他们在元素少的简单任务中的表现（$M_{LD}=0.495$；$M_{NDW}=109.674$；$M_{NDW-50}=34.191$；$M_{MSTTR-50}=0.730$），且差异都达到显著性（$F_{LD}=5.617$，$p_{LD}=0.019$；$F_{NDW}=6.074$，$p_{NDW}=0.015$；$F_{NDW-50}=13.461$，$p_{NDW-50}=0.000$；$F_{MSTTR-50}=9.436$，$p_{MSTTR-50}=0.002$）。但与此同时，习作者在完成元素多的复杂度任务时使用的罕用实词数（LS1，$M=0.255$）和动词多样性比值（VV2，$M=0.149$）则低于他们在元素少的简单任务中的表现（$M_{LS1}=0.272$；$M_{VV2}=0.162$），且差异也都达到显著性（$F_{LS1}=7.724$，$p_{LS1}=0.006$；$F_{VV2}=19.440$，$p_{VV2}=0.000$）。换言之，基于"元素"变量增加写作任务的复杂程度显著提高了写作文本的词汇密度、不重复词数和类符形符比，但同时显著降低了写作文本的词汇罕用性、实词多样性和动词多样性。

表5.3 四项英语写作任务中语言复杂度各项测量指标的平均值和标准差①

语言复杂度	测量指标类别	编码	任务1		任务2		任务3		任务4	
			M	SD	M	SD	M	SD	M	SD
句法复杂度	单位长度	MLS	15.196	3.125	15.508	3.861	16.045	3.704	16.731	4.036
	并列结构使用量	T/S	1.104	0.119	1.129	0.140	1.149	0.175	1.150	0.176
	特定短语结构使用量	CN/T	1.407	0.418	1.458	0.441	1.301	0.449	1.281	0.421
	句子复杂度	C/S	2.077	0.410	2.116	0.475	2.186	0.513	2.204	0.514

---

① 该表格只包括双因素重复测量方差分析中 p 值小于0.05的测量指标，其余指标详见附录17。

续上表

语言复杂度	测量指标		任务1		任务2		任务3		任务4	
	类别	编码	M	SD	M	SD	M	SD	M	SD
词汇复杂度	词汇密度	LD	0.499	0.032	0.492	0.031	0.502	0.031	0.503	0.026
	词汇罕用性	LS1	0.284	0.056	0.259	0.063	0.262	0.055	0.248	0.053
	词汇多样性	NDW	112.677	24.454	106.388	24.520	116.860	26.556	111.318	23.399
		NDW-50	33.409	3.398	35.047	3.327	35.452	3.484	35.529	3.594
		TTR	0.457	0.057	0.469	0.056	0.463	0.057	0.454	0.060
		MSTTR-50	0.728	0.041	0.732	0.044	0.745	0.041	0.740	0.039
		VV1	14.989	5.704	13.465	4.734	14.122	5.143	12.829	4.744
		SVV1	2.688	0.523	2.552	0.468	2.614	0.484	2.491	0.465
		CVV1	0.609	0.075	0.620	0.081	0.616	0.075	0.603	0.081
		VV2	0.160	0.033	0.164	0.035	0.154	0.031	0.144	0.030
		NV	0.556	0.088	0.561	0.093	0.570	0.098	0.530	0.088

表5.4 "元素"和"背景知识"对语言复杂度的主效应和交互效应①

语言复杂度	测量指标		元素			背景知识			元素 * 背景知识		
	类别	编码	F	df	p	F	df	p	F	df	p
句法复杂度	单位长度	MLS	8.518	1	0.004*						
	并列结构使用量	T/S	4.399	1	0.037*						
	特定短语结构使用量	CN/T	10.186	1	0.002*						
	句子复杂度	C/S	4.739	1	0.031*						

---

① 该表格只包括双因素重复测量方差分析中 p 值小于0.05的测量指标,其余指标详见附录18。

续上表

语言复杂度	测量指标		元素			背景知识			元素 * 背景知识		
	类别	编码	F	df	p	F	df	p	F	df	p
词汇复杂度	词汇密度	LD	5.617	1	0.019*						
	词汇罕用性	LS1	7.724	1	0.006*	10.754	1	0.001*			
	词汇多样性	NDW	6.074	1	0.015*						
		NDW-50	13.461	1	0.000*	4.913	1	0.028*	5.141	1	0.025*
		TTR							5.050	1	0.026*
		MSTTR-50	9.436	1	0.002*						
		VV1				4.817	1	0.029*			
		SVV1				4.487	1	0.036*			
		CVV1									
		VV2	19.440	1	0.000*				5.478	1	0.020*
		NV							7.691	1	0.006*

5.5.2 "背景知识"对语言复杂度的影响

表5.3和表5.4还显示,"背景知识"变量对写作文本语言复杂度的四项指标产生显著性的影响。与背景知识少的复杂任务相比($M_{\text{NDW-50}} = 35.288$;$M_{\text{LS1}} = 0.253$;$M_{\text{VV1}} = 13.147$;$M_{\text{SVV1}} = 2.522$),习作者在完成背景知识多的简单任务时文本前50个词中使用的类符数(NDW-50,$M = 34.430$)更少,且差异达到显著性($F = 4.913$,$p = 0.028$),但与此同时,其文本的罕用实词数(LS1,$M = 0.273$)和动词多样性(VV1,$M_{\text{VV1}} = 14.555$;SVV1,$M_{\text{SVV1}} = 2.651$)则都更高,且差异也都达到显著性($F_{\text{LS1}} = 10.754$,$p_{\text{LS1}} = 0.001$;$F_{\text{VV1}} = 4.817$,$p_{\text{VV1}} = 0.029$;$F_{\text{SVV1}} = 4.487$,$p_{\text{SVV1}} = 0.036$)。也就是说,基于"背景知识"变量增加写作任务的复杂程度显著提高了写作文本的不重复词数,但同时显著降低了写作文本的词汇罕用性和动词多样性。

可见,"背景知识"变量对写作文本的影响主要集中在词汇罕用性和词汇多样性两个方面。"背景知识"变量对写作文本的句法复杂度和词汇密度不产生显著性的影响(详见附录18)。不论习作者对写作话题的熟悉程度如何,他们产出的文本在单位长度、从属子句使用量、并列结构使用量、特定短语结构使用量和词汇密度五个方面不存在显著性的差异。

5.5.3 "元素"和"背景知识"对语言复杂度的交互作用

"元素"和"背景知识"两个变量对写作文本语言复杂度的四项指标产生显著性的交互作用,主要集中在词汇多样性方面(详见表5.3和表5.4)。具体表现为"元素"和"背景知识"两个变量对写作文本书本前50个词中的类符数(NDW-50,$F=5.141$,$p=0.025$)、写作文本的类符形符比(TTR,$F=5.050$,$p=0.026$)、动词多样性(VV2,$F=5.478$,$p=0.020$)和名词多样性(NV,$F=7.691$,$p=0.006$)都产生显著性的影响。

和正式研究一类似(参见4.5.3节),我们进一步考察了"元素"和"背景知识"两个变量的简单效应。由于本研究为受试内和受试间的双因素混合设计,所以我们在SPSS中需要为每个受到"元素"和"背景知识"交互影响的因变量编写语法。也就是说,我们需要为NDW-50、TTR、VV2和NV四个因变量都编写语法,但这些语法大同小异。以NDW-50为例,我们编写的语法为:

MANOVA NDWZ1 NDWZ2 BY 背景知识(1,2)
/WSFACTOR = NDWZ-50[①](2)
/PRINT = CELLINFO(MEANS)
/WSDESIGN
/DESIGN
/WSDESIGN = NDW-50[②]
/DESIGN = MWITHIN 背景知识(1)
　　　　　MWITHIN 背景知识(2)(舒华 2013)

在编写好语法后,我们将该语法添加到双因素混合设计方差分析对话框中的"粘贴"处,然后点击"运行"按钮,获取简单效应结果(舒华 2013)。

简单效应分析结果显示[③](详见表5.5):①当习作者具备的相关背景知识较多时,任务涉及的元素数量对写作文本的类符形符比(TTR)、动词多样性(VV2)和名词多样性(NV)都不产生显著性的影响。但是,当习作者具备的相关背景知识较少时,任务涉及的元素越少,写作文本的类符/形符比

---

① 当因变量为 TTR、VV2 或 NV 时,此处的"NDW-50"改为"TTR""VV2"或"NV"。
② 当因变量为 TTR、VV2 或 NV 时,此处的"NDW-50"改为"TTR""VV2"或"NV"。
③ 为了更直观地展示"元素"和"背景知识"两个变量对 NDW-50、TTR、VV2 和 NV 这四项测量指标的交互作用,我们还绘制了相应的交互图,详见附录19。

（$MD=0.015$，$p=0.024$）、动词多样性（$MD=0.020$，$p=0.000$）和名词多样性（$MD=0.031$，$p=0.009$）都越高；②当习作者具备的相关背景知识较少时，任务涉及的元素数量对写作文本前50个词中的类符数（NDW-50）没有显著性的影响，但当习作者具备的相关背景知识较多时，任务涉及的元素越少，写作文本前50个词中的类符数越低（$MD=-1.943$，$p=0.000$）。

表5.5 简单效应分析结果

词汇复杂度	编码	MD 和 p 值	背景知识多		背景知识少	
			元素少	元素多	元素少	元素多
词汇多样性	NDW-50	MD	−1.943		−0.482	
		p	0.000*		0.034	
	TTR	MD	−0.005		0.015	
		p	0.385		0.024*	
	VV2	MD	0.006		0.020	
		p	0.136		0.000*	
	NV	MD	−0.014		0.031	
		p	0.210		0.009*	

注：MD 为 Mean Difference 的缩写，表示"均值差"。

此外，从表5.3和表5.4还可推导出，"元素"和"背景知识"两个变量对单位长度、从属子句使用量、并列结构使用量、特定短语结构使用量、词汇密度和词汇罕用性六个方面的交互效应都不显著（详见附录18）。不论任务涉及的元素有多少，"背景知识"变量对句法复杂度、词汇密度和词汇罕用性的效应是相同的；不论习作者具备的背景知识有多少，"元素"变量对句法复杂度、词汇密度和词汇罕用性的效应也是相同的。

5.5.4 "元素"和"背景知识"对作文成绩的影响

通过计算习作者在四项英语写作任务中取得的作文成绩的平均值和标准差（详见表5.6），进行混合实验设计方差分析（详见表5.7），我们发现，"元素"和"背景知识"两个变量对习作者的作文成绩产生显著的主效应（$F_{元素}=4.373$，$p_{元素}=0.038$；$F_{背景知识}=6.697$，$p_{背景知识}=0.010$），但二者的交互效应不显著（$F_{元素*背景知识}=0.028$，$p_{元素*背景知识}=0.868$）。习作者在完成元素较

第5章 正式研究二（受试间和受试内的混合设计）

多的复杂任务时取得的作文成绩（$M=9.677$）显著高于其在元素较少的简单任务中取得的作文成绩（$M=9.431$）；习作者在完成背景知识较多的简单任务时取得的作文成绩（$M=9.758$）显著高于其在背景知识较少的复杂任务中取得的作文成绩（$M=9.350$）。

表5.6 四项英语写作任务中作文成绩的平均值和标准差

	任务1		任务2		任务3		任务4	
	M	SD	M	SD	M	SD	M	SD
作文成绩	9.668	1.267	9.218	1.351	9.871	1.351	9.482	1.266

表5.7 "元素"和"背景知识"对作文成绩的影响

	元素			背景知识			元素*背景知识		
	F	df	p	F	df	p	F	df	p
作文成绩	4.373	1	0.038*	6.697	1	0.010*	0.028	1	0.868

综合本书第四章正式研究一和第五章正式研究二的研究结果，我们发现两项研究在以下三个方面的发现是一致的：①基于"元素"变量增加写作任务的复杂程度：显著提高了写作文本的词汇密度和类符/形符比；显著降低了写作文本的特定短语结构使用量、词汇罕用性和实词多样性；对写作文本的从属子句使用量不产生显著性的影响。②基于"背景知识"变量增加写作任务的复杂程度：显著提高了不重复词数；显著降低了词汇罕用性；对句法复杂度和词汇密度不产生显著性的影响。③"元素"和"背景知识"两个变量对句法复杂度、词汇罕用性和作文成绩都不产生显著性的交互作用，两个变量的显著性交互主要集中在词汇多样性方面，并且，当习作者具备的背景知识较多时，任务涉及的元素数量对写作文本的词汇多样性没有显著性的影响。

两项研究的研究结果在以下六个方面存在差异：①正式研究一发现基于"元素"变量增加写作任务的复杂程度会降低产出文本的并列结构使用量，这与正式研究二的研究结果相反。②正式研究一发现基于"元素"变量增加写作任务的复杂程度会显著提高写作文本的不重复词数，但这一结果在正式研究二中没有得到验证。③正式研究二发现基于"元素"变量增加写作任务的复杂程度会显著促进单位长度和句子复杂度，显著提高写作文本的不重复词数、形容词多样性以及作文成绩，这在正式研究一中没有得到验证。④正式研究二发现，基于"背景知识"变量增加写作任务的复杂程度会显著降低写作文本的动词多样性和作文成绩，这在正式研究一中没有得到验证。⑤正式研究一发现，"元素"和"背景知识"两个变量对写作文本的词汇密度产生显著性的交互作用，这在正式研究二中没有得到验证。⑥在"元素"和"背景知识"两个变量对词汇多样性的交互作用方面，两项正式研究的具体发现不一致，主要体现在以下两个方面：其一，正式研究二发现"元素"和"背景知识"两个变量对动词多样性和名词多样性产生显著性的交互影响，但这在正式研究一中没有得到验证；其二，尽管两项正式研究都发现"元素"和"背景知识"两个变量对不重复词数和类符/形符比产生显著性的交互作用，但交互作用的具体表现却不同。比如，当习作者具备的相关背景知识较少时，正式研究一发现任务涉及的元素越少，写作文本的不重复词数越低；但正式研究二却发现任务涉及的元素的数量对写作文本的不重复词数不产生显著性的影响。再如，当习作者具备的相关背景知识较少时，正式研究一发现任务涉及的元素越少，写作文本的类符形符比越低；但正式研究二却发现任务涉及的元素越少，写作文本的类符/形符比越高。

第6章 正式研究三（相关关系研究）

本书第4章和第5章的研究结果显示，写作文本的语言复杂度和习作者的作文成绩一定程度上受到写作任务复杂度的影响。此外，习作者的观念也可能影响写作文本的语言复杂度和习作者的作文成绩，这在现有文献中鲜有探讨。因此，本研究将通过问卷调查方式，探究习作者对写作任务复杂度及语言复杂度的看法与写作文本语言复杂度及作文成绩之间的相关关系。并且，基于正式研究一和正式研究二的研究数据，本研究还将进一步探讨写作文本语言复杂度内部各维度之间以及各维度与作文成绩之间的相关关系。

6.1 研究问题

本研究旨在考察习作者对写作任务复杂度和语言复杂度的看法与其写作文本语言复杂度和作文成绩之间的关系，以及写作文本语言复杂度内部各维度及各维度与作文成绩之间的关系，具体研究问题包括：

1）习作者对写作任务复杂度的看法是否与其写作文本的语言复杂度及作文成绩相关？

2）习作者对语言复杂度的看法是否与其写作文本的语言复杂度及作文成绩相关？

3）习作者写作文本语言复杂度内部各维度之间是否相关？各维度是否与作文成绩相关？

6.2 研究对象

本研究采用方便抽样。正式研究一和正式研究二的研究对象都参与了此项研究。因此，本研究的研究对象总共包括794名大学本科生。其中，男生187人，女生607人；英语专业一年级116人，二年级201人，三年级108人；非英语专业一年级254人，二年级115人。

和正式研究一一样，本研究也力求确保研究对象的代表性。研究对象不仅来自不同地域的不同高校，还包括不同专业的不同年级（参见4.2节）。此外，还需指出的是，正式研究二为受试间和受试内的双因素混合设计，因此参与正式研究二的受试总计完成了两次英语写作任务（参见5.4节）。但是，参与正式研究二的受试只在完成第一次英语写作任务时参与本次问卷调查，即他们只在完成第一次英语写作任务后填写"英语写作任务及写作文本调查问卷"，在完成第二次英语写作任务后无需填写问卷。

6.3 研究工具

根据本研究的研究问题，我们将一方面通过问卷调查方法探究习作者对写作任务复杂度和语言复杂度的看法。另一方面，我们将通过英语写作测试测量习作者在写作文本中实际表现出的语言复杂度和作文成绩。也就是说，本研究包括两项研究工具，分别为调查问卷和英语写作任务。由于习作者在写作文本中实际表现出的语言复杂度和作文成绩已经在正式研究一和正式研究二中被测量出（参见4.5节和5.5节），所以本节不再重复介绍用于测量写作文本语言复杂度和作文成绩的英语写作任务（详见表3.9和附录8）。本次正式研究中采用的问卷包括两大部分，分别为"对此次英语写作练习的看法"和"对平时英语写作情况的看法"，总计53道题项（详见表3.10和附录9）。

需要指出的是，本研究包括复杂程度不同的四项英语写作任务，因此，我们设计了四种不同版本的问卷。这四个版本的问卷在话题背景知识复杂度和话题元素复杂度两个方面的表述存在少许差异。具体而言，当写作任务涉及的候选人从两位增加到三位，且每位候选人的特征从两个增加到四个时，问卷第六题的表述由"此篇作文涉及两位候选人，每位候选人具有两个特征，这样的选择比较复杂"改为"此篇作文涉及三位候选人，每位候选人具有四个特征，这样的选择比较复杂"，且第7题中的"两位候选人"变为"三位候选人"；当写作任务话题从受试为自己选择配偶转变为受试的父母为受试选择配偶时，问卷第4和第5题的表述分别从"我认真考虑过'另一半'应具备的素质"和"我很清楚自己的择偶标准"改为"我和我父母讨论过'另一半'应具备的素质"和"我很清楚父母对我'另一半'的要求"，且问卷第七题的表述从"我能快速从两位①候选人中选出我更中意的那个人"变为"我能快速从两位候选人中选出我父母更中意的那个人"（参见附录9）。

---

① 当写作任务涉及的候选人为三位时，此处的"两位"改为"三位"。

6.4 数据收集与分析

问卷数据的收集持续了一个半月的时间。在每次英语写作测试结束之后，研究对象立即填写问卷，填写时间为10分钟。

对于收回的问卷，研究者首先处理了数据缺损的问卷。假如问卷中仅缺少调查对象的背景信息资料，如学校、专业、年级或班级等，该问卷属于有效答卷，因为同一学校、同一专业、同一年级、同一班级的研究对象在同一时间参与研究，研究者可以根据问卷调查的时间、地点以及其他人的答卷推算出答卷者的学校、专业、年级或班级等信息。但是，在有些问卷中，调查对象对某些题项做了多项选择或者放弃了部分题项，那么，该问卷属于无效答卷（参见吴红云 2006），不计入随后的统计分析，并且该问卷填写者完成的英语作文也随之作废。

在整理好问卷数据后，我们使用 SPSS 20.0 统计软件进行了数据处理。问卷数据中的缺失值用系统平均数代替，变异值则逐项进行检查。之后我们对问卷题项中反向题（第 7、15、16、27 和 29 题）的数值进行了重新编码（参见秦晓晴 2003）。

在完成反向题转换后，我们做了进一步的项目分析（详见附录20），发现此份问卷中的第 29 题和第 38 题的 T 值的显著水平分别为 0.621 和 0.097，未达到显著水平。并且，这两题均值之差值的 95% 置信区间包括 0，说明高分组和低分组在这两题上不具有显著性差异。也就是说，这两题不具有区分度，需要删除（参见秦晓晴 2003），问卷题项由 53 道减至 51 道。

此外，本调查问卷为研究者根据研究内容在参考前人文献（Lu 2010，2012；Robinson 2001a）基础上自行设计的，问卷的信度和效度还需进一步测量。经计算，问卷的 Cronbach's α 系数为 0.915，说明问卷信度较高，具有较好的内部一致性。

之后，我们使用因子分析方法来检验问卷的基本结构。如表 6.1 所示，本次调查问卷数据的 KMO 检验值为 0.935[①]，Bartlett 球形检验的显著水平为 0.000[②]，适合做因子分析。

[①] "KMO 值达到 0.9 以上为非常好，0.8—0.9 为好，0.7—0.8 为一般，0.6—0.7 为差，0.5—0.6 为很差"（秦晓晴 2003：59）。

[②] 一般说来，显著水平值小于 0.05 说明变量之间存在共同的因子（秦晓晴 2003）。

表 6.1　KMO 测度和 Bartlett 球形检验表

Kaiser-Meyer-Olkin Measure of Sampling Adequacy		0.935
Bartlett's Test of Sphericity	Approx. Chi-Square	16618.248
	df	780
	Sig.	0.000

在确定问卷数据适合做因子分析后，我们运用主成分分析法和最大方差旋转后，得到因子特征根分布的碎石图（参见图6.1）。碎石图中的曲线由高到低，先陡后平，最后几乎成为一条直线。"曲线开始变平的前一个点被认为是提取的最大因子数"（吴红云 2006：147）。据此，我们抽取9个因子，问卷题项由51道缩减至41道。

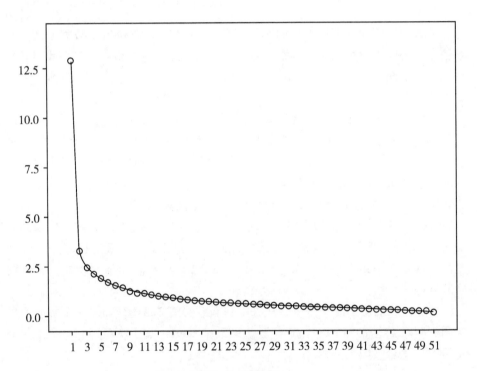

图 6.1　碎石图

接下来，我们检测了这 9 个因子所包含的 41 项观测变量的因子载荷（详见表 6.2）。因子载荷的结果显示，9 个因子的特征根值都在 1.41 以上，大于

第6章 正式研究三（相关关系研究）

1.0 的可接受值。这 9 个因子累计解释的方差达到 52.823%，较好地解释了整个量表的方差。此外，各因子中观测变量的项目负荷量在 0.363 和 0.911 之间，也大于 0.3 的可接受值（秦晓晴 2003）。可见，问卷这 9 个因子具有较好的结构效度。

因子 1 共有六项观测变量，全部涉及词汇多样性，故被命名为"习作者对词汇多样性的看法"。因子 2 也有六项观测变量，其中三项涉及文章结构，三项涉及文章语言①，被命名为"习作者对文章结构及语言的看法"。因子 3 共有四项观测变量，全部涉及不常见词汇的使用，被命名为"习作者对词汇罕用性的看法"。因子 4 共有七项观测变量，除一项涉及句子长度外，其余六项都涉及从属子句，被命名为"习作者对从属子句的看法"。因子 5 共有七项观测变量，除一项观测变量涉及并列句外，其余六项都涉及特定短语结构，被命名为"习作者对特定短语结构的看法"。因子 6 共有四项观测变量，除一项涉及文章语言外，其余三项都涉及文章内容，被命名为"习作者对文章内容的看法"。因子 7 共有三项观测变量，全部涉及词汇密度，被命名为"习作者对词汇密度的看法"。因子 8 共有两项观测变量，均涉及写作话题熟悉度，被命名为"习作者对写作话题背景知识复杂度的看法"。因子 9 共有两项观测变量，均涉及写作话题提供的选择（即元素），被命名为"习作者对写作话题元素复杂度的看法"。

表 6.2　英语写作任务及写作文本调查问卷 41 项观测变量的因子载荷

问卷题项	因子									名称
	1	2	3	4	5	6	7	8	9	
Q22 注重实词多样性	0.797									习作者对词汇多样性的看法（共六题）
Q25 注重形容词多样性	0.784									
Q24 注重名词多样性	0.782									
Q23 注重动词多样性	0.781									
Q26 注重副词多样性	0.713									
Q21 注重避免使用同样的单词	0.614									

---

① 此处的语言涉及语言的准确度和流利度。

续上表

问卷题项	因子									名称
	1	2	3	4	5	6	7	8	9	
Q52 注重文章语言的连贯性		0.803								习作者对文章结构及语言的看法（共六题）
Q53 注重文章语言的流畅性		0.778								
Q49 注重文章结构的完整性		0.664								
Q48 注重文章结构的逻辑性		0.650								
Q47 注重文章结构的合理性		0.646								
Q50 注重文章语言的准确性		0.543								
Q18 注重使用不太常见的动词			0.911							习作者对词汇罕用性的看法（共四题）
Q19 注重使用不太常见的形容词			0.889							
Q17 注重使用不太常见的名词			0.857							
Q20 注重使用不太常见的短语			0.828							

续上表

问卷题项	因子									名称
	1	2	3	4	5	6	7	8	9	
Q33 注重使用定语从句				0.672						习作者对从属子句的看法（共七题）
Q32 注重使用宾语从句				0.627						
Q34 注重使用状语从句				0.626						
Q28 注重使用复合句				0.617						
Q30 注重使用长句				0.564						
Q35 注重使用表语从句				0.450						
Q31 注重使用主语从句				0.415						
Q42 注重在主位置使用不定式短语					0.670					习作者对特定短语结构的看法（共七题）
Q40 注重使用同位语					0.646					
Q37 注重使用并列短语					0.553					
Q41 注重在主语位置使用动名词短语					0.492					
Q43 注重使用动词短语					0.488					
Q39 注重使用复杂名词短语					0.444					
Q36 注重使用并列句					0.363					

续上表

问卷题项	因子									名称
	1	2	3	4	5	6	7	8	9	
Q46 注重文章内容的深度						0.713				习作者对文章内容的看法（共四题）
Q45 注重文章内容的丰富性						0.711				
Q44 注重文章内容的新颖性						0.705				
Q51 注重文章语言的地道性						0.474				
Q13 注重使用实词							0.738			习作者对词汇密度的看法（共三题）
Q14 注重使用动词							0.691			
Q12 注重区分实词和虚词							0.630			
Q5 我很清楚自己的选择①								0.863		习作者对写作话题背景知识复杂度的看法（共两题）
Q4 我认真考虑过"另一半"应具备的素质②								0.852		
Q6 作文提供的选择比较复杂									0.723	习作者对写作话题元素复杂度的看法（共两题）
Q7 我能快速做出选择									0.680	

---

① 在任务 2 和任务 4 中，该问卷项目的表述为"我很清楚父母对我'另一半'的要求"。
② 在任务 2 和任务 4 中，该问卷项目的表述为"我和父母讨论过'另一半'应具备的素质"。

续上表

问卷题项	因子									名称
	1	2	3	4	5	6	7	8	9	
	特征根值	累计贡献率（%）				特征根值	累计贡献率（%）			
因子1	4.442	8.711				因子6	2.737	40.883		
因子2	3.806	16.173				因子7	2.240	45.275		
因子3	3.539	23.112				因子8	1.991	49.179		
因子4	3.260	29.504				因子9	1.858	52.823		
因子5	3.066	35.516								

在确定各因子和其观测变量后，我们首先求得每个因子所含观测变量的平均值，作为该因子的因子值。每个因子值反映习作者对写作任务复杂度和语言复杂度某个方面的看法。之后，我们计算了习作者产出文本中语言复杂度内部各维度的平均值。具体而言，产出文本的语言复杂度包括单位长度和从属子句等八个次维度（参见2.4.1.4和2.4.2.4节）。最后，我们将四项英语写作任务中问卷的九个因子和写作文本语言复杂度的八个次维度及作文成绩进行双变量相关分析，探究习作者对任务复杂度及语言复杂度的看法、写作文本语言复杂度和作文成绩之间的相关关系。

6.5 研究结果

研究结果的汇报将围绕本研究的三个研究问题进行（参见6.1节），我们将首先呈现习作者对写作任务复杂度的看法与写作文本语言复杂度及作文成绩的关系，然后汇报习作者对语言复杂度的看法与写作文本语言复杂度及作文成绩的关系，最后展示写作文本语言复杂度内部各维度之间以及各维度与作文成绩的关系。具体而言，习作者对写作任务复杂度的看法主要体现在两个方面：对写作话题背景知识复杂度的看法（因子8）和对写作话题元素复杂度的看法（因子9）（详见表6.3）；习作者对语言复杂度的看法则体现在下列七个方面：对词汇多样性的看法（因子1）、对文章结构及语言的看法（因子2）、对词汇罕用性的看法（因子3）、对从属子句的看法（因子4）、对特定短语结构的看法（因子5）、对文章内容的看法（因子6）和对词汇密度的看法（因子7）（参见表6.3）。此外，写作文本的语言复杂度主要包括八个次维度，即单位长度、从属子句使用量、并列结构使用量、特定短语结构使用量、句子复杂度、词汇密度、词汇罕用性和词汇多样性（参见2.4.1.4和2.4.2.4节）。

6.5.1 习作者对任务复杂度的看法与语言复杂度及作文成绩的关系

通过对四项英语写作任务中习作者对写作任务复杂度的看法和写作文本语言复杂度及作文成绩进行皮尔森相关分析（详见表6.3和附录21—24），我们发现：①在背景知识较少的复杂任务中，习作者对写作话题背景知识复杂度的看法和其写作文本的词汇罕用性及词汇多样性呈显著正相关关系；②在元素较少的简单任务中，习作者对写作任务话题元素复杂度的看法和其作文成绩呈显著负相关关系。但是，总体而言，习作者对写作任务话题背景知识复杂度及话题元素复杂度的看法和写作文本的语言复杂度及作文成绩不相关。

表6.3 习作者对任务复杂度的看法与语言复杂度及作文成绩的关系①

习作者对任务复杂度的看法	写作文本语言复杂度及作文成绩	任务1			任务2			任务3			任务4		
		Pearson Corr.	Sig. (2-tailed)	N	Pearson Corr.	Sig. (2-tailed)	N	Pearson Corr.	Sig. (2-tailed)	N	Pearson Corr.	Sig. (2-tailed)	N
写作话题背景知识复杂度	词汇罕用性				0.174*	0.020	177				0.154*	0.025	211
写作话题背景知识复杂度	词汇多样性				0.170*	0.024	177				0.337**	0.000	211
写作话题背景知识复杂度	句子复杂度							0.139*	0.048	204			
写作话题背景知识复杂度	特定短语结构										0.172*	0.012	211

---

① 此表格只包括具有显著相关关系的变量，其余请参见附录21—24。

续上表

习作者对任务复杂度的看法	写作文本语言复杂度及作文成绩	任务1			任务2			任务3			任务4		
		Pearson Corr.	Sig. (2-tailed)	N	Pearson Corr.	Sig. (2-tailed)	N	Pearson Corr.	Sig. (2-tailed)	N	Pearson Corr.	Sig. (2-tailed)	N
写作元素复杂度	作文成绩	-0.218**	0.002	202	-0.225**	0.003	177						

注：*表示在0.05水平上显著。下同。
　　**表示在0.01水平上显著。下同。

需要指出的是，尽管习作者对写作话题背景知识复杂度的看法和写作文本的词汇罕用性及词汇多样性在背景知识较少的复杂任务中显著正相关，但该相关关系的绝对值大多低于0.2，在统计学中属于"最低相关，一般可以忽略不计"（秦晓晴2003：238）。此外，习作者对写作任务话题元素复杂度的看法和其作文成绩存的负相关关系的绝对值处于0.2至0.4之间，在统计学中属于低相关（参见秦晓晴2003）。但是，鉴于"作文质量由多个因素决定"（鲍贵2011：49），习作者对写作元素复杂度的看法和其作文成绩的低度相关关系符合逻辑。同理，写作文本的词汇罕用性和词汇多样性也受多种因素影响，习作者对写作话题背景知识复杂度的看法及写作文本词汇罕用性和词汇多样性之间的低度相关关系也可以理解。

6.5.2　习作者对语言复杂度的看法与语言复杂度及作文成绩的关系

通过对四项英语写作任务中习作者对语言复杂度的看法和写作文本语言复杂度及作文成绩进行皮尔森相关分析（详见表6.4和附录21—24），我们发现，在四项英语写作任务中都呈显著正相关关系的有：①习作者对词汇密度的看法和其作文成绩；②习作者对词汇多样性的看法和其写作文本的词汇多样性；③习作者对特定短语结构的看法和其写作文本的词汇多样性及作文成绩；④习作者对文章结构及语言的看法和其作文成绩；⑤习作者对文章内容的看法和其写作文本的词汇多样性。并且，上述相关关系的绝对值大多处于0.2至0.4之间，属于低相关（参见秦晓晴2003）。此外，我们也发现，习作者对词汇罕用性的看法和语言复杂度及作文成绩基本不相关。

表6.4 习作者对语言复杂度的看法与语言复杂度及作文成绩的关系（一）①

习作者对语言复杂度的看法	写作文本语言复杂度及作文成绩	任务1 Pearson Corr.	Sig. (2-tailed)	N	任务2 Pearson Corr.	Sig. (2-tailed)	N	任务3 Pearson Corr.	Sig. (2-tailed)	N	任务4 Pearson Corr.	Sig. (2-tailed)	N
词汇密度	作文成绩	0.164*	0.020	202	0.181*	0.016	177	0.168*	0.016	204	0.345**	0.000	211
词汇多样性	词汇多样性	0.242**	0.001	202	0.221**	0.003	177	0.275**	0.000	204	0.337**	0.000	211
特定短语结构	词汇多样性	0.253**	0.000	202	0.244**	0.001	177	0.339**	0.000	204	0.354**	0.000	211
特定短语结构	作文成绩	0.216**	0.000	202	0.287**	0.000	177	0.198**	0.005	204	0.234**	0.001	211
文章结构及语言	作文成绩	0.149*	0.034	202	0.190*	0.011	177	0.144*	0.040	204	0.307**	0.000	211
文章内容	词汇多样性	0.241**	0.001	202	0.154*	0.041	177	0.222**	0.001	204	0.157**	0.023	211

除上述在四项英语写作任务中都存在的相关关系外，还有些关系也需要特别注意（详见表6.5和附录21—24）。它们出现在三项英语写作任务中，一定程度上也反映出某种倾向。比如，在任务1、3和4中，习作者对词汇密度的看法和其写作文本的词汇多样性显著正相关；在任务1、2和4中，习作者对词汇密度的看法和其写作文本的并列结构显著正相关；在任务2、3和4中，习作者对从属子句的看法和其写作文本的词汇多样性及作文成绩显著正相关，其中，和词汇多样性的相关系数的绝对值大于0.4，属于切实相关（参见秦晓晴2003）。

---

① 此表格只包括具有显著相关关系的变量，其余请参见附录21—24。

表6.5 习作者对语言复杂度的看法与语言复杂度及作文成绩的关系（二）①

习作者对语言复杂度的看法	写作文本语言复杂度及作文成绩	任务1 Pearson Corr.	Sig.(2-tailed)	N	任务2 Pearson Corr.	Sig.(2-tailed)	N	任务3 Pearson Corr.	Sig.(2-tailed)	N	任务4 Pearson Corr.	Sig.(2-tailed)	N
词汇密度	词汇多样性	0.156*	0.026	202				0.222**	0.001	204	0.316**	0.000	211
词汇密度	并列结构	0.222**	0.001	202	0.249**	0.001	177				0.164*	0.017	211
从属子句	词汇多样性				0.292**	0.000	177	0.354**	0.000	204	0.407**	0.000	211
从属子句	作文成绩				0.265**	0.000	177	0.173*	0.013	204	0.317**	0.000	211

再则，表6.4和表6.5还显示，习作者对语言复杂度的看法和其写作文本语言复杂度及作文成绩的相关关系受到任务复杂度的影响：多项相关关系的强度随着任务复杂度的增加而增强。比如，在元素少且背景知识多的最简单任务（任务1）中，习作者对词汇密度的看法和其作文成绩之间的相关关系只有0.164，但该关系在复杂度中等的任务（任务2、3）中分别是0.181和0.168，在元素多且背景知识少的最复杂任务（任务4）中为0.345。可见，写作任务越复杂，习作者对词汇密度的看法和其作文成绩之间的相关关系越强。此外，习作者对词汇密度、词汇多样性、从属子句、特定短语结构的看法和其写作文本的词汇多样性之间的相关关系，习作者对从属子句、文章结构及语言的看法和其作文成绩之间的相关关系亦是如此，都随着写作任务复杂度的增加而增强。

6.5.3 语言复杂度内部各维度之间及各维度与作文成绩的关系

通过对四项英语写作任务中写作文本语言复杂度内部各维度之间及各维度与作文成绩进行双变量相关分析（详见表6.6和附录21—24），我们发现，在四项英语写作任务中都呈显著正相关关系的有：①词汇罕用性和词汇多样性；②词汇多样性和作文成绩；③单位长度和从属子句、并列结构、特定短语结构及句子复杂度；④从属子句和特定短语结构及句子复杂度；⑤并列结构和特定短语结构及句子复杂度；⑥特定短语结构和句子复杂度。

---

① 此表格只包括具有显著相关关系的变量，其余请参见附录21—24。

表6.6 语言复杂度内部各维度及各维度与作文成绩的关系（一）①

写作文本语言复杂度	写作文本语言复杂度及作文成绩	任务1			任务2			任务3			任务4		
		Pearson Corr.	Sig.(2-tailed)	N	Pearson Corr.	Sig.(2-tailed)	N	Pearson Corr.	Sig.(2-tailed)	N	Pearson Corr.	Sig.(2-tailed)	N
词汇罕用性	词汇多样性	0.292**	0.000	202	0.462**	0.000	177	0.217**	0.002	204	0.272**	0.000	211
词汇多样性	作文成绩	0.456**	0.000	202	0.537**	0.000	177	0.593**	0.000	204	0.636**	0.000	211
单位长度	从属子句	0.491**	0.000	202	0.536**	0.000	177	0.549**	0.000	204	0.571**	0.000	211
单位长度	并列结构	0.505**	0.000	202	0.634**	0.000	177	0.563**	0.000	204	0.522**	0.000	211
单位长度	特定短语结构	0.784**	0.000	202	0.843**	0.000	177	0.788**	0.000	204	0.819**	0.000	211
单位长度	句子复杂度	0.602**	0.000	202	0.569**	0.000	177	0.638**	0.000	204	0.600**	0.000	211
从属子句	特定短语结构	0.610**	0.000	202	0.671**	0.000	177	0.708**	0.000	204	0.678**	0.000	211
从属子句	句子复杂度	0.775**	0.000	202	0.790**	0.000	177	0.741**	0.000	204	0.768**	0.000	211
并列结构	特定短语结构	0.200**	0.004	202	0.383**	0.000	177	0.229**	0.001	204	0.228**	0.001	211
并列结构	句子复杂度	0.180*	0.010	202	0.368**	0.000	177	0.354**	0.000	204	0.374**	0.000	211
特定短语结构	句子复杂度	0.469**	0.000	202	0.514**	0.000	177	0.533**	0.000	204	0.509**	0.000	211

在上述相关关系中，写作文本的词汇罕用性和词汇多样性、并列结构和特定短语结构、并列结构和句子复杂度之间的相关关系的绝对值大多小于0.4，属于低相关；写作文本的词汇多样性和作文成绩、单位长度和从属子句、单位长度和并列结构、单位长度和句子复杂度、从属子句和特定短语结构、特定短

---

① 此表格只包括具有显著相关关系的变量，其余请参见附录21—24。

语结构和句子复杂度之间的相关关系的绝对值大多处于0.4至0.7之间，属于切实相关；写作文本的单位长度和特定短语结构、从属子句和句子复杂度之间的相关关系的绝对值全部大于0.7，属于高相关（参见秦晓晴2003）。

除上述在四项英语写作任务中都显著的相关关系外，还有一些关系也值得注意（详见表6.7）。比如，在任务1、2和3中，词汇密度和词汇多样性之间都呈显著正相关关系；在任务2、3和4中，词汇多样性和单位长度、并列结构及特定短语结构之间都呈显著正相关关系，且单位长度、并列结构和特定短语结构也都和作文成绩之间呈显著正相关关系；在任务1和2中，词汇密度和从属子句及句子复杂度之间都呈显著负相关关系。此外，这些相关关系的绝对值显示多数变量之间的相关为低相关。

表6.7 语言复杂度内部各维度及各维度与作文成绩的关系（二）①

写作文本语言复杂度	写作文本语言复杂度及作文成绩	任务1			任务2			任务3			任务4		
		Pearson Corr.	Sig. (2-tailed)	N	Pearson Corr.	Sig. (2-tailed)	N	Pearson Corr.	Sig. (2-tailed)	N	Pearson Corr.	Sig. (2-tailed)	N
词汇密度	词汇多样性	0.205**	0.003	202	0.284**	0.000	177	0.395**	0.000	204			
词汇密度	从属子句	-0.251**	0.000	202	-0.226**	0.002	177						
词汇密度	句子复杂度	-0.214**	0.0002	202	-0.178**	0.017	177						
词汇多样性	单位长度				0.339**	0.000	177	0.273**	0.000	204	0.465**	0.000	211
词汇多样性	并列结构				0.176*	0.019	177	0.230**	0.001	204	0.265**	0.000	211
词汇多样性	特定短语结构				0.279**	0.000	177	0.295**	0.000	204	0.424**	0.000	211
单位长度	作文成绩				0.337**	0.000	177	0.287**	0.000	204	0.336**	0.000	211
并列结构	作文成绩				0.210**	0.005	177	0.215**	0.002	204	0.199**	0.004	211

---

① 此表格只包括具有显著相关关系的变量，其余请参见附录21—24。

续上表

写作文本语言复杂度	写作文本语言复杂度及作文成绩	任务1			任务2			任务3			任务4		
		Pearson Corr.	Sig. (2-tailed)	N	Pearson Corr.	Sig. (2-tailed)	N	Pearson Corr.	Sig. (2-tailed)	N	Pearson Corr.	Sig. (2-tailed)	N
特定短语结构	作文成绩				0.279**	0.000	177	0.283**	0.000	204	0.289**	0.000	211

从表6.6和表6.7还可看出，写作文本语言复杂度内部各维度之间及其与作文成绩的相关关系受任务复杂度的影响。该影响呈现出两大趋势：第一，部分变量之间的相关关系随着任务复杂度的增加而增强，它们在最复杂的任务中（任务4）的相关度最强，如词汇多样性和作文成绩、单位长度和从属子句、并列结构和句子复杂度、词汇多样性和单位长度、词汇多样性和并列结构、词汇多样性和特定短语结构、特定短语结构和作文成绩；第二，部分变量之间的相关关系在复杂度中等的任务（任务2、3）中最强，如词汇罕用性和词汇多样性、单位长度和并列结构、单位长度和特定短语结构、单位长度和句子复杂度、从属子句和特定短语结构、从属子句和句子复杂度、并列结构和特定短语结构、特定短语结构和句子复杂度、词汇密度和词汇多样性、单位长度和作文成绩、并列结构和作文成绩。此外，存在负相关关系的词汇密度和从属子句、词汇密度和句子复杂度在最简单任务（任务1）中关系最强。

第7章 研究讨论

本研究的研究结果主要包括以下三个方面的内容：①写作任务复杂度对写作文本语言复杂度的影响；②写作任务复杂度对习作者作文成绩的影响；③习作者对写作任务复杂度及语言复杂度的看法、写作文本语言复杂度和作文成绩之间的相关关系。本章的讨论也将围绕这三个方面的研究结果分别展开。

7.1 写作任务复杂度对写作文本语言复杂度的影响

本研究从"元素"和"背景知识"两个变量控制写作任务的复杂程度，因此，本节也将基于这两个变量，对它们产生的主效应和交互效应分节进行论述。在现有探讨任务复杂度对语言复杂度影响的研究中，研究者们（Adam & Nik 2014；Frear & Bitchener 2015；Kuiken & Vedder 2006，2007；Rahimi & Zhang 2017；Salimi et al. 2011；Yang 2014；Zalbidea 2017）大多以"有限注意力假说"和"认知假说"为理论指导。"有限注意力假说"认为，基于"元素"和"背景知识"两个变量增加任务复杂度都会导致语言复杂度的降低，因为学习者的注意力资源是有限的（Skehen 1998，2001，2009c）。"认知假说"则认为，基于"元素"变量增加写作任务复杂度会促进产出文本语言复杂度的提高，但基于"背景知识"变量增加写作任务复杂度则对语言复杂度产生负面的影响（Robinson 2001a，2001b，2005，2007a）。

7.1.1 "元素"变量对语言复杂度的影响

本研究的正式研究一和正式研究二都发现，基于"元素"变量增加写作任务复杂度：①显著提高了写作文本的词汇密度和类符/形符比；②显著降低了写作文本的特定短语结构使用量、词汇罕用性和实词多样性；③对写作文本的从属子句使用量不产生显著性的影响。下面将逐一讨论这些经本研究的两项正式研究（正式研究一和正式研究二）三角核查后的研究结论。此外，我们也会简要分析两项正式研究中不一致的研究结果及其产生原因。

7.1.1.1 显著提高了词汇密度和类符形符比

基于"元素"变量增加写作任务复杂度显著提高了写作文本的词汇密度。

在现有的多数相关研究中（Cho 2015；Kuiken et al. 2005；Kuiken & Vedder 2006，2007，2008；Zalbidea 2017；王静萍 2013；闫荣、张磊 2015），研究者们并没有对词汇密度进行测量。Halliday（1985）认为，一个句子的词语可以分为两类：一类是语法项，也称功能项；另一类是词汇项，也称实词。词汇密度反映的就是句中实词所占的比率。由于句子的信息主要由实词进行传递（吴瑾、邹青 2009），因此，句子的词汇密度越大，该句中实词就越多，句子承载的信息量也越大。本研究发现，与元素少的简单任务相比，习作者在完成元素更多的复杂任务时使用的实词显著更多。也就是说，写作任务涉及的元素越多，需要习作者展示的信息就越多，这就促使习作者使用更多的实词，从而提高了其语言产出的词汇密度。

基于"元素"变量增加写作任务复杂度显著提高了写作文本的类符形符比。这一研究结果验证了 Frear 和 Bitchener（2015）及王静萍（2013）的研究发现，但与 Kuiken 等人（Kuiken et al. 2005；Kuiken & Vedder 2006，2007，2008；Zalbidea 2017；Rahimi & Zhang 2017；闫荣、张磊 2015）的研究结果不一致。产生这一差异的原因可能是各研究中使用的类符形符比测量指标不一致。具体而言，本研究采用了六项指标来测量写作文本的类符形符比，分别为 TTR、MSTTR-50、CTTR、RTTR、LogTTR 和 Uber 指数（参见 2.4.2.4 节）。研究结果显示，写作任务涉及的元素越多，产出文本的 MSTTR-50 和 Uber 指数越高。与本研究相比，其他研究使用的类符/形符比测量指标相对单一。比如，Kuiken 等人的系列研究（Kuiken et al. 2005；Kuiken & Vedder 2006，2007，2008）使用了 TTR 和 CTTR，Zalbidea（2017）使用了 RTTR，Rahimi 和 Zhang（2017）使用了 D 值，闫荣和张磊（2015）使用的则是除去语气词后的 TTR。除 D 值外，TTR、CTTR 和 RTTR 在本研究中也被使用，且这三项指标在元素多和元素少的写作任务中确实不存在显著性的差异。从这个角度来说，本研究结果和 Kuiken 等人的系列研究、Zalbidea（2017）、Rahimi 和 Zhang（2017）及闫荣和张磊（2015）的研究结果是一致的。可见，研究者们应该立足多维度、采用多项指标对类符形符比进行更全面的测量。

7.1.1.2 显著降低了特定短语结构使用量、词汇罕用性和实词多样性

基于"元素"变量增加写作任务复杂度显著降低了写作文本中特定短语结构的使用量。在现有多数相关研究中（Cho 2015；Kuiken et al. 2005；Kuiken & Vedder 2006，2007，2008；Zalbidea 2017；王静萍 2013；闫荣、张磊 2015），研究者们并没有对特定短语结构进行测量。但是，短语层面的复杂程

度却可以为我们提供句法单位长度、从属子句和并列结构所不能提供的信息。短语层面和后三个层面（句法单位长度、从属子句和并列结构）一起，共同展现多维度的语言复杂度（Norris & Ortega 2009）。学习者的书面语从并列句过渡到从属句，再过渡到缩略句是语法复杂化的表现（Hunt 1965）。在缩略句阶段，关系小句减少，形容词和副词短语增加（Sharma 1979），不定式和动名词结构增加（Hunt 1965）。句法发展的最高阶段是名词化结构，这一论述和系统功能语言学的语言发展观相契合。Halliday 和 Matthiessen（1999）曾指出，个体语言发展经历三个阶段：①运用并列句或单个的词、词组或小句表达个人观点；②运用从属小句表达事件顺序或逻辑关系；③运用名词化结构表达语法隐喻。可见，句法复杂度的测量不仅需要考察句法单位的长短以及并列结构和从属子句的多寡，还应关注特定短语结构的数量及其复杂程度。本研究发现，任务涉及的元素越多，写作文本中特定短语结构的使用量越低。写作任务的复杂程度增加后，习作者将注意力资源更多地用来思考如何完成任务，导致他们对语言形式的关注减少，产出语言中短语层面的复杂程度随之降低。

基于"元素"变量增加写作任务复杂度显著降低了写作文本的词汇罕用性。除本研究外，现有相关研究中只有 Rahimi 和 Zhang（2017）对词汇罕用性进行了测量，他们使用的指标是罕用实词比，即本研究中的 LS1。但是，本研究与 Rahimi 和 Zhang（2017）的研究结果并不一致。本研究发现，习作者在完成元素较少的简单任务时使用了更多的不常见词汇或者高级词汇。但 Rahimi 和 Zhang（2017）的研究结果则显示，任务涉及的元素越少，写作文本的词汇罕用性越低。产生这一差异的原因可能在于两项研究使用的词汇罕用性测量工具和测量指标不同，即两项研究对不常见词汇或者高级词汇的操作化定义不同。本研究利用词汇复杂度自动分析器对写作文本的词汇罕用性进行测量（参见 2.3.2.4 节）。该自动分析器设定：凡不属于 BNC（British National Corpus）语料库中最常见的 2000 词这一词汇表（Leech et al. 2001）上的单词，都是不常见词汇或者高级词汇（Lu 2012）。但 Rahimi 和 Zhang（2017）则使用 Range 32 软件（Nation 2007）对写作文本的词汇罕用性进行测量，他们将第三张词汇表中的单词列为不常见词汇或者高级词汇。可见，各研究中词汇罕用性的测量指标还需统一，以保证研究结果之间的可比性。

基于"元素"变量增加写作任务复杂度显著降低了写作文本的实词多样性，尤其是动词多样性。在现有相关研究中（Cho 2015；Kuiken et al. 2005；Kuiken & Vedder 2006，2007，2008；Rahimi & Zhang 2017；Zalbidea 2017；王静萍 2013；闫荣、张磊 2015），研究者们并没有关注写作文本的实词多样性或动词多样性。本研究的研究结果显示，实词多样性，特别是动词多样性，是任务复杂度中"元素"变量影响的积极表征。写作任务涉及的元素越多，写作文本中使用的实词量和动词量越低。

7.1.1.3 对从属子句使用量不产生显著性的影响

基于"元素"变量增加写作任务复杂度对写作文本中从属子句的使用量不产生显著性的影响，这一研究结果支持了 Kuiken 等（2005）、Kuiken 和 Vedder（2006，2007，2008）、Cho（2015）、王静萍（2013）及 Zalbidea（2017）的研究发现。Kuiken 等人的系列研究和 Cho（2015）都使用了 C/T 和 DC/C 两个指标来测量从属子句使用量，王静萍（2013）和 Zalbidea（2017）则通过计算 DC/T 这一指标来测量。本研究也使用了这三个指标（参见本书 2.3.1.4 节）。研究结果显示，这三个指标不受任务涉及元素数量的影响，因为它们在元素少的简单任务和元素多的复杂任务中不存在显著性的差异。此外，本研究还使用了 CT/T 来测量从属子句使用量，这在现有任务复杂度研究中是第一次被使用。研究结果显示，任务涉及元素的多少对 CT/T 也不产生显著性的影响。总体而言，从属子句使用量不受任务复杂度的影响。这一研究发现既不支持 Skehen 的"有限注意力假说"，也不支持 Robinson 的"认知假说"。赵俊海和陈慧媛（2012：31）曾指出："从属子句不一定是学习者作文语言复杂度发展的积极表征"。本研究结果表明，从属子句不一定是任务复杂度影响的积极表征。

需要指出的是，本研究结果与 Rahimi 和 Zhang（2017）的研究发现不一致，他们通过测量比较作文的 DC/C 比率后指出，元素多的复杂任务能够显著促进从属子句的使用量。产生这一差异的原因可能在于 Rahimi 和 Zhang（2017）使用的写作任务类型和本研究及其他研究不同（张新玲、周燕 2014）。具体而言，Rahimi 和 Zhang（2017）设计了基金分配任务：简单任务要求受试将五百万美金分配到三个公益项目中，复杂任务则要求受试将一千万美金分配到六个公益项目中。但是，本研究及其他研究使用的则是选择决定型任务，简单任务和复杂任务都要求受试从可供选择的项目（如宾馆、旅游景点、室友或者配偶等）中选出最合适的一项。可见，尽管基金分配任务和选择决定型任务都涉及项目之间的比较，但两种任务对比较的具体要求存在差异，这可能导致了研究结果的不一致。

"元素"变量对写作文本词汇密度、类符/形符比、特定短语结构、词汇罕用性、实词多样性和从属子句使用量六个方面的影响在本研究的两项正式研究中都已被证实，和现有研究的研究结果既存同也有异，特别是在特定短语结构、词汇密度和实词多样性三个方面，仍有待研究者们进一步探讨。

此外，本研究两项正式研究的研究结果也存在不一致甚至相反的地方，也值得研究者们关注。比如，正式研究一发现，与元素少的简单任务相比，习作者在完成元素多的复杂任务时使用的并列结构更少，且在 CP/C 和 CP/T 两个指标上达到显著性。但这一结果在正式研究二中没有得到验证。正式研究二发现，基于"元素"变量增加写作任务复杂度促进了写作文本中的并列结构使用量，且在 T/S 这一指标上达到显著性。需要指出的是，尽管本研究两项正式研究的研究结果正好相反，但二者都显示，写作任务复杂度中的"元素"变量对写作文本并列结构使用量产生显著性的影响。这与 Rahimi 和 Zhang（2017）的研究发现不一致。Rahimi 和 Zhang（2017）通过计算 CP/T 比率后发现，任务涉及元素的多少对并列短语结构使用量不产生显著性的影响。三项研究（本研究正式研究一、正式研究二以及 Rahimi 和 Zhang 2017 年的研究）的研究结果不一致，原因可能在于这三项研究的研究对象在英语水平上存在差异。本研究正式研究一的研究对象包括英语专业一、二、三年级和非英语专业一、二年级的本科生（参见 4.2 节），正式研究二的研究对象是英语专业二年级和非英语专业一年级的本科生（参见 5.2 节），而 Rahimi 和 Zhang（2017）的研究对象则为中高水平的英语学习者。不同语言水平的写作者倾向使用不同的句法结构。Halliday 和 Matthiessen（1999）曾指出，使用并列结构是语言发展初级阶段的特征。高水平的写作者倾向于使用更简化的句法结构（Cooper 1976），如名词化结构、不定式和分词修饰语等（Hunt 1965）。可见，未来研究在考察写作任务复杂度时，需要对研究对象的语言水平和写作水平都加以控制，以期更准确地呈现出写作任务复杂度对写作文本产生的影响，确保研究结果的可比性。

除并列结构使用量外，本研究的两项正式研究的研究结果在平均句子长、句子复杂度和不重复词数三方面也存在不一致的地方。正式研究一没有发现写作任务复杂度中的"元素"变量对平均句子长、句子复杂度和不重复词数产生显著性的影响，但正式研究二的研究结果却显示，基于"元素"变量增加写作任务的复杂程度显著促进了写作文本的平均句子长、句子复杂度和不重复词数。正式研究一和正式研究二的研究问题、研究工具和数据收集步骤都一致，但在研究对象和研究设计两方面存在差异。正式研究一采用了完全受试间设计，每位习作者只完成一项英语写作任务。但是，正式研究二采用的则是受试间和受试内的双因素混合设计，且受试内因素为"元素"。也就是说，在正式研究二中，每位习作者需要完成两项英语写作任务，两项英语写作任务在"元素"变量上存在差异。研究结果显示，正式研究二更好地控制了研究对象个体差异对研究结果的影响，更好地呈现了"元素"变量对写作文本的影响。

综上所述，与现有相关研究相比（Cho 2015；Kuiken et al. 2005；Kuiken & Vedder 2006，2007，2008；Zalbidea 2017；王静萍 2013；闫荣、张磊 2015），本研究更全面地展示了写作任务复杂度中的"元素"变量对写作文本语言复杂度的影响。本研究的研究结果只为"有限注意力假说"和"认知假说"提供了部分支持。具体而言，本研究在词汇密度和类符形符比两个方面取得的研究结果与"有限注意力假说"不一致，但却支持了"认知假说"，即写作任务涉及的元素越多，写作任务越复杂，习作者产出文本的词汇密度和类符形符比都越高。本研究在特定短语结构、词汇罕用性和实词多样性三个方面取得的研究结果支持了"有限注意力假说"，但与"认知假说"不一致。基于"元素"变量增加写作任务的复杂程度对写作文本的特定短语结构、词汇罕用性和实词多样性产生显著性的负面影响。本研究在从属子句使用量方面取得的结果则既不支持"有限注意力假说"，也不支持"认知假说"。

7.1.2 "背景知识"变量对语言复杂度的影响

就写作任务复杂度中的"背景知识"变量对语言复杂度的影响来说，"有限注意力假说"和"认知假说"的观点是一致的。两种假说都认为，习作者具备的与写作任务相关的背景知识越少，任务越复杂，产出文本的语言复杂度越低（Robinson 2001a，2005，2007a；Skehan 1998，2001，2009c）。本研究的两项研究（正式研究一和正式研究二）都发现，基于"背景知识"变量增加写作任务的复杂程度：①显著提高了不重复词数；②显著降低了词汇罕用性；③对句法复杂度和词汇密度都不产生显著性的影响。

7.1.2.1 显著提高了不重复词数

基于"背景知识"变量增加写作任务复杂度显著提高了写作文本的不重复词数。测量不重复词数的最简单方法是计算文本的类符数，但该方法容易受到文本长度的影响（De Boer 2014）。因此，本研究在测量不重复词数时除了使用该指标，还使用了另外三项指标，分别为文本前50个词中的类符数（NDW-50）、文本随机选择的10个50词中的平均类符数（NDWER-50）和文本随机选择的连续的10个50词中的平均类符数（NDW-ES50）（参见2.3.2.4节），以期更准确地测量出写作文本的不重复词数。

本研究的研究结果显示，当习作者具备较少的相关背景知识时，其产出文本前50词中的类符数（NDW-50）或从随机处选择的连续的10个50词中的平均类符数（NDW-ES50）都更高。在现有探讨"背景知识"变量的研究中（Adam & Nik 2014；Spaan 1993；Yang 2014；Yu 2009），还没有研究对文本的不重复词数进行过测量。但是，不重复词数是词汇多样性的次维度之一（参见2.3.2.4节），能够反映词汇的多样化程度。因此，本研究结果一定程度上可成为现有相关研究的补充，和现有相关研究一起展现了写作任务复杂度中的"背景知识"变量对写作文本的影响。

7.1.2.2 显著降低了词汇罕用性

基于"背景知识"变量增加写作任务复杂度显著降低了写作文本的词汇罕用性。在现有考察"背景知识"变量的任务研究中，只有本研究和Yang（2014）考察了该变量对词汇罕用性的影响。两项研究的研究结果是一致的，即习作者具备与写作任务相关的背景知识越少，写作任务越复杂，习作者产出文本中的不常见词汇和高级词汇越少。

本研究的研究结果为"有限注意力假说"和"认知假说"提供了实证支持。当写作任务的话题不为习作者所熟悉时，它将占据习作者更多的的注意力资源。也就是说，习作者将更多的注意力资源用于关注任务本身，其对语言形式的关注减少，导致其在写作时选择使用更为常见的高频词。已有多项研究发现（Laufer & Nation 1995；鲍贵 2008；朱慧敏、王俊菊 2013），词汇罕用性是区分学习者语言水平的重要指标，高水平语言学习者在其写作文本中使用了更多的低频词。本研究和Yang（2014）的研究结果显示，词汇罕用性还是任务复杂度中"背景知识"变量影响的积极表征。与简单任务相比，习作者在完成背景知识较少的复杂任务时使用的低频词更少。

7.1.2.3 对句法复杂度和词汇密度都不产生显著性的影响

基于"背景知识"变量增加写作任务复杂度对写作文本的句法复杂度不产生显著性的影响，这一研究结果验证了Spaan（1993）、Adam和Nik（2014）以及Yang（2014）的研究，但与Ruiz-Funes（2015）和刘兵等（2017）的发现不一致。产生不一致的原因可能在于各研究在是否对"背景知识"变量的主效应进行了独立考察这一点上存在差异。具体而言，Adam和Nik（2014）只关注了"背景知识"一个变量，因此他们在汇报结果时只汇报了该变量产生的影响。Yang（2014）和本研究不仅考察了"背景知识"这一变量，还探讨了其他变量（分别为"体裁"和"元素"）产生的影响。但是，研究者们有单独计算并汇报"背景知识"变量对句法复杂度的主效应。Ruiz-Funes（2015）和刘兵等（2017）也将"背景知识"变量与其他变量（如"因果推理"和"体裁"等）进行了合并考察，但他们在汇报研究结果时没有单独计算"背景知识"变量对写作产出的主效应。也就是说，尽管Ruiz-Funes

（2015）和刘兵等（2017）的研究结果显示，写作任务复杂度的增加对句法复杂度产生显著性的影响，但这一影响到底是由何种变量导致的这一点却无法知晓，也许是"背景知识"，也许是"因果推理"或"体裁"，也许是两种或者多种变量的交互作用。此外，本研究结果不支持"有限注意力假说"和"认知假说"的观点，没有发现"背景知识"变量对句法复杂度的负面影响。

基于"背景知识"变量增加写作任务复杂度对写作文本的词汇密度不产生显著性的影响，这一研究结果在早期相关研究中（Adam & Nik 2014；Spaan 1993；Yang 2014；Yu 2009）没有得到验证。主要原因在于早期相关研究大多都只从词汇多样性方面考察词汇复杂度，没有关注词汇密度这一也隶属于词汇复杂度的次维度。实际上，词汇多样性、词汇密度和词汇罕用性都是词汇复杂度的次维度（Laufer 1991；Read 2000），三者一起共同反映词汇复杂度的整体面貌。

"背景知识"变量对写作文本不重复词数、词汇罕用性、句法复杂度和词汇密度四个方面的影响在本研究的两项正式研究中都得到了证实，丰富了现有相关研究的研究结果。但是，本研究还有部分研究结果，虽只在一项研究中被发现，也值得大家关注。比如，尽管正式研究一没有发现"背景知识"变量对动词多样性产生显著性的影响，但正式研究二的研究结果却显示，基于"背景知识"变量增加写作任务复杂度显著降低了写作文本的动词多样性。该研究结果为"有限注意力假说"和"认知假说"提供了实证支持。当习作者具备更多的与写作任务相关的背景知识时，其产出文本的动词更多样化。换言之，当习作者具备的相关背景知识减少，写作任务复杂度增加，产出文本的动词多样性减少。需要指出的是，鉴于现有考察"背景知识"变量的研究大多没有测量写作文本的动词多样性，且本研究两项正式研究的研究结果不一致，"背景知识"变量对动词多样性的影响还有待进一步的探讨。

综上所述，与现有相关研究（Adam & Nik 2014；Ruiz-Funes 2015；Spaan 1993；Yang 2014；Yu 2009；刘兵等 2017）相比，本研究更全面地展示了写作任务复杂度中的"背景知识"变量对写作文本语言复杂度的影响，为验证与完善"有限注意力假说"和"认知假说"提供了新的切入视角和实证依据。本研究的研究结果显示，基于"背景知识"变量增加写作任务复杂度显著降低了写作文本的词汇罕用性，为"有限注意力假说"和"认知假说"提供了实证支持。但是，本研究同时还发现，基于"背景知识"变量增加写作任务复杂度显著提高了写作文本的不重复词数，并且，习作者具备的相关背景知识的多少对句法复杂度和词汇密度都不产生显著性的影响。这两项研究结果与"有限注意力假说"和"认知假说"的观点不一致。此外，词汇罕用性和词汇多样性之间似乎存在竞争关系,二者竞争着习作者有限的注意力资源。

7.1.3 "元素"和"背景知识"对语言复杂度的交互作用

"认知假说"认为(Robinson 2001a,2001b,2005,2007a),"元素"变量属于资源指引维度,"背景知识"变量属于资源消耗维度,资源指引和资源消耗两大维度因素会产生交互作用。在现有的任务复杂度研究中,还没有研究探究"元素"和"背景知识"两个变量的交互作用,本研究为首次尝试。

本研究的两项正式研究(正式研究一和正式研究二)都发现,"元素"和"背景知识"两个变量对句法复杂度和词汇罕用性都不产生显著性的交互作用,两个变量的显著性交互主要集中在词汇多样性方面。

7.1.3.1 对词汇多样性产生显著性的交互作用

本研究的两项正式研究(正式研究一和正式研究二)都发现,"元素"和"背景知识"两个变量对词汇多样性产生显著性的交互作用,这可以从这两个变量对词汇多样性产生的主效应中略窥一斑。词汇多样性包括不重复词数、类符形符比和实词多样性三个次维度。"元素"变量对词汇多样性中的不重复词数、类符形符比和实词多样性都产生显著性的影响(参见4.5.1和5.5.1节),"背景知识"变量对词汇多样性中的类符/形符比和动词多样性也都产生显著性的影响(参见4.5.2和5.5.2节)。产生这一结果的原因之一可能在于习作者在写作时最关注词汇多样性这个方面,因为他们可能认为词汇量大是优秀语言学习者的评判标准之一(Masrom et al. 2015)。

需要指出的是,虽然本研究的正式研究一和正式研究二都发现了"元素"和"背景知识"两个变量对写作文本的词汇多样性产生显著性的影响,且当习作者具备的相关背景知识较多时,任务涉及的元素数量对写作文本的词汇多样性没有显著性的影响(参见5.5.4节)。但是,两项正式研究的研究结果也存在不一致的地方。比如,正式研究二发现"元素"和"背景知识"两个变量对动词多样性和名词多样性产生显著性的交互影响,但这在正式研究一中没有得到验证。再如,尽管两项正式研究都发现"元素"和"背景知识"两个变量对不重复词数和类符形符比产生显著性的交互作用,但交互作用的具体表现却不同。当习作者具备的相关背景知识较少时,正式研究一发现任务涉及的元素越少,写作文本的不重复词数越低,但正式研究二却发现任务涉及的元素的数量对写作文本的不重复词数不产生显著性的影响。当习作者具备的相关背景知识较少时,正式研究一发现任务涉及的元素越少,写作文本的类符形符比越低,但正式研究二却发现任务涉及的元素越少,写作文本的类符形符比越高。

可见,在"元素"和"背景知识"两个变量对词汇多样性的交互效应上,两项正式研究的研究结果很不一致。由于两项研究的研究问题、研究工具和语言复杂度测量指标都相同,那么产生这种不一致的原因可能就在于研究设计和研究对象两个方面。

首先,两项研究的研究设计不同:正式研究一为完全受试间设计,正式研究二为受试间和受试内的混合设计。混合设计中有关两个因素交互作用的结果可能会好于完全受试间设计,因为混合设计能更好地控制受试间的个体差异(参见舒华 2013)。尽管正式研究一发现"元素"和"背景知识"两个变量对六项词汇多样性测量指标产生显著性的交互作用,正式研究二只发现这两个变量对四项词汇多样性指标产生显著性的影响,但从这几项指标隶属的上级维度来看,正式研究二的发现比正式研究一更丰富。因为正式研究一的六项指标隶属不重复系数和类符/形符比两个维度,而正式研究二的四项指标却展现了不重复词数、类符/形符比和实词多样性三个维度。

此外,两项研究的研究设计不同还导致了数据收集的程序不同。在正式研究一中,每位受试完成一项写作任务,因此研究者只需收集一次作文数据。但是,在正式研究二中,每位受试完成两项写作任务,因此研究者需要收集两次作文数据。尽管研究者为了减少任务重复带来的影响,在不同时间段进行了数据收集工作(两次数据收集的时间间隔四个月,参见 5.4 节),但任务之间的相似程度较高,难以完全避免第一次写作对第二次写作的影响。

再则,两项正式研究的研究对象有差异。正式研究一的研究对象来自四座城市中六所不同属性、不同层次的高校,既包括英语专业一、二、三年级的本科生,也包括非英语专业一、二年级的本科生。但是,在正式研究二中,研究对象全部来自六所高校中的一所,专业和年级分别为英语专业二年级和非英语专业一年级。两项研究的研究对象在语言水平上可能存在差异。对于不同语言水平的习作者来说,任务复杂度对语言复杂度产生的影响会不同(Norris & Ortega 2009; Ruiz-Funes 2015)。此外,在正式研究二中,研究对象的英语水平还可能存在波动的情况,即他们在第二次写作时的英语水平可能高于或者低于其第一次写作时。从本书 5.4 节可知,第一次写作是在五月份,第二次写作在九月份。正常情况下,研究对象的英语水平从五月份到九月份应该有所提高。但需要指出的是,两次写作练习之间间隔的四个月至少有一半的时间为暑期放假时间。研究对象在暑假期间可能从事与英语学习无关的活动,因此,他们的英语水平也存在下降的可能。语言水平的降低会进一步加剧两项研究结果之间的不一致。

"认知假说"认为,"元素"变量属于资源指引维度,"背景知识"变量属于资源消耗维度,增加任务涉及的元素或者习作者具备的背景知识能够促进写作文本的语言复杂度(Robinson 2007)。也就是说,习作者在完成元素多、背景知识多的写作任务时使用的语言应最复杂,这在本研究中没有得到验证。本研究正式研究一发现,习作者在完成元素多、背景知识少的写作任务时,其写作文本的词汇密度最大、不重复词数和类符/形符比也最高。本研究正式研究二则发现,习作者在完成元素多、背景知识少的写作任务时产出的不重复词数最高,在完成元素少、背景知识少的写作任务时产出的类符/形符比和动词多样性最高,在完成元素多、背景知识多的写作任务时产出的名词多样性最高。可见,"元素"和"背景知识"两个变量对写作文本产生的交互影响还有待进一步的探究。

7.1.3.2 对句法复杂度和词汇罕用性不产生显著性的交互作用

"元素"和"背景知识"两个变量对句法复杂度和词汇罕用性都不产生显著性的交互作用,这一研究结果在本研究的正式研究一和正式研究二中都得到了验证。

"元素"和"背景知识"两个变量对句法复杂度不产生显著性的交互作用,这可能是由"背景知识"变量对句法复杂度的非显著性影响导致的。本研究正式研究一和正式研究二的研究结果显示(参见4.5和5.5节),"元素"变量对句法复杂度中的平均单位长、并列结构使用量、特定短语结构使用量和句子复杂度产生显著性的影响,但对从属子句使用量的影响不显著;"背景知识"变量对句法复杂度的五个次维度(即平均单位长、从属子句使用量、并列结构使用量、特定短语结构使用量和句子复杂度)的影响都不显著。"背景知识"变量对句法复杂度的不显著影响也许平衡了"元素"变量对句法复杂度的显著性影响,从而导致两个变量的交互影响不显著。

本研究的两项正式研究(正式研究一和正式研究二)都发现,"元素"和"背景知识"两个变量对词汇罕用性产生显著性的主效应,基于这两个变量增加写作任务复杂度都显著降低了写作文本的词汇罕用性(参见4.5和5.5节)。但是,两项正式研究同时也发现,"元素"和"背景知识"两个变量对词汇罕用性的交互作用不显著(参见4.5和5.5节)。这可能和习作者写作文本中低频词汇的使用量有关。词汇罕用性涉及低频词的使用。一般认为,"高频词因出现和使用的频率高而先被习得,低频词因出现和使用的频率较低而后被习得"(鲍贵 2011:55)。中国英语学习者对于英语低频词的掌握情况不容乐观。鲍贵(2011)通过测量英语专业二年级本科生写作文本中的高级词汇多样性，发现在英语低水平阶段，学习者可自由支配的高级词汇较少，他们在作文中倾向于使用基础性的词汇。杨滢滢（2014）对英语专业四个年级学习者的128篇同一主题作文中的词频分布进行了分析，发现这四个年级的学习者"普遍过度使用高频词，较少使用低频词"。吴瑾（2008）探讨了中国非英语专业研究生的接受性词汇和产出性词汇在高、中、低频和学术词汇四个词频等级上的分布情况。其研究结果显示，中国非英语专业研究生对低频词的认知率较低，产出低频词的能力则更加欠缺。由于本研究的研究对象包括英语专业一、二、三年级的本科生和非英语专业一、二年级的本科生（参见4.2和5.2节），所以研究对象的英语水平总体不高，他们在写作时可能倾向于使用基础性的词汇，而非出现频率较低的高级词汇。当写作任务复杂度中的"元素"和"背景知识"两个变量交互时，数量较少的高级词汇也许更不易受到影响。

此外，在本研究中，受试需要试在40分钟内完成英语写作任务。在有限的写作时间内，习作者很难同时关注语言的所有方面，因此他们将有限的注意力资源优先用于他们认为最重要的方面——词汇多样性（参见Masrom et al. 2015），从而导致了对句法复杂度和词汇罕用性的忽视。这也可能是"元素"和"背景知识"两个变量对句法复杂度和词汇罕用性不产生显著性交互效应的原因之一。

7.2 写作任务复杂度对作文成绩的影响

在"元素"和"背景知识"两个变量对作文成绩产生的主效应方面，本研究正式研究一和正式研究二的研究发现不一致：正式研究一没有发现"元素"和"背景知识"两个变量对作文成绩产生显著性的主效应，但在正式研究二中，这两个变量对作文成绩的主效应都显著。此外，在"元素"和"背景知识"两个变量对作文成绩产生的交互效应方面，本研究两项正式研究的发现是一致的，即二者都发现"元素"和"背景知识"两个变量对作文成绩不产生显著性的交互效应。

两项正式研究（正式研究一和正式研究二）在研究问题、研究工具、作文评分标准和评分员四个方面都一样，但采用了不同的研究设计：正式研究一为完全受试间设计，正式研究二为受试间和受试内的混合设计。因此，两项正式研究研究结果之间的差异可能和它们不同的研究设计有关。受试内和受试间的混合设计对习作者个体差异的控制好于完全受试间设计，因此能更好地呈现"元素"和"背景知识"这两个自变量对作文成绩产生的影响。

此外，两项正式研究研究结果之间的不一致也有可能来源于研究对象英语水平的差异。对于英语水平不同的习作者来说，任务复杂度对语言复杂度产生的影响不同（参见 7.1.3 节），因而对作文成绩产生的影响也会不同，因为语言复杂度是预测作文成绩的有效指标之一（Crossley & McNamara 2012；McNamara et al. 2010）。

上述两段讨论了本研究正式研究一和正式研究二在"元素"和"背景知识"两个变量对作文成绩的影响方面取得的研究发现存在差异的原因。接下来，我们将把本研究两项正式研究在"元素"和"背景知识"两个变量对作文成绩的影响方面的研究发现与前人研究进行比较，探寻一致与不一致的地方，并分析其原因，以期加深对"元素"和"背景知识"两个变量与作文成绩之间关系的认识。

7.2.1 "元素"变量对作文成绩的影响

本研究正式研究一的研究结果显示，"元素"变量对作文成绩不产生显著性的影响，但正式研究二却发现，"元素"对作文成绩的主效应显著：基于"元素"变量增加写作任务复杂度显著促进习作者作文成绩的提高。

在现有考察"元素"变量的写作研究（Cho 2015；Kuiken et al. 2005；Kuiken & Vedder 2006，2007，2008；Rahimi & Zhang 2017；Zalbidea 2017；王静萍 2013；闫荣、张磊 2015）中，只有 Rahimi 和 Zhang（2017）探讨了"元素"变量对作文成绩的影响。两位研究者发现，写作任务涉及的元素越多，写作任务越复杂，习作者取得的作文成绩越高。该发现和本研究正式研究二的研究结果一致。

"认知假说"没有具体讨论"元素"变量对作文成绩产生的影响，但是，根据该假说有关任务复杂度与语言产出的论述，我们可以做出如下推测：基于"元素"变量增加写作任务的复杂程度可以促进习作者的作文成绩。这是因为：①产出文本的语言复杂度会随着任务涉及元素数量的增加而提高，因为"元素"变量是资源指引维度的影响因素（Robinson 2007a）；②语言复杂度对作文质量具有较好的预测力（Crossley & McNamara 2012；McNamara et al. 2010；杜慧颖、蔡金亭 2013；高霄 2009）。该推测在本研究正式研究二中得到验证。尽管正式研究二发现，与元素少的简单任务相比，习作者在完成元素多的复杂任务时产出的文本在特定短语结构、词汇罕用性和动词多样性三个方面显著下降了，但它在单位长度、并列结构、句子复杂度、词汇密度、不重复词数和类符/形符比六个方面都显著进步了。并且，单位长度、并列结构、不重复词数和类符/形符比都和作文成绩呈显著正相关关系（参见 7.5.3 节）。因此，总体而言，"元素"变量对作文成绩起显著的促进作用。

7.2.2 "背景知识"变量对作文成绩的影响

本研究的正式研究一发现,"背景知识"变量对作文成绩不产生显著性的影响,但该结果在正式研究二中没有得到验证。正式研究二发现,"背景知识"对作文成绩产生的主效应显著:基于"背景知识"变量增加写作任务复杂度显著降低了习作者的作文成绩。

"认知假说"和"有限注意力假说"也没有具体论述"背景知识"变量对作文成绩产生的影响,但我们同样可以基于两大假说关于该变量对语言复杂度的影响的论述做出推测——基于"背景知识"变量增加写作任务复杂度对作文成绩产生负面的作用。做出该推测的原因也有两个:①习作者具备的与写作任务相关的背景知识越少,写作任务越复杂,习作者产出的语言复杂度越低,因为"背景知识"变量是资源消耗维度的影响因素(Robinson 2007;Skehen 1996);②语言复杂度是预测作文成绩的重要指标之一(Crossley & McNamara 2012;McNamara et al. 2010;杜慧颖、蔡金亭 2013;高霄 2009)。该推测在现有部分相关研究中得到了验证。比如,本研究的正式研究二和 Tedick(1990)都发现,习作者具备的相关背景知识越多,其取得的作文成绩越高。但是,也有部分研究(Spaan 1993;Yang 2014;本研究正式研究一)的研究结果显示,"背景知识"变量对作文成绩不产生显著性的影响。此外,Hamp-Lyons 和 Mathias(1994)还发现"背景知识"变量和作文成绩之间存在显著的正相关关系。

上述研究(Hamp-Lyons & Mathias 1994;Spaan 1993;Tedick 1990;Yang 2014;本研究)的研究结果存在差异,可能有以下三个方面的原因:①各研究中写作任务涉及的具体话题不同。比如,在本研究中,写作任务的具体话题和择偶相关,而在 Tedick(1990)的研究中,受试需要讨论的则是"科技进步"。Spaan(1993)的研究则包括四个写作话题,分别为"能源""士兵""时间"和"演讲"。写作话题不同,产出文本的句法和词汇复杂度都会有所不同(Yoon 2017),因而习作者取得的作文成绩会有所差异(Weigle & Friginal 2015;Yang et al. 2015)。②作文成绩的评分标准不同。比如,Tedick(1990)采用了 MELAB 的评分标准,而 Yang(2014)则参照托福独立写作考试的评分标准。尽管两份评分标准都旨在从切题性、句法、词汇、连贯和错误数等方面对作文进行评分,但二者采用的分数等级和具体标准仍存在差异(参见2.5.2节),这也可能导致最后的研究结果不一致(Bachman 1990)。③研究设计不同。本研究的正式研究二和 Tedick(1990)采用了重复测量设计,即每位受试在不同的时间完成两次写作任务。但是,Spaan(1993)、

Hamp-Lyons 和 Mathias（1994）、Yang（2014）和本研究的正式研究一采用的都是完全受试间设计，每位受试只完成一次写作练习。研究设计的不同也可能导致了研究结果的差异。

此外，本研究的两项正式研究（正式研究一和正式研究二）都发现，尽管"元素"和"背景知识"两个变量对作文成绩不产生显著性的交互效应，但习作者在元素多、背景知识多的任务中取得的作文成绩最高。该结果和基于"认知假说"的推测是一致的，即增加任务涉及的元素或习作者的背景知识可以促进作文成绩的提高。需要指出的是，本研究为探讨"元素"和"背景知识"两个变量对作文成绩交互作用的首次尝试，研究结果还有待后续研究进行验证与完善。

7.3 习作者对任务复杂度及语言复杂度的看法、语言复杂度和作文成绩的关系

本节的讨论主要围绕本研究的正式研究三的研究结果进行，因此将包括下面三个方面的内容：①习作者对写作任务复杂度的看法和语言复杂度及作文成绩之间的关系；②习作者对语言复杂度的看法和语言复杂度及作文成绩之间的关系；③语言复杂度内部各维度之间及各维度与作文成绩之间的关系。

7.3.1 习作者对写作任务复杂度的看法与语言复杂度及作文成绩的关系

本研究的正式研究三发现，习作者对写作任务复杂度的看法和语言复杂度及作文成绩之间基本不相关，但下面两种情况除外：①在元素较少的简单任务中，习作者对写作任务话题元素复杂度的看法和作文成绩呈显著负相关关系；②在背景知识较少的复杂任务中，习作者对写作话题背景知识复杂度的看法和写作文本的词汇罕用性及词汇多样性呈显著正相关关系（参见6.5.1节）。

7.3.1.1 习作者对写作话题元素复杂度的看法与作文成绩显著负相关

本研究的正式研究三发现，在元素较少的简单任务中，习作者对写作话题元素复杂度的看法和其作文成绩呈显著负相关关系。也就是说，当写作任务涉及的元素较少时，习作者越认同"写作任务涉及的元素越多，写作任务越复杂"这一观点，他们取得的作文成绩越低。

如前所述（参见6.3和6.4节），在正式研究三使用的"英语写作任务及

写作文本调查问卷"中,题项六和题项七体现了习作者对写作话题元素复杂度的看法。在元素较少的简单任务中,题项六的表述为"此篇作文涉及两位候选人,每位候选人具有两个特征,这样的选择比较复杂",题项七的表述为"我能快速从两位候选人中选出我①更中意的那个人"②(参见附录9)。因此,习作者认同"写作任务涉及的元素越多,写作任务越复杂"这一观点的具体表现就是习作者感觉写作任务涉及的元素给他们的选择造成了干扰,致使他们不能快速地做出选择。当他们越不能快速做出选择时,他们越觉得写作任务有难度,他们的写作表现也因此受到影响,取得的作文成绩随之越低。这一研究发现与Skehan的"有限注意力假说"相一致,即"认知负担可导致任务难度,从而影响任务的语言产出"(唐雄英2004:6),从而影响作文成绩。

综合本研究的正式研究一、正式研究二和正式研究三中有关"元素"变量部分的研究结果,我们发现,"元素"变量和习作者对写作话题元素复杂度的看法对作文成绩产生不同的影响:基于"元素"变量增加写作任务复杂度可能对作文成绩没有影响(参见4.5.4节),也可能显著提高了作文成绩(参见5.5.4节),但习作者对写作话题元素复杂度的看法和作文成绩在元素多的复杂任务中不显著相关,在元素少的简单任务中显著负相关(参见6.5.1节)。三项正式研究的研究结果不同,说明Robinson(2001a,2001b,2005,2007a)有关"任务复杂度"和"任务难度"的区分是有必要的。"任务复杂度"和"任务难度"对任务表现产生不同的影响,任务表现受到"任务难度"和"任务复杂度"的共同作用。

7.3.1.2 习作者对写作话题背景知识复杂度的看法与词汇罕用性及词汇多样性显著正相关

本研究的正式研究三还发现,在背景知识较少的复杂任务中,习作者对写作话题背景知识复杂度的看法和写作文本的词汇罕用性及词汇多样性呈显著正相关关系。也就是说,当习作者具备的相关背景知识较少时,他对写作话题的熟悉度越高,其写作文本的词汇罕用性和词汇多样性越高。

如前所述(参见6.3和6.4节),在正式研究三使用的"英语写作任务及写作文本调查问卷"中,题项四和题项五体现了习作者对写作话题背景知识

---

① 需要指出的是,此处题项六和题项七的表述是元素少且背景知识多的最简单任务当写作任务涉及的元素较少且背景知识也较少时,题项六的表述不变,但题项七的表述改为:我能快速从两位候选人中选出我父母更中意的那个人。

② 该题为反向题,在数据分析之前已经过数值转换(参见6.4节)。

复杂度的看法。在背景知识较少的复杂任务中,题项四的表述为"我和父母讨论过'另一半'应具备的素质",题项五的表述为"我很清楚父母对我'另一半'的要求"。并且,这两道题项在后续的数据处理中没有进行反向转换(参见6.4节)。因此,习作者对写作话题熟悉度高的具体表现就是他和父母讨论过"另一半"应具备的素质,他很清楚父母对他"另一半"的要求。在这种情况下,习作者对写作任务难度的感知会降低,他的写作表现会得到促进,突显在词汇罕用性和词汇多样性两个方面。

此外,综合正式研究一、正式研究二和正式研究三中有关"背景知识"变量部分的研究结果,我们发现,"背景知识"变量和习作者对写作话题背景知识复杂度的看法对词汇罕用性和词汇多样性产生不同的影响:基于"背景知识"变量增加写作任务复杂度显著提高了词汇多样性中的不重复词数,同时显著降低了词汇罕用性(参见4.5.2和5.5.2节),但习作者对写作话题背景知识复杂度的看法和词汇罕用性及词汇多样性则显著正相关。三项正式研究的研究结果进一步说明了区分"任务复杂度"和"任务难度"的必要性(Robinson 2001a,2001b,2005,2007a)。"任务复杂度"和"任务难度"共同作用、共同影响着任务表现。

7.3.2 习作者对语言复杂度的看法与语言复杂度及作文成绩的关系

本研究从单位长度和从属子句使用量等八个方面探究写作文本的语言复杂度和习作者对语言复杂度的看法,内容较丰富。因此,本节将分小节讨论习作者对语言复杂度的看法和写作文本语言复杂度及作文成绩的相关关系。

7.3.2.1 习作者对语言复杂度的看法与语言复杂度的关系

本研究正式研究三发现,以下变量在四项英语写作任务中显著正相关:①习作者对词汇多样性的看法和写作文本的词汇多样性;②习作者对特定短语结构的看法和写作文本的词汇多样性;③习作者对文章内容的看法和写作文本的词汇多样性。此外,还有部分变量在三项英语写作任务中显著正相关:①习作者对词汇密度的看法和其写作文本的并列结构;②习作者对从属子句的看法和其写作文本的词汇多样性。

在上述发生显著正相关关系的变量中,写作文本的词汇多样性最为活跃,它和习作者对词汇多样性的看法、对特定短语结构的看法、对从属子句的看法和对文章内容的看法都显著正相关。也就是说,第一,习作者在写作中越注重名词、动词、形容词和副词等实词的多样性,越注重避免使用同样的名词、动词、形容词和副词等,其写作文本的词汇多样性越高,这一点不难理解。第二,在本研究中,特定短语结构涉及复杂名词短语和动词短语等结构。习作者在写作中越注重使用同位语、动名词短语和不定式等结构,其写作文本的词汇多样性越高,因为同位语、动名词短语和不定式等结构能够促使习作者使用更多的词汇。第三,习作者对从属子句的看法也和写作文本的词汇多样性显著正相关。换言之,习作者在写作中越注重使用长句和复杂句,越注重使用主语从句、宾语从句、定语从句、状语从句和表语从句,其写作文本的词汇多样性越高,因为句法单位越长、越复杂,需要使用的词汇也就越多。第四,习作者对文章内容的看法和写作文本的词汇多样性也显著正相关。习作者写作时越注重文章内容的新颖性、丰富性和深度,那么他就需要使用更多的词汇去展现文章内容的新颖性、丰富性和深度,因而其写作文本的词汇多样性也得到了提高。

此外,如后所述(参见 7.3.3.2 节),写作文本的词汇多样性是唯一一个在四项英语写作任务中都和作文成绩显著正相关的变量。习作者对词汇多样性的看法、对特定短语结构的看法、对从属子句的看法和对文章内容的看法和写作文本的词汇多样性显著正相关,它们可能通过对写作文本的词汇多样性产生影响,从而影响作文成绩。

7.3.2.2 习作者对语言复杂度的看法与作文成绩的关系

本研究的正式研究三还发现,在四项英语写作任务中,以下变量和作文成绩显著正相关:①习作者对词汇密度的看法;②习作者对特定短语结构的看法;③习作者对文章结构及语言的看法。此外,习作者对从属子句的看法和作文成绩在三项英语写作任务中也显著正相关。

习作者对词汇密度的看法和作文成绩显著正相关,意味着如果习作者在写作中越注重区分实词和虚词,越注重使用实词,那么其取得的作文成绩越高。但需要指出的是,本研究同时也发现,习作者对词汇密度的看法和写作文本的词汇密度不相关(参见 7.3.2.1 节),且写作文本的词汇密度和作文成绩不相关(参见 7.3.3.2 节)。这些研究结果说明,习作者对词汇密度的看法不通过影响写作文本的词汇密度来影响作文成绩,它对作文成绩的影响可能是直接的。

习作者对特定短语结构的看法、对从属子句的看法都和作文成绩显著正相关。习作者在写作中越注重使用复杂名词短语和动词短语,越注重使用长句和复杂句,越注重使用从属子句,其取得的作文成绩越高。这一结果说明,习作者对特定短语结构的看法、对从属子句的看法不仅可能通过影响写作文本的词汇多样性来影响作文成绩(参见 7.3.2.1 节),它们还可能直接作用于作文成绩。

此外，习作者对文章结构及语言的看法也与作文成绩显著正相关。也就是说，习作者写作时越注重文章结构的合理性、逻辑性和完整性，越注重文章语言的连贯性，其取得的作文成绩越高。可见，语言复杂度和习作者对语言复杂度的看法只是影响作文成绩的部分因素。文章结构、文章内容和文章语言的其他方面（如连贯性）也需引起重视。

7.3.3 语言复杂度内部各维度之间及各维度与作文成绩的关系

如7.3.2节所述，本研究从单位长度和从属子句使用量等八个方面探究写作文本的语言复杂度。因此，本节也将习作者对语言复杂度内部各维度的关系及各维度和作文成绩的关系分节进行论述。

7.3.3.1 语言复杂度内部各维度之间的关系

本研究的正式研究三发现，以下语言复杂度次维度在四项英语写作任务中显著正相关：①单位长度和从属子句使用量、并列结构使用量、特定短语结构使用量及句子复杂度；②从属子句使用量和特定短语结构使用量及句子复杂度；③并列结构使用量和特定短语结构使用量及句子复杂度；④特定短语结构使用量和句子复杂度；⑤词汇罕用性和词汇多样性。此外，以下次维度在三项英语写作任务中显著正相关：①词汇密度和词汇多样性；②词汇多样性和单位长度、并列结构使用量及特定短语结构使用量。

上述研究结果显示，隶属语言复杂度的句法复杂度和词汇复杂度内部各维度之间基本都呈显著正相关关系。尽管前人研究中还没有研究如此全面探讨语言复杂度内部各维度之间的关系，但我们仍然可以就某两个维度之间的关系进行比较与分析。

首先，就单位长度和从属子句使用量的关系而言，本研究的研究结果验证了Qin 和 Uccelli（2016）的研究发现，但与Beers 和 Nagy（2009）的研究发现不一致。Beers 和 Nagy（2009）通过计算每子句中包含的单词数（MLC）来测量单位长度，每T单位包含的子句数（C/T）来测量从属子句使用量。其研究结果显示，在议论文写作中，单位长度和从属子句使用量显著负相关。本研究与Beers 和 Nagy（2009）的研究发现不一致，原因可能在于两项研究中测量句法单位长度和从属子句使用量的具体指标不同。在本研究中，句法单位长度的测量包括三个方面的内容：平均子句长、平均句长和平均T单位长，但Beers 和 Nagy（2009）只计算了平均子句长。并且，在本研究中，从属子句使用量的测量指标有四项，分别为C/T、CT/T、DC/C 和 DC/T，但 Beers 和 Nagy

（2009）仅使用了 C/T 对从属子句使用量进行了测量。因此，Beers 和 Nagy（2009）的研究结果是否能全面反映单位长度和从属子句使用量之间的关系还值得商榷。

此外，还需指出的是，尽管平均子句长和平均句长、平均 T 单位长测量的都是句法单位的长度，但平均子句长和其他两个指标的性质也许不同。句子和 T 单位的长度可以通过不同的方式得以增加，比如增加子句的数量、增加名词前后的形容词或介词短语以及增加非限定动词短语等。因此，平均句子长和平均 T 单位长只能反映句法结构的整体复杂度（Norris & Ortega 2009）。但是，平均子句长却不受子句中从属结构的影响。任何子句，不论是并列或从属的，其长度都只能通过增加短语内的修饰成分或使用动名词结构而得以增加。从这个角度来看，平均子句长体现的应该是子句以下层面，即短语层面的复杂程度（Norris & Ortega 2009）。

在上述两段中，我们把本研究在单位长度和从属子句使用量关系方面的发现与前人研究进行了比较，我们接下来讨论的是单位长度和词汇多样性的关系。本研究发现，单位长度和词汇多样性显著正相关，这一研究结果也验证了 Qin 和 Uccelli（2016）的研究发现。在 Qin 和 Uccelli（2016）的研究中，单位长度的测量指标是平均子句长，词汇多样性的测量指标是 D 值。研究结果显示，单位长度和词汇多样性显著正相关。也就是说，句法单位越长，词汇多样性越高，反之亦然。但需要指出的是，本研究在单位长度和词汇多样性关系方面的发现和高莲中等（2013）的研究结果不一致。高莲中等（2013）通过对 1053 篇全国大学英语六级考试作文进行分析，发现写作文本的 T 单位长度和词汇多样性（测量指标为 D 值）显著负相关，但该负相关关系的系数非常低，仅为 −0.06，且高莲中等（2013）并未在其文章中对此做出讨论。Qin 和 Uccelli（2016）和高莲中等（2013）都使用了 D 值这一指标来测量词汇多样性，但两项研究的研究结果却不一致，原因可能在于两项研究中句法单位长度的测量指标不同：在 Qin 和 Uccelli（2016）的研究中，单位长度的测量指标是平均子句长；而在高莲中等（2013）的研究中，单位长度的测量指标是平均 T 单位长。也许我们确实需要进一步审查平均子句长和平均 T 单位长的性质（参见上一段）。

词汇密度、词汇罕用性都和词汇多样性呈显著正相关关系，这一结果支持了郑咏滟（2015）的发现。郑咏滟（2015）以 16 名英语专业一年级本科生一学年内的 128 篇作文为语料，考察了这 16 名学生文本中词汇密度、词汇罕用性[①]和词汇多样性三组指标组间均值的皮尔森相关性。其研究发现，词汇密度、词汇罕用性和词汇多样性三个指标显著正相关。词汇密度体现习作者使用实词的能力。词汇密度越高，写作文本中的实词就越多；实词越多，词汇多样性也就越高，因为词汇多样性包括实词多样性这一次维度。因此，词汇密度和词汇多样性之间的正相关关系不难理解。另一方面，词汇罕用性也和词汇多样性显著正相关。词汇罕用性体现习作者使用低频词和高级词的能力。词汇罕用性越高，写作文本中的低频词和高级词就越多；低频词和高级词越多，词汇多样性也就可能越高。但需要指出的是，郑咏滟（2015）通过采用移动相关系数图这一动态系统理论特有的数据处理方式后发现，词汇罕用性和词汇多样性在不同的发展阶段呈现不同的相关关系，二者之间的关系可能会经历"支持—竞争—支持"的转化。

7.3.3.2　语言复杂度内部各维度与作文成绩的关系

本研究正式研究三还发现，词汇多样性和作文成绩在四项英语写作任务中都呈显著正相关的关系。此外，以下语言复杂度次维度在三项英语写作任务中和作文成绩呈显著正相关：①单位长度；②并列结构；③特定短语结构。写作文本的从属子句使用量、词汇密度及词汇罕用性都和作文成绩不相关。

词汇多样性和作文成绩呈显著正相关关系，且二者切实相关，其相关关系随写作任务复杂度的增加而加强。该结果支持了 McNamara 等（2010）、Crossley 和 McNamara（2012）及 Guo 等（2013）的研究，但与刘建达和黄亚萍（2011）及杜慧颖和蔡金亭（2013）的研究发现不一致，原因可能在于这几项研究中词汇多样性的测量指标不一致。在刘建达和黄亚萍（2011）及杜慧颖和蔡金亭（2013）研究中，词汇多样性的测量只采用了 TTR 这一指标。但该指标容易受到文本的长度的影响，不能准确反映文本的词汇多样性（McCarthy & Jarvis 2010）。因此，McNamara 等（2010）、Crossley 和 McNamara（2012）以及 Guo 等（2013）都没有通过计算文本 TTR 来测量其词汇多样性，他们采用的是更为精确的 MTLD（Measure of Textual Lexical Diversity）和 D 值。本研究没有使用 MTLD 和 D 值这两个指标，但本研究也采用了不易受文本长度影响的指标，比如 MSTTR、CTTR、RTTR、LogTTR 和 Uber 指数（参见 2.3.2.4

[①]　郑咏滟（2015）没有使用"词汇罕用性"这一术语，她使用的是"词汇复杂度"。但从她文章中"词汇复杂度"的计算方法（文本中 2000 常用词以外的词汇比率）可以看出，其文章中的"词汇复杂度"计算的也是文本中低频词或高级词所占的比例，即"词汇罕用性"。

节)。研究结果显示,写作文本的词汇多样性越高,作文成绩越高,反之亦然。

句法单位长度和作文成绩呈显著正相关关系,且二者的相关为低相关。该结果验证了杜慧颖和蔡金亭(2013)的研究发现。杜慧颖和蔡金亭(2013)通过计算每个句子所包含的单词数来测量句法单位长度。研究结果显示,句子长度和作文成绩显著正相关,相关系数为 0.379。本研究不仅计算了平均句子长,还计算了平均子句长和平均 T 单位长。研究发现,写作文本的句法单位越长,作文成绩越高,反之亦然。需要指出的是,尽管句法单位长度和作文成绩之间显著正相关,但二者仅为低相关。这一结果说明,更长的句法单位有时候并不意味着更高的句子质量。长句子可能质量低,短句子也可能质量高(Beers & Nagy 2009)。句法单位长度应和句法复杂度的其他指标(如从属子句使用量、并列结构使用量和特定短语结构)一起,才能更好地反映句子质量和预测作文成绩。此外,也有部分研究(Nold & Freedman 1977;Beers & Nagy 2009)没有发现句法单位长度和作文成绩之间的相关关系,这可能是由于研究中考察的作文体裁不同导致的。具体而言,在 Nold 和 Freedman(1977)的研究中,受试需要撰写的是说明文。研究结果显示,在说明文中,平均子句长和平均 T 单位长和作文成绩不相关。Beers 和 Nagy(2009)则同时考察了议论文和记叙文两种体裁。两位研究者发现,在议论文写作中,平均子句长和作文质量显著正相关,二者的相关系数为 0.44,这和本研究的结果一致。但是,Beers 和 Nagy(2009)还发现,在记叙文写作中,平均子句长和作文质量不相关。Beers 和 Nagy(2009)的研究结果在 Qin 和 Uccelli(2016)的研究中也得到了验证。可见,句法单位长度和作文成绩之间的关系受到作文体裁的影响。

并列结构和作文成绩呈显著正低相关关系,该结果与 Yang 等(2015)的发现不一致。Yang 等(2015)通过计算每句的 T 单位数(T/S)来测量写作文本的并列结构使用量。其研究结果显示,当习作者在完成"外表"和"未来"两个话题写作时,其产出文本的 T/S 和作文成绩不相关。两项研究的研究结果不一致,这可能是因为他们使用的并列结构使用量测量指标不一致。在 Yang 等(2015)的研究中,并列结构使用量的测量只有 T/S 这一项。但是,在本研究中,并列结构使用量的测量指标不仅包括 T/S,还包括 CP/C 和 CP/T(参见本书 2.3.1.4 节)。事实上,Yang 等(2015)也测量了写作文本的 CP/C,并且发现 CP/C 和作文成绩之间存在显著正低相关关系。但是,研究者们没有通过这一指标来测量并列结构使用量,他们认为这一指标反映的是"限定从句层面的复杂度"。

特定短语结构和作文成绩呈显著正低相关关系,该结果与 Yang 等

(2015)的发现既有相同之处,也有不一致的地方。Yang 等(2015)通过计算每子句的复杂名词短语数(CP/C)来测量写作文本的特定短语结构。其研究结果显示,当习作者完成"未来"话题写作时,其产出文本的 CP/C 和作文成绩显著正低相关,这与本研究的研究结果一致。但是,Yang 等(2015)还发现,当习作者完成"外表"话题写作时,其产出文本的 CP/C 和作文成绩不相关。可见,特定短语结构和作文成绩之间的关系还有待进一步探讨。

从属子句使用量和作文成绩之间不存在显著的相关关系。该结果和 Qin 和 Uccelli(2016)的研究发现相同,但与 Beers 和 Nagy(2009)的研究结果不一致。Beers 和 Nagy(2009)以及 Qin 和 Uccelli(2016)两项研究都通过计算每 T 单位包含的子句数(C/T)测量了句法复杂度中的从属子句使用量。Beers 和 Nagy(2009)发现,在议论文写作中,从属子句使用量和作文成绩之间存在显著负相关关系且相关系数为 0.58,但在记叙文写作中,二者显著正相关且相关系数为 0.37。该研究结果在 Qin 和 Uccelli(2016)的研究和本研究中都没有得到验证。Qin 和 Uccelli(2016)与本研究都发现,写作文本的从属子句使用量和作文成绩之间不存在显著的相关关系。研究结果不一致的原因可能在于各研究中研究对象的英语水平不一致。具体而言,参与 Beers 和 Nagy(2009)研究的是来自太平洋西北部①的公立学校七、八年级学生,他们以英语为母语;而参与 Qin 和 Uccelli(2016)和本研究的则来自中国,英语对其而言是一门外语。以英语为外语的习作者倾向于过度使用某些固定化的从句结构,如"I think…because…"(Qin & Uccelli 2016:14)。此外,Qin 和 Uccelli(2016)以及本研究的研究结果也支持了 Biber 等(2011)的观点,即大量使用从属子句并不意味着作文质量更高,从属子句更能体现会话特征,而非书面语特征。

除从属子句外,词汇密度和作文成绩也不相关。该结果验证了 Linnarud(1986)、Engber(1995)、Lu(2012)及刘建达和黄亚萍(2011)的研究发现,即写作文本的实词密度不能有效地预测作文成绩。此外,词汇罕用性也与作文成绩不相关。该结果验证了 Lu(2012)及刘建达和黄亚萍(2011)的研究发现,但与 Kyle 和 Crossley(2015,2016)的研究发现不一致。Kyle 和 Crossley(2015,2016)发现,词汇罕用性是预测作文成绩的重要指标。上述几项研究的研究结果不一致,可能和它们使用的词汇罕用性测量指标不同有

---

① 太平洋西北部(Pacific Northwest),是指美国的西北部和加拿大的西南部地区,主要包括阿拉斯加州东南部、不列颠哥伦比亚省、华盛顿州、俄勒冈州、爱达荷州、蒙大拿州西部、加利福尼亚州北部和内华达州北部。

关。在本研究和Lu（2012）的研究中，词汇罕用性的测量指标总计有五个，分别为LS1、LS2、VS1、VS2和CVS1，着重测量不常见词汇和不常见动词在实词总数和动词总数中所占的比率，和不常见词汇出现的频率相关（参见2.3.2.4节）。在刘建达和黄亚萍（2011）的研究中，词汇罕用性的测量指标为低频词对高频词的比率，也和不常见词汇的出现频率相关。但是，在Kyle和Crossley（2015，2016）的研究中，两位研究者使用了其研发的、专门用于测量词汇罕用性的自动分析工具。该自动分析工具不仅测量不常见词汇的出现频率，还测量词汇广度（range）、N元组频率①、学术词汇和词汇的心理语言属性（psycholinguistic properties of word，如具体性、熟悉性和可想象性等）四个方面，总计包括135项测量指标。其研究结果显示，词汇广度和N元组频率可以较好地预测独立写作中的作文质量，但词汇的出现频率、学术词汇和词汇的心理语言属性则不能。其实，从不常见词汇的出现频率这一测量指标来看，本研究和Kyle和Crossley（2015，2016）的研究发现是一致的。

综上所述，语言复杂度内部各维度和作文成绩的相关关系不能一概而论。语言复杂度是一个多维度的建构，因而它和作文成绩的关系也应该是多层面的。此外，语言复杂度和作文成绩的关系还受到任务复杂度、作文体裁、写作话题、测量指标和习作者语言水平等因素的影响。可见，语言复杂度和作文成绩的关系还需更深层次的挖掘。

---

① N元组频率即N-gram频率，指语言中反复出现的固定词条（Crossley et al. 2008）。其中，N代表数字。比如，当N为1时，N元组频率就是文本中所有词的出现频率；当N为2时，N元组频率为两个词一起出现的频率（汪兴富、Davis 2012）。

第8章 结　语

8.1　主要研究发现

本研究以"认知假说"和"有限注意力假说"为理论指导，以任务复杂度框架为设计基础，包括三项既相对独立又相互联系的子研究：完全受试间设计、受试间和受试内的混合设计以及相关关系分析，既考察了写作任务复杂度中的"元素"和"背景知识"两个变量对写作文本语言复杂度和作文成绩的影响，也考察了习作者对任务复杂度及语言复杂度的看法、写作文本语言复杂度和作文成绩之间的关系。本研究的主要发现有以下三个方面。

第一，"元素"和"背景知识"两个变量对写作文本语言复杂度的不同维度产生不同的主效应和交互效应，具体表现为：①基于"元素"变量增加写作任务复杂度显著提高了写作文本的词汇密度和类符/形符比，显著降低了写作文本的特定短语结构使用量、词汇罕用性和实词多样性，但对写作文本的从属子句使用量不产生显著性的影响。②基于"背景知识"变量增加写作任务复杂度显著提高了不重复词数，显著降低了词汇罕用性，但对句法复杂度和词汇密度都不产生显著性的影响。③"元素"和"背景知识"两个变量的交互作用集中体现在词汇多样性方面，二者对句法复杂度和词汇罕用性不产生显著性的交互作用。

第二，"元素"和"背景知识"两个变量对作文成绩不产生显著性的交互效应，但二者各自产生的主效应在正式研究二中都显著：①基于"元素"变量增加写作任务复杂度显著提高了作文成绩；②基于"背景知识"变量增加写作任务复杂度显著降低了作文成绩。

第三，习作者对写作任务复杂度和语言复杂度的看法、写作文本的语言复杂度和作文成绩之间的关系较为复杂，具体表现为：①习作者对写作任务复杂度的看法和写作文本语言复杂度及作文成绩的关系：在元素较少的简单任务中，习作者对写作任务话题元素复杂度的看法和作文成绩显著负相关；在背景知识较少的复杂任务中，习作者对写作话题背景知识复杂度的看法和写作文本的词汇罕用性及词汇多样性显著正相关。②习作者对语言复杂度不同维度的看法和写作文本语言复杂度不同维度及作文成绩产生不同的相关关系：习作者对词汇多样性的看法、对特定短语结构的看法以及对文章内容的看法都和写作文本的词汇多样性呈显著正相关的关系；习作者对从属子句的看法、对特定短语结构的看法、对词汇密度的看法以及对文章结构及语言的看法都和作文成绩呈显著正相关的关系。③四项语言复杂度内部维度（即词汇多样性、单位长度、并列结构使用量以及特定短语结构使用量）与作文成绩显著正相关。④十组语言复杂度内部维度之间显著正相关：单位长度和从属子句使用量、并列结构使用量、特定短语结构使用量及句子复杂度；从属子句使用量和特定短语结构使用量及句子复杂度；并列结构使用量和特定短语结构使用量及句子复杂度；特定短语结构使用量和句子复杂度；词汇罕用性和词汇多样性。

8.2　主要研究贡献

8.2.1　理论贡献

8.2.1.1　进一步验证了"认知假说"和"有限注意力假说"

本研究同时关注了资源指引和资源消耗两大维度因素对语言复杂度和作文成绩产生的影响，进一步丰富了外语写作中的任务复杂度研究。研究结果不仅为"认知假说"和"有限注意力假说"提供了实证依据，还说明了两大假说仍需进一步的验证与完善。

具体而言，"认知假说"（Robinson 2001a，2001b，2005，2007a）认为，基于"元素"变量增加写作任务复杂度能显著促进语言复杂度的提高，基于"背景知识"变量增加写作任务复杂度则会显著降低写作文本的语言复杂度。"有限注意力假说"（Skehan 1998，2001，2009c）则认为，写作任务难度的增加会导致写作文本语言复杂度的降低，即基于"元素"和"背景知识"增加写作任务复杂度会对写作文本的语言复杂度产生负面的影响。

本研究在"元素"变量上的发现验证了"认知假说"和"有限注意力假说"的部分观点。本研究发现，写作任务涉及的元素越多，写作文本的词汇密度和类符/形符比越高，这验证了"认知假说"的观点。但与此同时，本研究还发现，写作任务涉及的元素越多，写作文本的特定短语结构使用量、词汇罕用性和实词多样性都越低，这又与"认知假说"的观点不相符，为"有限注意力假说"提供了支持。此外，本研究还发现，任务涉及的元素数量对写作文本的从属子句使用量不产生显著性的影响这一研究结果既不支持"认知假说"，也不支持"有限注意力假说"。

本研究在"背景知识"变量上的发现也为"认知假说"和"有限注意力假说"提供了部分支持。习作者具备的与写作任务相关的背景知识越少，写作文本的词汇罕用性越低，这验证了"认知假说"和"有限注意力假说"的观点。但是，本研究进一步发现，习作者具备的与写作任务相关的背景知识越少，写作文本的不重复词数越得到了提高，这又与"认知假说"和"有限注意力假说"的观点不相符。

此外，"认知假说"和"有限注意力假说"都没有详细论述"元素"和"背景知识"两个变量的交互效应。本研究发现，"元素"和"背景知识"两个变量对写作文本的句法复杂度和词汇密度都不产生显著性的交互作用，二者的交互作用主要集中在词汇多样性方面。

可见，"元素"和"背景知识"对语言复杂度的不同维度产生不同的主效应和交互效应。同理，写作任务复杂度中的其他变量，如"此时此地""推理需求""准备时间"和"任务结构"等（参见2.3.2节），也可能对语言复杂度的不同维度产生不同的影响。此外，语言准确度和语言流利度也是多维度的建构，它们内部的不同维度也可能受到写作任务复杂度的不同影响。因此，我们还需进行更多的实证研究，从多维度测量语言的复杂度、准确度和流利度，进一步验证与完善"认知假说"和"有限注意力假说"。

8.2.1.2 更全面地反映了写作任务复杂度对语言复杂度的影响

本研究重点考察写作任务复杂度中的"元素"和"背景知识"两个变量对语言复杂度和作文成绩的影响。其中，语言复杂度的测量从句法复杂度和词汇复杂度两个方面进行，这与多数考察写作任务复杂度的研究（Adam & Nik 2014；Frear & Bitchener 2015；Kuiken et al. 2005；Yang 2014；Zalbidea 2017）一致。但与上述研究不同，本研究在测量句法复杂度和词汇复杂度时使用了更丰富的测量指标，因此，本研究的研究结果也更全面地展示了"元素"和"背景知识"两个变量对语言复杂度的影响。

具体而言，本研究测量句法复杂度时采用了14项具体指标，隶属于单位长度、从属子句、并列结构、特定短语结构和句子复杂度五个次维度（参见2.4.1.4节）；词汇复杂度的测量则从词汇密度、词汇罕用性和词汇多样性三个次维度进行，总计25项具体指标（参见2.4.2.4节）。

本研究的研究结果显示，写作任务复杂度对语言复杂度的影响不能简单的一概而论，因为它对句法复杂度和词汇复杂度的不同维度产生不同的影响。比如，基于"元素"变量增加写作任务复杂度能显著提高写作文本的词汇密度和类符形符比，但同时显著降低了特定短语结构使用量、词汇罕用性和实词多样性，且"元素"变量对从属子句使用量不产生显著性的影响。再如，基于"背景知识"变量增加写作任务复杂度显著提高了写作文本的不重复词数，但同时显著降低了词汇罕用性，且"背景知识"变量对句法复杂度和词汇密度都不产生显著性的影响。"元素"和"背景知识"两个变量对语言复杂度的交互影响集中在词汇多样性方面，二者对句法复杂度和词汇罕用性都不产生显著性的交互作用。

8.2.1.3　更全面地揭示了习作者对写作任务复杂度及语言复杂度的看法、语言复杂度和作文成绩之间的关系

写作文本的语言复杂度和作文成绩除了受到写作任务复杂度的影响，还可能受到习作者对写作任务复杂度和语言复杂度的看法的影响（参见第六章）。本研究从"元素"和"背景知识"两个变量控制写作任务的复杂程度（参见 2.5 节），从单位长度和从属子句等八个方面测量写作文本的语言复杂度（参见 2.4.1.4 和 2.4.2.4 节），那么，本研究中习作者对写作任务复杂度的看法涉及"元素"和"背景知识"两个方面，习作者对语言复杂度的看法涉及单位长度和词汇多样性等七个方面的内容。

本研究的研究结果显示，当写作任务涉及的元素较少时，习作者对写作任务话题元素复杂度的看法和作文成绩显著负相关；在习作者具备的与写作任务相关的背景知识较少时，习作者对写作任务复杂度的看法和写作文本的词汇罕用性及词汇多样性显著正相关。

此外，本研究还发现，习作者对语言复杂度多个次维度的看法都和写作文本的词汇多样性显著正相关，如习作者对词汇多样性的看法、对特定短语结构的看法以及对文章内容的看法；习作者对语言复杂度多个次维度的看法也和作文成绩显著正相关，如习作者对从属子句的看法、对特定短语结构的看法、对词汇密度的看法以及对文章结构及语言的看法。

可见，本研究较为全面地揭示了习作者对写作任务复杂度及语言复杂度的看法和写作文本语言复杂度及作文成绩之间的关系，为理解写作文本语言复杂度和作文成绩的影响因素提供了新视角。需要指出的是，本研究此方面的考察尚属首次尝试，有待后续研究的验证。

此外，国内外许多研究者都探讨了语言复杂度内部某些维度之间（Beers & Navy 2009；Qin & Uccelli 2016；高莲中等 2013；郑咏滟 2015）或者语言复杂度内部某些维度和作文成绩的关系（Kyle & Crossley 2015，2016；Lu 2012；MaNamara et al. 2010；Yang 2015；杜慧颖和蔡金亭 2013），但研究者们较少全面探讨语言复杂度内部各维度及各维度与作文成绩之间的关系。这一不足在

本研究中得到一定程度的改善。在本研究中，语言复杂度的测量涉及八个次维度，分别为单位长度、从属子句、并列结构、特定短语结构、句子复杂度、词汇密度、词汇罕用性和词汇多样性（参见2.4.1.4和2.4.2.4节）。因此，本研究的研究结果能够较为全面地展现了语言复杂度内部各维度及各维度与作文成绩之间的关系。

本研究的研究结果显示，以下语言复杂度内部维度之间显著正相关：单位长度和从属子句使用量、并列结构使用量、特定短语结构使用量及句子复杂度；从属子句使用量和特定短语结构及句子复杂度；并列结构使用量和特定短语结构使用量及句子复杂度；特定短语结构使用量和句子复杂度；词汇罕用性和词汇多样性。此外，词汇多样性、单位长度、并列结构使用量以及特定短语结构使用量都和作文成绩显著正相关；从属子句使用量、词汇密度和词汇罕用性则和作文成绩不相关。

8.2.2　方法论贡献

8.2.2.1　设计了既相对独立又相互联系的子研究

本研究包括两项预研究和三项正式研究，研究设计的一大特点是"研究之间既保持相对独立性，又具有较强的关联性和互补性"（吴红云 2006：210）。具体而言，探索性的两项预研究完善了研究工具、确定了研究设计的可行性，为后期的正式研究做好了准备。

此外，在预研究阶段，尽管预研究一的研究结果显示，我们设计的四项英语写作任务基本合理，能够反映本研究的研究目的。但它同时也发现，这四项英语写作任务给习作者造成的难度感知与四项英语写作任务的复杂程度不相符。鉴于此，我们进行了第二项预研究，设计了"英语写作任务难度比较调查问卷"。预研究二的数据分析结果显示，习作者对简单任务和复杂任务的难度感知存在差异。这一研究结果既解决了预研究一发现的问题，也预示着我们可以开始正式研究。

正式研究阶段包括三项子研究，三项子研究间也既相对独立又相互联系。正式研究一采用了完全受试间设计，这与现有考察双自变量的写作任务复杂度研究（Adams et al. 2015；Farahari & Meraji 2011；Masrom et al. 2015；Ong & Zhang 2010）一致。在正式研究一的基础上，正式研究二进一步完善研究设计，采用受试内和受试间的混合设计，其研究结果可以验证和补充正式研究一的发现。此外，结合正式研究一和正式研究二中测量出的写作文本语言复杂度和作文成绩，我们进行了第三项正式研究，考察了习作者对写作任务复杂度及语言复杂度的看法、写作文本语言复杂度和作文成绩之间的相关关系。

8.2.2.2 设计了英语写作任务难度的调查问卷

现有考察"元素"和"背景知识"的研究（Adams & Nik 2014；Cho 2015；Frear & Bitchener 2015；Kuiken et al. 2005；Kuiken & Vedder 2006，2007，2008；Rahimi & Zhang 2017；Salimi & Dadashpour 2012；Salimi et al. 2011；Yang 2014；Yu 2009；Zalbidea 2017；王静萍 2013；闫荣、张磊 2015）多基于 Robinson（2001a，2001b，2005，2007a）的任务复杂度框架或者前人的文献设计写作任务，它们没有测量写作任务的复杂程度，即没有测量写作任务的认知负荷，各研究中的复杂任务是否确实比简单任务更复杂还值得商榷。

与上述研究相比，本研究在测量写作任务复杂度方面做出了有益的尝试。本研究预研究二设计了"英语写作任务难度比较调查问卷"，通过53道题项调查习作者对四项英语写作任务难度的感知，以此来反映写作任务的认知负荷，即任务的复杂程度。研究结果进一步确认了我们所设计的四项英语写作任务是合理可行的。

此外，需要指出的是，Robinson（2001b）也设计了调查问卷来探究习作者对任务难度的看法（参见3.2.3节）。但是，该问卷只包括五道题项，涉及任务难度、任务有趣度和任务完成过程中的压力、自信心和动机五个方面。换言之，每个方面只有一个题项，这不太符合问卷设计的原则（参见秦晓晴2009），问卷有待改进。

8.2.2.3 采用了受试内和受试间的混合设计

如前所述（参见8.2.2.2节），本研究正式研究一采用了与现有考察双自变量的写作任务复杂度研究一致的研究设计，即完全受试间设计。在正式研究一的基础上，正式研究二采用了受试内和受试间的混合设计，进一步控制了受试个体差异对研究结果的影响。

与正式研究一相比，正式研究二的研究结果可能更全面地反应了"元素"和"背景知识"两个变量对语言复杂度和作文成绩产生的主效应和交互效应。具体而言，正式研究一发现，"元素"和"背景知识"两个变量分别对九项和三项语言复杂度测量指标产生显著性的影响，但在正式研究二中，受到"元素"和"背景知识"两个变量显著影响的语言复杂度测量指标分别有11项和四项。

此外，尽管在正式研究一和正式研究二中，"元素"和"背景知识"两个变量分别对六项和四项词汇多样性测量指标产生显著性的交互作用，但从测量指标隶属的上级维度来看，正式研究二的研究结果比正式研究一丰富。正式研究一中受到"元素"和"背景知识"显著交互作用的六项指标隶属于不重复词数和类符/形符比两个上级维度，但正式研究二中受到显著交互作用的四项指标却隶属于不重复词数、类符/形符比和实词多样性三个上级维度（参见 7.1.3.1 节）。

再则，正式研究一没有发现"元素"和"背景知识"两个变量对作文成绩的主效应和交互效应，但正式研究二的研究结果却显示，"元素"和"背景知识"两个变量都对作文成绩产生显著性的主效应。

综上所述，正式研究二取得的研究结果比正式研究一丰富，受试内和受试间的混合设计一定程度上完善了研究设计。

8.3 主要研究启示

8.3.1 对任务教学的启示

如前所述（参见 1.3.1 节），探讨英语写作任务复杂度对语言复杂度及作文成绩的影响有助于我们在英语写作课堂教学中对写作任务进行合理的分级、编排与组合，从而促进习作者"自然地学习、习得语言"（蔡兰珍 2001: 43），提高其英语写作水平。

本研究的研究结果显示，写作任务复杂度中的"元素"和"背景知识"两个变量对语言复杂度的不同维度产生不同的影响。当写作任务涉及的元素较少时，写作文本的特定短语结构使用量、词汇罕用性和实词多样性都较高；当写作任务涉及的元素较多时，写作文本的词汇密度和类符形符比则较高。当习作者具有更多的相关背景知识，对写作话题比较熟悉时，写作文本的词汇罕用性较高；当习作者具备的相关背景知识较少，对写作话题不太熟悉时，写作文本的不重复词数较高。可见，语言复杂度不是一个不可分割的整体，其内部各维度受到写作任务复杂度的影响并不相同。因此，在实际的写作课堂教学中，教师应该认识到语言复杂度的提高不可能一蹴而就，而是需要长期的、有针对性的训练。教师应该结合学生的英语写作水平，细化教学目标，并根据每个阶段的教学目标来选择、编排和组合英语写作任务。比如，当学生作文中的词汇多样性比较薄弱时，教师可以选用元素较多的写作任务，激发学生使用不同的词汇来表达相同的意思。再如，当教学目标是提高作文中的特定短语结构使用量时，教师可以选择元素较少的写作任务，释放学生的注意力资源，激发他们更多地使用名词短语和动词短语等。此外，当学生的薄弱环节在词汇罕用性方面时,教学目标设定为提高学生作文中高级词汇或者不常见词汇的使用量。这时,教师可以选用背景知识较多的写作任务,或者将背景知识较多的任务和元素较少的任务组合在一起,促使学生在习作中产出更多的高级词汇或者不常见词汇。

此外,本研究还发现,习作者对写作任务复杂度及语言复杂度的看法和写作文本语言复杂度及作文成绩存在一定的相关性。习作者对词汇多样性的看法、对特定短语结构的看法以及对文章内容的看法都和写作文本的词汇多样性显著正相关;习作者对从属子句的看法、对特定短语结构的看法、对词汇密度的看法以及对文章结构及语言的看法都和作文成绩显著正相关。可见,在英语写作教学中,教师除了要选择和编排合适的英语写作任务外,还要提高学生对语言复杂度的认知,教师在日常的写作教学中应明确告诉学生他们对语言复杂度的看法会影响作文成绩。此外,教师还应积极引导学生,敦促学生在写作时注重使用复杂句、注重使用从属子句和复杂短语、注重使用实词,注重文章结构的完整性、逻辑性和合理性以及注重语言的流利度等。

8.3.2 对任务测试的启示

除了对写作课堂教学的贡献,本研究对写作测试任务的开发与评价也具有一定的贡献。测试任务的特点和测试任务难度的确定是任务型语言测试的前提、基础和核心(罗少茜2008,2009;唐雄英2004)。本研究发现,写作任务复杂度中的"元素"和"背景知识"两个变量对写作文本语言复杂度的不同维度产生不同的影响。测试者应在充分考虑这些不同影响的基础上,设计出复杂度或者难度相当的测试任务,以有效地测试出学生的英语写作能力。

此外,本研究预研究二中使用的"英语写作任务难度比较调查问卷",从习作者的角度探究写作任务的难度。研究结果显示,元素多的任务比元素少的任务复杂,背景知识少的任务比背景知识多的任务复杂。这一结果为测试任务开发者确定任务难度提供了新的视角和实证依据。

8.4 研究不足及未来研究建议

8.4.1 研究不足

本研究主要存在以下不足之处:

第一,正式研究的受试包括英语专业和非英语专业学生,但预研究一中的八名研究对象全部为英语专业学生,所以预研究的研究对象缺乏代表性。这一不足在预研究二中得到了改进，预研究二的研究对象由英语专业和非英语专业的学生组成。

第二，正式研究开始之前，本研究对研究对象的英语水平进行了比较和控制，确保了各学校各专业各年级完成四项英语写作任务的四组研究对象在英语水平上不存在显著性的差异。但遗憾的是，本研究没有对研究对象的英语写作水平进行比较，这可能会对研究结果产生影响。

第三，虽然本研究设计的配偶选择任务能够满足本研究的研究目的并引起习作者的兴趣，但与此同时，该任务也容易受到习作者生活背景和社会环境的影响。限于本研究主要采用的量化研究方法，我们没有深入分析习作者对写作任务的看法，没有深度挖掘研究中"人"的因素，这也是本研究的不足之处。

8.4.2 未来研究建议

未来研究可在以下五个方面进行进一步的探索：

第一，本研究借助双因素方差分析和双因素混合设计方差分析探讨了任务复杂度对语言复杂度和作文成绩的影响，借助皮尔森相关分析考察了习作者对任务复杂度及语言复杂度的看法、写作文本语言复杂度和作文成绩之间的关系。但是，任务复杂度不仅可能对作文成绩产生直接的影响，也有可能通过影响语言复杂度来影响作文成绩。因此，后续研究可通过多元线性回归模型或者结构方程模型进一步探究任务复杂度、语言复杂度和作文成绩之间的复杂关系。

第二，任务复杂度框架包括十二种影响任务复杂度的因素（Robinson 2007）。本研究仅考察了其中两个因素：元素和背景知识。因此，后续研究可考察该框架中的其他因素，特别是那些受关注较少的因素，如人称转换和步骤独立化等，探讨它们对语言产出的主效应和交互效应。

第三，本研究系统地测量了语言复杂度，后续研究可对语言准确度和流利度进行全面测量，进一步探究任务复杂度、注意力资源和写作文本之间的关系。

第四，本研究以"认知假说"和"有限注意力假说"为指导，从认知角度探讨任务复杂度对语言复杂度和作文成绩的影响。但是，语言学习者的任务表现依赖于学习者个体和任务之间的互动（Lantolf 2003），尤其是当任务为配偶选择这类与人息息相关的任务时。因此，后续研究在探讨任务特征或属性的同时，也可以从社会文化角度出发，关注学习者、任务和社会之间的互动，探究学习者完成任务的过程。

第五，现有大部分任务研究都是横断研究，没有关注学生通过完成某些任务在一段时间内的发展变化（Skehan 2007）。因此，后续研究可以以一个学期或一个学年甚至更长时间为周期，考察任务教学是否能给语言学习带来长期的影响（秦丽莉、戴炜栋 2013）。

参考文献

Abrams, Z. & Byrd, D. The effects of pre-task planning on L2 writing: Mind-mapping and chronological sequencing in a 1st-year German class [J]. *System*, 2016 (63): 1 – 12.

Adams, R. & Alwi, N. A. Prior knowledge and second language task production in text chat [M] //Lioret, M. & Ortega, L. (Eds.). *Technology-mediated TBLT: Researching Technology and Tasks*. Amsterdam: John Benjamins, 2014: 51 – 58.

Adams, R., Alwi, N. A. & Newton, J. Task complexity effects on the complexity and accuracy of writing via text chat [J]. *Journal of Second Language Writing*, 2015 (29): 64 – 81.

Ahmadian, M. Task repetition in ELT [J]. *ELT Journal*, 2012, 66 (3): 380 – 382.

Ahmadian, M. & Tavakoli, M. The effects of simultaneous use of careful online planning and task repetition on accuracy, complexity, and fluency in EFL learners' oral production [J]. *Language Teaching Research*, 2010, 15 (1): 35 – 59.

Ai, H. & Lu, X. A web-based system for automatic measurement of lexical complexity [R]. Paper presented at the 27th Annual Symposium of the Computer-Assisted Language Consortium (CALICO – 10). Amherst, MA. June 8 – 12, 2010.

Ai, H. & Lu, X. A corpus-based comparison of syntactic complexity in NNS and NS university students' writing [M] //Negrillo, A., Ballier, N. & Thompson, P. *Automatic Treatment and Analysis of Learner Corpus Data*. Amsterdam/Philadelphia: John Benjamins, 2013: 249 – 264.

Alexopoulou, T., Michel, M., Murakami, A. & Meurers, D. Task effects on linguistic complexity and accuracy: A large-scale learner corpus analysis employing natural language processing techniques [J]. *Language Learning*, 2017, 67 (S1): 180 – 208.

Anderson, J. An evaluation of various indices of linguistic development [J].

Child Development, 1937, 8 (1): 62 –68.

Anderson, J. Practice, working memory, and the ACT * theory of skill acquisition: A comment on Carlson, Sullivan and Schieder [J]. *Journal of Learning, Memory and Cognition*, 1989, 15 (3): 527 –530.

Arnaud, P. The lexical richness of L2 written productions and the validity of vocabulary tests [M] //Culhane, T. Bradley, C. & Stevenson, D. (Eds). *Practice and Problems in Language Testing*. Colchester University of Essex Occasional Papers. 1984: 14 –28.

Awwad, A., Tavakoli, P. & Wright, C. "I think that's what he's doing": Effects of intentional reasoning on second language (L2) speech [J]. *System*, 2017 (67): 158 –169.

Bachman, L. *Fundamental Considerations in Language Testing* [M]. Oxford: Oxford University Press, 1990.

Baralt, M. *Task Complexity, the Cognition Hypothesis, and Interaction in CMC and FTF Environments* [D]. Washington, D. C.: Georgetown University, 2010.

Baralt, M. The impact of cognitive complexity on feedback efficacy during online versus face-to-face interactive tasks [J]. *Studies in Second Language Acquisition*, 2013 (35): 689 –725.

Bardovi-Harlig, K. A second look at T-unit analysis: Reconsidering the sentence [J]. *TESOL Quarterly*, 1992, 26 (2): 390 –395.

Barlett, F. *Remembering: A Study in Experimental and Social Psychology* [M]. Cambridge: Cambridge University Press, 1932.

Beers, S. & Nagy, W. Syntactic complexity as a predictor of adolescent writing quality: Which measures? Which genre? [J]. *Reading and Writing*, 2009, 22 (2): 185 –200.

Biber, D. *Variation Across Speech and Writing* [M]. Cambridge: Cambridge University Press, 1988.

Biber, D., Gray, B. & Poonpon, K. Should we use characteristics of conversation to measure grammatical complexity in L2 writing development [J]. *TESOL Quarterly*, 2011, 45 (1): 5 –35.

Brown, G., Anderson, A., Shilcock, R. & Yule, G. *Teaching Talk: Strategies for Production and Assessment* [M]. London: Cambridge University Press, 1984.

参考文献

Brünken, R., Steinbacher, S., Plaas, J. & Leutner, D. Direct measurement of cognitive load in multimedia learning [J]. *Educational Psychologist*, 2003, 38 (1): 53 –61.

Brünken, R., Steinbacher, S., Plass, J. & Leutner, D. Assessment of cognitive load in multimedia learning using dual-task methodology [J]. *Experimental Psychology*, 2002, 49 (2): 109 –119.

Bulté, B. & Housen, A. Defining and operationalising L2 complexity [M] //Housen, A., Kuiken, F. & Vedder, I. (Eds.). *Dimensions of L2 Performance and Proficiency*. Amsterdam/Philadelphia: John Benjamins, 2012: 21 –46.

Bygate, M. *Speaking* [M]. Oxford: Oxford University Press, 1987.

Bygate, M., Skehan, P. & Swain, M. Introduction [M] //M. Bygate, Skehan, P. & Swain, M. (Eds.). *Researching Pedagogical Tasks: Second Language Learning, Teaching and Testing*. Harlow: Pearson Education, 2001: 1 –20.

Cadierno, T. & Robinson, P. Language typology, task complexity and the development of L2 lexicalization patterns for describing motion events [J]. *Annual Review of Cognitive Linguistics*, 2009, 7 (1): 245 –276.

Candlin, C. Towards task-based language learning [M] //Candlin, C. & Murphy, D. (Eds.). *Language Learning Tasks (Lancaster Practical Papers in English Language Education*. Oxford: Pergamon, 1987: 5 –22.

Carroll, J. Foreign language proficiency levels attained by language majors near graduation from college [J]. *Foreign Language Annals*, 1967 (1): 131 –151.

Chan, H., Verspoor, M. & Vahtrick, L. Dynamic development in speaking versus writing in identical twins [J]. *Language Learning*, 2015, 65 (2): 298 –325.

Chandler, J. The efficacy of various kinds of error feedback for improvement in the accuracy and fluency of L2 student writing [J]. *Journal of Second Language Writing*, 2003, 12 (3): 267 –296.

Chang, Y. Discourse topics and interlanguage variation [M] //Robinson, P. (Ed.). *Representation and Process: Proceedings of the 3rd Pacific Second Language Research Forum*. Tokyo: PacSLRF, 1999: 235 –241.

Chaudron, C. *Second Language Classroom: Research on Teaching and Learning* [M]. Cambridge: Cambridge University Press, 1988.

Cheng, Y., Horwitz, E. & Schallert, D. Language anxiety: Differentiating writing and speaking components [J]. *Language Learning*, 1999, 49 (3): 417 – 446.

Cho, H. Effects of task complexity on English argumentative writing [J]. *English Teaching*, 2015, 70 (2): 107 – 131.

Choong, K. Effects of Task Complexity on Written Production in L2 English [D]. New York: Columbia University, 2014.

Cooper, T. Measuring written syntactic patterns of second language learners of German [J]. *Journal of Educational Research*, 1976, 69 (5): 176 – 183.

Coxhead, A. A new academic word list [J]. *TESOL Quarterly*, 2000, 34 (2): 213 – 238.

Crossley, S. & McNamara, D. Predicting second language writing proficiency: The role of cohesion, readability, and lexical difficulty [J]. *Journal of Research in Reading*, 2012, 35 (2): 115 – 135.

Crossley, S., Cai, A. & McNamara, D. Syntagmatic, paradigmatic, and automatic N-gram approaches to assessing essay quality [M] //McCarthy, P. & Youngblood, G. (Eds.). *Proceedings of the 25th International Florida Artificial Intelligence Research Society Conference.* Menlo Park, CA: The AAAI Press, 2012: 214 – 219.

Crossley, S. & McNamara, D. Does writing development equal writing quality? A computational investigation of syntactic complexity in L2 learners [J]. *Journal of Second Language Writing*, 2014 (26): 66 – 79.

Dahl, Ö. *The Growth and Maintenance of Linguistic Complexity* [M]. Amsterdam: John Benjamins, 2004.

De Boer, F. Evaluating the comparability of two measures of lexical diversity [J]. *System*, 2014 (47): 139 – 145.

De Keyser, M. *Practice in a Second Language: Perspectives from Applied Linguistics and Cognitive Psychology* [M]. New York: Cambridge University Press, 2007.

De Jong, N. & Vercellotti, M. Similar prompts may not be similar in the performance they elicit: Examining fluency, complexity, accuracy, and lexis in narratives from five picture prompts [J]. *Language Teaching Research*, 2016, 20 (3): 387 – 404.

Ellis, R. Interlanguage variability in narrative discourse: Style shifting in the use of the past tense [J]. *Studies in Second Language Acquisition*, 1987, 9 (2): 1 – 19.

Ellis, R. The differential effects of three types of task planning on the fluency, complexity, and accuracy in L2 oral production [J]. *Applied Linguistics*, 2009, 30 (4): 474 – 509.

Ellis, R. Focus on form: A critical review [J]. *Language Teaching Research*, 2016, 20 (3): 405 – 428.

Ellis, R. & Yuan, F. The effects of planning on fluency, complexity and accuracy in second language narrative writing [J]. *Studies in Second Language Acquisition*, 2004 (26): 59 – 84.

Ellis, R., Basturkmen, H. & Loewen, S. Doing focus-on-form [J]. *System*, 2002, 30 (4): 419 – 432.

Engber, C. The relationship of lexical proficiency to the quality of ESL compositions [J]. *Journal of Second Language Writing*, 1995, 4 (2): 139 – 155.

Farahari, A. & Meraji, S. Cognitive task complexity and L2 narrative writing performance [J]. *Journal of Language Teaching and Research*, 2011, 2 (2): 445 – 456.

Ferris, D. & Politzer, R. Effects of early and delayed second language acquisition: English composition skills of Spanish-speaking junior high school students [J]. *TESOL Quarterly*, 1981, 15 (3): 263 – 274.

Flahive, D. & Snow, B. Measures of syntactic complexity in evaluating ESL compositions [M] //Oller, J. & Perkins, K. (Eds.). *Research in Language Testing*. MA: Nuewbury House, 1980: 171 – 176.

Foster, P. & Skehan, P. The influence of planning on performance in task-based learning [J]. *Studies in Second Language Acquisition*, 1996, 18 (3): 299 – 324.

Foster, P. & Skehan, P. The influence of source of planning and focus of planning on task-based performance [J]. *Language Teaching Research*, 1999, 3 (3): 215 – 247.

Frear, M. *The Effects of Cognitive Task Complexity on Writing* [D]. Auckland: Auckland University of Technology, 2013.

Frear, M. & Bitchener, J. The effects of cognitive task complexity on writing complexity [J]. *Journal of Second Language Writing*, 2015 (30): 45 – 57.

Gilabert, R. Effects of manipulating task complexity on self-repairs during L2 oral production [J]. *International Review of Applied Linguistics in Language Teaching*, 2007, 45 (3): 215 – 240.

Gilabert, R., Barn, J. & Llanes, A. Manipulating cognitive complexity across task types and its impact on learners' interaction during oral performance [J]. *International Review of Applied Linguistics*, 2009, 47 (3 – 4): 367 – 395.

Gipps, C. & Ewen, E. Scoring written work in English as a second language: The use of T-unit [J]. *Educational Research*, 1974, 16 (2): 121 – 125.

Good, D. & Butterworth, B. Hesitancy as a conversational resource: Some methodological implications [M] //Dechert, H. & Raupach, M. (Eds.). *Temporal Variables in Speech Production*. The Hague: Mouton, 1980: 145 – 152.

Grabe, W. & Kaplan, R. *Theory and Practice of Writing: An Applied Linguistic Perspective* [M]. London: Longman, 1996.

Grant, L. & Ginther, A. Using computer-tagged linguistic features to describe L2 writing differences [J]. *Journal of Second Language Writing*, 2000, 9 (2): 123 – 145.

Graesser, C., McNamara, D., Louwerse, M. & Cai, Z. Coh-Metrix: Analysis of text on cohesion and language [J]. *Behavior Research Methods, Instrument, & Computers*, 2004, 36 (2): 193 – 202.

Guiraud, P. *Problèm et Méthodes de la Statistique Linguistique* [M]. Springer Dordrecht, 1960.

Guo, L., Crossley, S. & McNamara, D. Predicting human judgments of essay quality in both integrated and independent second language writing samples: A comparison study [J]. *Assessing Writing*, 2013, 18 (3): 218 – 238.

Halliday, M. *Spoken and Written Language* [M]. Oxford: Oxford University Press, 1985.

Halliday, M. & Matthiessen, C. *Constructing Experience Through Meaning: A Language-based Approach to Cognition* [M]. London & New York: Continuum, 1999.

Hamp-Lyons, L. & Mathias, S. Explaining expert judgments of task difficult on essay tests [J]. *Journal of Second Language Writing*, 1994, 2 (1): 49 – 68.

Hayes, D. & Ahrens, M. Vocabulary simplification for children: A special case of "Motherese" [J]. *Journal of Child Language*, 1988, 15 (2): 395 – 410.

Heatley, A. & Nation, P. Range [Computer software]. Wellington, New

Zealand: Victoria University of Wellington, 1996. < Available from http://www.vuw.ac.nz/lals. Accessed 2016 - 01 - 18 >.

Hess, C., Sefton, K. & Landry, R. Sample size and type-token ratios for oral language of preschool children [J]. *Journal of Speech and Hearing Research*, 1986, 29 (1): 129 - 134.

Hirano, K. The effect of audience on the efficacy of objective measures of EFL proficiency in Japanese university students [J]. *Annual Review of English Language Education in Japan*, 1991 (2): 21 - 30.

Hirsh, D. *The Vocabulary Demands and Vocabulary Learning Opportunities in Short Novel* [D]. Unpublished master's thesis, Wellington: Victoria University of Wellington, 1993.

Homburg, T. Holistic evaluation of ESL compositions: Can it be validated objectively? [J]. *TESOL Quarterly*, 1984, 18 (1): 87 - 107.

Housen, A., Kuiken, F. & Vedder, I. Complexity, accuracy and fluency: Definitions, measurement and research [M] //Housen, A., Kuiken, F. & Vedder, I. (Eds.). *Dimensions of L2 Performance and Proficiency: Complexity, Accuracy and Fluency in SLA*. Amsterdam: John Benjamins, 2012: 1 - 20.

Hulstijn, J. Intentional and incidental second language vocabulary learning: A reappraisal of rehearsal, elaboration and automaticity [M] //Robinson, P. (Ed.). *Cognition and Second Language Instruction*. Cambridge: Cambridge University Press, 2001: 349 - 381.

Hulstijn, J. Incidental and intentional learning [M] //Doughty, C. & Long, M. (Eds.). *Handbook of Second Language Acquisition*. Oxford: Blackwell, 2003: 631 - 678.

Hulstijn, J. & De Graaff, R. Under what conditions does explicit knowledge of a second language facilitate the acquisition of implicit knowledge? A research proposal [J]. *AILA Review*, 1994 (11): 97 - 112.

Hunt, K. *Grammatical Structures Written at Three Grade Levels* [R]. Champaign, IL: National Council of Teachers of English, 1965.

Hunt, K. Syntactic maturity in school children and adults [J]. *Monographs of the Society for Research in Child Development*, 1970, 35 (1): iii - iv + 1 - 67.

Hwang, K. *Reading Newspaper for the Improvement of Vocabulary and Reading Skills* [D]. Unpublished master's thesis, Wellington: Victoria University of Wellington, 1989.

Hyltenstam, K. Lexical characteristics of near-native second-language learners of Swedish [J]. *Journal of Multilingual and Multicultural Development*, 1988, 9 (1–2): 67–84.

Ishikawa, T. Objective measurement of low-proficiency EFL narrative writing [J]. *Journal of Second Language Writing*, 1995, 4 (1): 51–70.

Ishikawa, T. The effect of task complexity and language proficiency on task-based language performance [J]. *The Journal of Asian TEFL*, 2006, 3 (4): 193–225.

Ishikawa, T. The effects of increasing task complexity along the-/ + Here-and-Now Dimension [M] //García Mayo, M. P. (Ed.). *Investigating Tasks in Formal Language Learning*. Clevedon: Multilingual Matters, 2007: 136–156.

Jackson, D. & Suethanapornkul, S. The cognition hypothesis: A synthesis and meta-analysis of research on second language task complexity [J]. *Language Learning*, 2013, 63 (2): 330–367.

Jakobovits, L. Rhetoric and stylistics: Some basic issues in the analysis of discourse [J]. *College Composition and Communication*, 1969, 20 (5): 314–328.

Johnson, M. Cognitive task complexity and L2 written syntactic complexity, accuracy, lexical complexity, and fluency: A research synthesis and meta-analysis [J]. *Journal of Second Language Writing*, 2017 (37): 13–28.

Johnson, M., Mercado, L. & Acevedo, A. The effect of planning sub-processes on L2 writing fluency, grammatical complexity, and lexical complexity [J]. *Journal of Second Language Writing*, 2012, 21 (3): 264–282.

Kahenman, D. *Attention and Effort* [M]. New Jersey: Prentice-Hall INC., 1973.

Kalyuga, S., Chandler, P. & Sweller, J. Managing split-attention and redundancy in multimedia instruction [J]. *Applied Cognitive Psychology*, 1999, 13 (4): 351–371.

Kameen, P. Syntactic skill and ESL writing quality [M] //Yorio, C., Perkins, K. & Schachter, J. (Eds.). *On TESOL' 79: The Learner in Focus*. Washington, D.C.: TESOL, 1979: 343–364.

Kim, J. Task complexity, learning opportunities, and Korean EFL learners' question development [J]. *Studies in Second Language Acquisition*, 2012 (34): 627–658.

Kim, Y. Investigating learners' cognitive processes by using stimulated recall methodology in task-based research [R]. Paper presented at the American Association for Applied Linguistics (AAAL) 2013 conference, Dallas, TX.

Kim, Y., Payant, C. & Pearson, P. The intersection of task-based interaction, task complexity, and working memory: L2 question development through recasts in a laboratory setting [J]. *Studies in Second Language Acquisition*, 2015 (37): 549-581.

Kim, Y. & Tracy-Ventura, N. The role of task repetition in L2 performance development: What needs to be repeated during task-based intention? [J] *System*, 2013 (41): 829-840.

Kormos, J. Task complexity and linguistic and discourse features of narrative writing performance [J]. *Journal of Second Language Writing*, 2011, 20 (2): 148-161.

Kuiken, F. & Vedder, I. Cognitive task complexity and linguistic performance in French L2 writing [M] //Garcı́a-Mayo, M. (Ed.). *Investigating Tasks in Formal Language Learning*. Clevedon, UK: Multilingual Matters, 2006: 117-135.

Kuiken, F. & Vedder, I. Task complexity and measures of linguistic performance in L2 writing [J]. *International Review of Applied Linguistics in Language Teaching*, 2007, 45 (3): 261-284.

Kuiken, F. & Vedder, I. Cognitive task complexity and written output in Italian and French as a foreign language [J]. *Journal of Second Language Writing*, 2008, 17 (1): 48-60.

Kuiken, F. & Vedder, I. Task complexity and linguistic performance in L2 writing and speaking [M] //Robinson, P. (Ed.). *Second Language Task Complexity: Researching the Cognition Hypothesis of Language Learning and Performance*. Philadelphia, PA: Benjamins, 2011: 90-104.

Kuiken, F. & Vedder, I. Syntactic complexity, lexical variation and accuracy as a function of task complexity and proficiency level in L2 writing and speaking [M] //Housen, A., Kuiken, F. & Vedder, I. (Eds.). *Dimensions of L2 Performance and Proficiency: Complexity, Accuracy and Fluency in SLA*. Philadelphia, PA: Benjamins, 2012: 143-170.

Kuiken, F., Mos, M. & Vedder, I. Cognitive task complexity and second language writing performance [J]. *Eurosla Yearbook*, 2005 (5): 195-222.

Kyle, K. & Crossley, S. Automatically assessing lexical sophistication: Indices, tools, findings, and application [J]. *TESOL Quarterly*, 2015, 49 (4): 757 – 786.

Kyle, K. & Crossley, S. The relationship between lexical sophistication and independent and source-based writing [J]. *Journal of Second Language Writing*, 2016 (34): 12 – 24.

LaBrant, L. A study of certain language developments of children in grades four to twelve, inclusive [J]. *Genetic Psychology Monographs*, 1933, 14 (5): 387 – 491.

Lambert, C. & Kormos, J. Complexity, accuracy and fluency in task-based L2 research: Toward more developmentally based measures of second language acquisition [J]. *Applied Linguistics*, 2014, 35 (5): 607 – 614.

Lantolf, J. Intrapersonal communication and internalization in the second language classroom [M] //Kozulin, A., Gindis, B., Ageyev, V. & Miller, S. (Eds.). *Vygotsky's Educational Theory in Cultural Context*. Cambridge: Cambridge University Press, 349 – 370.

Larsen-Freeman, D. The emergence of accuracy, fluency and complexity in the oral and written production of five Chinese learners of English [J]. *Applied Linguistics*, 2006, 27 (4): 590 – 619.

Larsen-Freeman, D. & Cameron, L. *Complex Systems and Applied Linguistics* [M]. Oxford: Oxford University Press, 2007.

Laufer, B. The development of lexis in the expression of advanced L2 learners [J]. *The Modern Language Journal*, 1991, 75 (4): 440 – 448.

Laufer, B. & Nation, P. Vocabulary size and use: Lexical richness in written production [J]. *Applied Linguistics*, 1995, 16 (3): 307 – 322.

Leech, G., Rayson, P. & Wilson, A. *Word Frequencies in Written and Spoken English: Based on the British National Corpus* [M]. London & New York: Routledge, 2014.

Levelt, W. *Speaking: From Intention to Articulation* [M]. Cambridge: MIT Press, 1989.

Levelt, W. Producing spoken language: A blueprint of the speaker [M] // Brown, C. & Hagoort, P. (Eds.). *Neurocognition of Language*. Oxford: Oxford University Press, 1999: 83 – 122.

Li, L., Chen, J. & Sun, L. The effects of different lengths of pretask planning time on L2 learners' oral test performance [J]. *TESOL Quarterly*, 2015, 49

(1): 38 – 66.

Linnarud, M. *Lexis in Composition: A Performance Analysis of Swedish Learners' Written English* [M]. Lund: CWK Gleerup, 1986.

Long, M. A role for instruction in second language acquisition: Task-based language teaching [M] //Hyltenstam, K. & Pienemann, M. (Eds.). *Modelling and Assessing Second Language Acquisition*. Clevedon, Avon: Multilingual Matters Ltd., 1985: 77 – 99.

Long, M. Instructed interlanguage development [M] //Beebe, L. (Ed.). *Issues in Second Language Acquisition: Multiple Perspectives*. Rowley, MA: Newsbury House, 1988: 115 – 141.

Lu, X. Automatic analysis of syntactic complexity in second language writing [J]. *International Journal of Corpus Linguistics*, 2010, 15 (4): 474 – 496.

Lu, X. A corpus-based evaluation of syntactic complexity measures as indices of college-level ESL writers' language development [J]. *TESOL Quarterly*, 2011, 45 (1): 36 – 62.

Lu, X. The relationship of lexical richness to the quality of ESL learners' oral narratives [J]. *The Modern Language Journal*, 2012, 96 (2): 190 – 208.

Lu, X. & Ai, H. Syntactic complexity in college-level English writing: Differences among writers with diverse L1 backgrounds [J]. *Journal of Second Language Writing*, 2015 (29): 16 – 27.

Lunsford, A. What we know-and don't know-about remedial writing [J]. *College Composition and Communication*, 1978, 29 (1): 47 – 52.

MacWhinney, B. *The CHILDES Project: Tools for Analysing Talk: Volume 1: Transcription Format and Programs* (3rd edn.) [M]. Mahwah, NJ: Lawrence Erlbaum Associates, 2000.

Malvern, D. & Richards, B. Investigating accommodation in language proficiency interviews using a new measure of lexical diversity [J]. *Language Testing*, 2002, 19 (1): 85 – 104.

Masrom, K., Alwi, N. & Daud, N. The role of task complexity and task motivation in language production [J]. *Journal of Language Studies*, 2015, 15 (2): 33 – 49.

McCarthy, P. & Jarvis, S. MTLD, vocd-D, and HD-D: A validation study of sophisticated approaches to lexical diversity assessment [J]. *Behavior Research Methods*, 2010, 42 (2): 381 – 392.

McKee, G., Malvern, D. & Richards, B. Measuring vocabulary diversity using dedicated software [J]. *Literacy and Linguistic Computing*, 2000, 15 (3): 323 – 337.

McLaughlin, B., Rossman, T. & McLeod, B. Second language learning: An information-processing perspective [J]. *Language Learning*, 1983, 33 (2): 135 – 158.

McNamara, D., Crossley, S. & McCarthy, P. Linguistic features of writing quality [J]. *Written Communication*, 2010, 27 (1): 57 – 86.

Meara, P. & Bell, H. P_ Lex: A simple and effective way of describing the lexical characteristics of short L2 texts [J]. *Prospect*, 2001, 16 (3): 5 – 19.

Michel, M. *Cognitive and Interactive Aspects of Task-based Performance in Dutch as a Second Language* [D]. Lancashire: Lancaster University, 2011.

Michel, M. The use of conjunctions in cognitively simple versus complex oral L2 tasks [J]. *The Modern Language Journal*, 2013, 97 (1): 178 – 195.

Michel, M., Kuiken, F. & Vedder, I. The influence of complexity in monologic versus dialogic tasks in Dutch L2 [J]. *International Review of Applied Linguistics*, 2007, 45 (3): 241 – 259.

Michel, M., Kuiken, F. & Vedder, I. Task complexity and interaction: (Combined) effects on task-based performance in Dutch as a second language [J]. *Eurosla Yearbook*, 2012 (12): 164 – 190.

Miestamo, M., Sinnemäki, K. & Karlsson, F. *Language Complexity: Typology, Contact, Change* [M]. Amsterdam: John Benjamins, 2008.

Mohammadi, E., Yousefi, M. & Afghari, A. Task-based learning research and the Cognition Hypothesis: The case of task complexity [J]. *Theory and Practice in Language Studies*, 2012, 2 (12): 2593 – 2602.

Monroe, J. Measuring and enhancing syntactic Fluency in French [J]. *The French Review*, 1975, 48 (6): 1023 – 1031.

Nation, P. Range 2 software. Retrieved from http://www.victoria.ac.nz/lals/about/staff/paul – nation, 2007.

Nihalani, N. The quest for the L2 index of development [J]. *REIC Journal*, 1981, 12 (2): 50 – 56.

Nold, E. & Freedman, S. An analysis of readers' responses to essays [J]. *Research in the Teaching of English*, 1977, 11 (2): 164 – 174.

Norris, J. & Ortega, L. Towards an organic approach to investigating CAF in instructed SLA: The case of complexity [J]. *Applied Linguistics*, 2009, 30 (4): 555 – 578.

Nunan, D. *Designing Tasks for the Communicative Classroom* [M]. Cambridge: Cambridge University Press, 1989.

Nunan, D. *Task-based Language Teaching* [M]. Cambridge: Cambridge University Press, 2004.

Nunan, D. & Bailey, K. *Exploring Second Language Classroom Research: A Comprehensive Guide* [M]. Boston: Heinle Cengage Learning, 2009.

Ojima, M. Concept mapping as pre-task planning: A case study of three Japanese ESL writers [J]. *System*, 2006, 34 (4): 566 – 585.

O'Loughlin, K. Lexical density in candidate output on direct and semi-direct versions of an oral proficiency rest [J]. *Language Testing*, 1995, 12 (2): 217 – 237.

Ong, J. Discovery of ideas in second language writing task environment [J]. *System*, 2013, 41 (3): 529 – 542.

Ong, J. & Zhang, L. Effects of task complexity on the fluency and lexical complexity in EFL students' argumentative writing [J]. *Journal of Second Language Writing*, 2010, 19 (4): 218 – 233.

Ong, J. & Zhang, L. Effects of the manipulation of cognitive processes on EFL writers' text quality [J]. *TESOL Quarterly*, 2013, 47 (2): 375 – 398.

Ortega, L. Planning and focus on form in L2 oral performance [J]. *Studies in Second Language Acquisition*, 1999, 21 (1): 109 – 148.

Ortega, L. Syntactic complexity measures and their relationship to L2 relationship: A research synthesis of college-level L2 writing [J]. *Applied Linguistics*, 2003, 24 (4): 492 – 518.

Ortega, L. Syntactic complexity in L2 writing: Progress and expansion [J]. *Journal of Second Language Writing*, 2015 (29): 82 – 94.

Pallotti, G. Defining, redefining and differentiating constructs [J]. *Applied Linguistics*, 2009, 30 (4): 590 – 601.

Pallotti, G. A simple view of linguistic complexity [J]. *Second Language Research*, 2015, 31 (1): 117 – 134.

Paas, F. & Van Merriënboer, J. Variability of worked examples and transfer of geometrical problem solving skills: A cognitive-load approach [J]. *Journal of Educational Psychology*, 1994, 86 (1): 122 – 133.

Paas, F., Van Merrienboer, J. & Adam, J. Measurement of cognitive load in instructional research [J]. *Perceptual and Motor Skills*, 1994, 79 (1): 419 – 430.

Pica, T., Kanagy, R. & Falodun, T. Choosing and using communicative tasks for second language instruction and research [M] //Crookes, G. & Gass, S. (Eds.). *Tasks and Language Learning: Integrating Theory and Practice*. Clevedon, Avon: Multilingual Matters, 1993: 9 – 34.

Piri, F., Barati, H. & Ketabi, S. The effects pf pre-task, on-line and both pre-task and on-line planning on fluency, complexity, and accuracy: The case of Italian EFL learners' written production [J]. *English Language Teaching*, 2012, 5 (6): 158 – 167.

Polio, C. Measures of linguistic accuracy in second language writing research [J]. *Language Learning*, 1997, 47 (1): 101 – 143.

Polio, C. Research methodology in second language writing research: The case of text-based studies [M] //Silva, T. & Matsuda, P. (Eds.). *On Second Language Writing*. Mahwah, NJ: Lawrence Erlbaum, 2001: 91 – 115.

Polio, C. Second language writing development: A research agenda [J]. *Language Teaching*, 2017, 50 (2): 261 – 275.

Prabhu, N. *Second Language Pedagogy* [M]. Oxford: Oxford University Press, 1987.

Qin, W. & Uccelli, P. Same language, different functions: A cross-genre analysis of Chinese EFL learners' writing performance [J]. *Journal of Second Language Writing*, 2016 (33): 3 – 17.

Rahimi, M. & Zhang, L. Effects of task complexity and planning conditions on L2 argumentative writing production [J]. *Discourse Processes*, 2017: 1 – 17.

Rahimpour, M. & Safarie, M. The effects of on-line and pre-task planning on descriptive writing of Iranian EFL learners [J]. *International Journal of English Linguistics*, 2011, 1 (2): 274 – 280.

Rahimpour, M. & Hosseini, P. The impact of task complexity on L2 learners' written narratives [J]. *English Language Teaching*, 2010, 3 (3): 198 – 205.

Read, J. *Assessing Vocabulary* [M]. Cambridge: Cambridge University Press, 2000.

Révész, A. Task complexity, focus on L2 constructions, and individual differences: A classroom-based study [J]. *The Modern Language Journal*, 2011, 95

(Suppl.): 162 – 181.

Révész, A. Towards a fuller assessment of cognitive models of task-based learning: Investigating task-generated cognitive demands and processes [J]. *Applied Linguistics*, 2014 (35): 87 – 92.

Révész, A., Sachs, R. & Hama, M. The effects of task complexity and input frequency on the acquisition of the past counterfactual construction through recasts [J]. *Language Learning*, 2014, 64: 615 – 650.

Richards, B. Type/token ratios: What do they really tell us? [J]. *Journal of Child Language*, 1987, 14 (14): 201 – 209.

Robinson, P. Task complexity and second language narrative discourse [J]. *Language Learning*, 1995, 45 (1): 99 – 140.

Robinson, P. Task complexity, task difficulty, and task production: Exploring interactions in a componential framework [J]. *Applied Linguistics*, 2001a, 22 (1): 27 – 57.

Robinson, P. Task complexity, cognitive resources, and syllabus design: A triadic framework for examining task influences on SLA [M] //Robinson, P. (Ed.). *Cognition and Second Language Instruction*. Cambridge: Cambridge University Press, 2001b: 287 – 318.

Robinson, P. The cognition hypothesis, task design and adult task-based language learning [J]. *Studies in Second Language Learning*, 2003, 21 (2): 45 – 105.

Robinson, P. Cognitive complexity and task sequencing: A review of studies in a Componential Framework for second language task design [J]. *International Review of Applied Linguistics in Language Teaching*, 2005, 43 (1): 1 – 33.

Robinson, P. Task complexity, the cognition hypothesis and second language learning and performance [J]. *International Review of Applied Linguistics*, 2007a, 45 (1): 161 – 176.

Robinson, P. Task complexity, theory of mind, and intentional reasoning: Effects on L2 speech production, interaction, uptake and perceptions of task difficulty [J]. *International Review of Applied Linguistics*, 2007b, 45 (3): 193 – 213.

Robinson, P. Criteria for classifying and sequencing pedagogic tasks [M] //Garcia-Mayo, M. (Ed.). *Investigating Tasks in Formal Language Learning*. Clevedon, UK: Multilingual Matters, 2007c: 7 – 27.

Robinson, P. Situating and distributing cognition across task demands: The SSARC model of pedagogic task sequencing [M] //Putz, M. & Sicola, L. (Eds.). *Cognitive Processing in Second Language Acquisition: Inside the learner's mind*. Amsterdam/Philadelphia: John Benjamins Publishing Company, 2010: 243 - 268.

Robinson, P. Second language task complexity, the cognition hypothesis, language learning, and performance [M] //Robinson, P. (Ed.). *Second Language Task Complexity: Researching the Cognition Hypothesis of Language Learning and Performance*. Amsterdam/Philadelphia: John Benjamins Publishing Company, 2011: 3 - 37.

Robinson, P. The cognition hypothesis, second language task demands and the SSARC model of pedagogical task sequencing [M] //Bygate, M. (Ed.). *Domains and Directions in TBLT: Plenaries from a Decade of the International Conference*. Amsterdam: John Benjamins Publishing Company, 2015: 87 - 122.

Robinson, P., Baralt, M. & Gilabert, R. An introduction to theory and research in task sequencing and instructed second language Learning [M] //Baralt, M., Gilabert, R. & Robinson, P. (Eds.). *Task Sequencing and Instructed Second Language Learning*. London: Bloomsbury Academic, 2014: 1 - 134.

Robinson, P. & Gilabert, R. Task complexity, the Cognition Hypothesis and second language learning and performance [J]. *International Review of Applied Linguistics in Language Teaching*, 2007, 45 (3): 161 - 176.

Robinson, P., Ting, S. & Urwin, J. Investigating second language task complexity [J]. *RELC Journal*, 1995, 26 (2): 62 - 79.

Robinson, P., Cadierno, T. & Shirai, Y. Time and motion: Measuring the effects of the conceptual demands of tasks on second language speech production [J]. *Applied Linguistics*, 2009, 30 (4): 533 - 554.

Ruiz-Funes, M. *The interplay between task complexity in foreign language writing at the intermediate level and measures of syntactic complexity, accuracy and fluency (CAF)* [Z]. Paper presented at the American Council on Teaching of Foreign Languages (ACTFL), 2013.

Ruiz-Funes, M. Task complexity and linguistic performance in advanced college-level foreign language writing [M] //Byrnes, H. & Manchón, R. (Eds.). *Task-based Language Learning: Insights from and for L2 Writing*. Philadelphia/Amsterdam: John Benjamins, 2014: 163 - 192.

Ruiz-Funes, M. Exploring the potential of second/foreign language writing for language learning: The effects of task factors and learner variables [J]. *Journal of Second Language Writing*, 2015 (28): 1-19.

Sadeghi, K. & Mosalli, Z. The effect of task complexity on fluency and lexical complexity of EFL learners' argumentative writing [J]. *International Journal of Applied Linguistics & English Literature*, 2012, 1 (4): 53-65.

Salimi, A. & Dadashpour, S. Task complexity and language production dilemma (Robinson's Cognition Hypothesis vs. Skehen's Trade-off Model) [J]. *Procedia-Social and Behavioral Science*, 2012 (46): 643-652.

Salimi, A., Dadashpour, S. & Asadollahfam, H. The effects of task complexity on EFL learners' written performance [J]. *Procedia-Social and Behavioral Science*, 2011 (29): 1390-1399.

Sasayama, S. Is a "complex" task really complex? Validating the assumption of cognitive task complexity [J]. *The Modern Language Journal*, 2016, 100 (1): 231-254.

Schank, R. *Dynamic Memory Revisited* [M]. New York: Cambridge University Press, 1999.

Schmidt, R. Psychological mechanisms underlying second language fluency [J]. *Studies in Second Language Acquisition*, 1992, 14 (4): 357-385.

Schmitt, N. & Meara, P. Researching vocabulary through a word knowledge framework [J]. *Studies in Second Language Acquisition*, 1997, 19 (1): 17-36.

Sharma, A. Syntactic maturity: Assessing writing proficiency in a second language [M] //Silverstein, R. (Ed.). *Occasional Papers in Linguistics*. Carbondale: Southern Illinois University, 1979: 318-325.

Skehan, P. Second language acquisition strategies, interlanguage development and task-based learning [M] //Bygate, M., Tonkyn, A. & Williams, E. (Eds.). *Grammar and the Language Teacher*. London: Prentice Hall International, 1994: 175-199.

Skehan, P. A framework for the implementation of task based instruction [J]. *Applied Linguistics*, 1996, 17 (1): 38-62.

Skehan, P. *A Cognitive Approach to Language Learning* [M]. Oxford: Oxford University Press, 1998.

Skehan, P. Tasks and language performance assessment [M] //Bygate, M., Skehan, P. & Swain, M. (Eds.). *Researching Pedagogic Tasks: Second Language Learning, Teaching, and Testing. London: Longman, 2001: 167-185.

Skehan, P. Language instruction through tasks [M] //Cummins, J. & Davison, C. (Eds.). *Interactional Handbook of English Language Teaching*. New York: Springer: 289-301.

Skehan, P. Lexical performance by native and non-native speakers on language-learning tasks [M] //Richards, B. Daller, H., Malvern, D. & Meara, P. (Eds.). *Vocabulary Studies in First and Second Language Acquisition: The Interface Between Theory and Application*. Longman: Palgrave Macmillan, 2009a: 107-124.

Skehan, P. Models of speaking and the assessment of second language proficiency [M] //Benati, A. (Ed.). *Issues in Second Language Proficiency*. London: Continuum, 2009b: 202-215.

Skehan, P. Modelling second language performance: Integrating complexity, accuracy, fluency and lexis [J]. *Applied Linguistics*, 2009c, 30 (4): 510-532.

Skehan, P. *Researching Tasks: Performance, Assessing, Pedagogy* [M]. 上海: 上海外语教育出版社, 2011.

Skehan, P. *Processing Perspectives on Task Performance* [M]. Amsterdam: John Benjamins, 2014.

Skehan, P. Limited attention capacity and cognition [M] //Bygate, M. (Ed.). *Domains and Directions in the Development of TBLT*. Amsterdam: John Benjamins, 2015: 123-155.

Skehan, P. & Foster, P. Task type and task processing conditions as influences on foreign language performance [J]. *Language Teaching Research*, 1997, 1 (1): 185-211.

Skehan, P. & Foster, P. The influence of task structure and processing conditions on Narrative retellings [J]. *Language Learning*, 1999, 49 (1): 93-120.

Skehan, P. & Foster, P. Cognition and tasks [M] //Robinson, P. (Ed.). *Cognition and Second Language Instruction*. Cambridge: Cambridge University Press, 2001: 183-205.

Skehan, P. & Foster, P. Strategic and on-line planning: The influence of surprise information and task time on second language performance [M] //Ellis, R. (Ed.). *Planning and Task Performance in a Second Language*. John Benjamins, 2005: 193-216.

Skehan, P. & Foster, P. Complexity, accuracy, fluency and lexis in task-based performance: A meta-analysis of the Ealing research [M] //Van Daele, S., Housen, A., Kuiken, F., Pierrard, M. & Vedder, I. (Eds.). *Complexity, Accuracy, and Fluency in Second Language Use, Learning and Teaching*. Brussels: University of Brussels Press, 2008: 207-226.

Skehan, P., Bei, X., Li, Q. & Wang, Z. The task is not enough: Processing approaches to task-based performance [J]. *Language Teaching Research*, 2012, 16 (2): 170-187.

Smith, E. & Jonides, J. Working memory: A view from neuroimaging [J]. *Cognitive Psychology*, 1997, 33 (1): 5-42.

Spaan, M. The effect of prompt on essay examination [M] //Douglas, D. & Chapelle, C. (Eds.). *A New Decade of Language Testing Research*. Alexandria, VA: TESOL, 1993: 98-122.

Stewig, J. First graders talk about paintings [J]. *Journal of Educational Research*, 1994, 87 (5): 309-316.

Szmrecsanyi, B. & Kortmann, B. Between simplification and complexification: Non-standard varieties of English around the world [M] //Sampson, G., Gil, D. & Trudgill, P. (Eds.). *Language Complexity as an Evolving Variable*. Oxford: Oxford University Press, 2009: 64-79.

Tavakoli, P. & Foster, P. Task design and second language performance: The effect of narrative type on learner output [J]. *Language Learning*, 2008, 58 (2): 439-473.

Tavakoli, P. & Skehan, P. Strategic planning, task structure, and performance testing [M] //Ellis, R. (Ed.). *Planning and Task Performance in a Second Language*. Amsterdam: John Benjamins, 2005: 239-276.

Tedick, D. ESL writing assessment: Subject-matter knowledge and its impact on performance [J]. *English for Specific Purposes*, 1990, 9 (2): 123-143.

Thordardottir, E. & Weismer, E. High-frequency verbs and verb diversity in the spontaneous speech of school-age children with specific language impairment [J]. *International Journal of Language Communication Disorders*, 2001, 36 (2): 222-254.

Trudgill, P. Contact and simplification: Historical baggage and directionality in linguistic change [J]. *Linguistic Typology*, 2001, 5 (2): 371-374.

Ure, J. Lexical density and register differentiation [M] //Perren, G. &

Trim, J. (Eds). *Applications of Linguistics*. Cambridge: Cambridge University Press, 1971: 443 –452.

Van Geert, P. The dynamic systems approach in the study of L1 and L2 acquisition: An introduction [J]. *The Modern Language Journal*, 2008, 92 (2): 179 –199.

Van Patten, B. Communicative values and information processing in L2 acquisition [M]//Larson, P., Judd, E. & Messerschmitt, D. (Eds.). *On TESOL ' 84: A Brave New World for TESOL*. Washington D. C.: TESOL.

Van Patten, B. Attending to content and form in the input: An experiment in consciousness [J]. *Studies in Second Language Acquisition*, 1990, 12 (3): 287 –301.

Vann, R. Oral and written syntactic relationship in second language learning [M]//Yirio, C., Perkins, K. & Schachter, J. (Eds.). *On TESOL ' 79: The Learner in Focus*. Washingtong D. C.: TESOL.

Vasylets, O., Gilabert, R. & Manchn, R. The effects of mode and task complexity on second language production [J]. *Language Learning*, 2017, 67 (2): 394 –430.

Wang, S. & Slater, T. Syntactic complexity of EFL Chinese students' writing [J]. *English Language and Literature Studies*, 2016, 6 (1): 81 –86.

Wesche, M. & Paribakht, T. Assessing second language vocabulary knowledge: Depth versus breadth [J]. *Canadian Modern Language Review*, 1996, 53 (1): 13 –40.

West, M. *A General Service List of English Words* [M]. London: Longman, 1953.

Weigle, S. & Friginal, E. Linguistic dimensions of impromptu test essays compared with successful student disciplinary writing: Effects of language background, topic, and L2 proficiency [J]. *Journal of English for Academic Purposes*, 2015, (18): 25 –39.

Wickens, C. *Processing Resources in Attention, Dual Task Performance and Workload Assessment* [M]. Urbana Champaign: University of Illinois, 1981.

Wickens, C. Mulitple resources and performance prediction [J]. *Theoretical Issues in Ergonomics Science*, 2002, 3 (2): 159 –177.

Wickens, C. How many resources and how to identify them? Commentary on Boles et al. and Vidulich and Tsang [J]. *Human Factors*, 2007, 49 (1):

53-56.

Wigglesworth, G. & Storch, N. Pair versus individual writing: Effects on fluency, complexity and accuracy [J]. *Language Testing*, 2009, 26 (3): 445-466.

Willis, D. Syllabus, corpus, and data-driven learning [M] //Kennedy, C. (Ed.). *Plenaries from the 1993 IATEFL Conference*. Swansea, 1993: 47-65.

Wolfe-Quintero, K., Inagaki, S. & Kim, H. *Second Language Development in Writing: Measures of Fluency, Accuracy & Complexity* [M]. Honolulu: University of Hawai'i Press, 1998.

Xue, G. & Nation, I. A university word list [J]. *Language Learning and Communication*, 1984, 3 (2): 215-229.

Yang, W. *Mapping the Relationships among the Cognitive Complexity of Independent Writing Tasks, L2 Writing Quality, and Complexity, Accuracy and Fluency of L2 Writing* [D]. Atlanta: Georgia State University, 2014.

Yang, W., Lu, X. & Weigle, S. Different topics, different discourse: Relationships among writing topic, measures of syntactic complexity, and judgments of writing quality [J]. *Journal of Second Language Writing*, 2015 (28): 53-67.

Yoon, H. Linguistic complexity in L2 writing revisited: Issues of topic, proficiency, and construct multidimensionality [J]. *System*, 2017, (66): 130-141.

Yoon, H. & Polio, C. The linguistic development of students of English as a second language in two written genres [J]. *TESOL Quarterly*, 2017, 51 (2): 275-301.

Yu, G. Lexical diversity in writing and speaking task performance [J]. *Applied Linguistics*, 2009, 31 (2): 236-259.

Yuan, F. & Ellis, R. The effects of pre-task planning and on-line planning on fluency, complexity and accuracy in L2 monologic oral production [J]. *Applied Linguistics*, 2003, 24 (1): 1-27.

Zalbidea, J. 'One task fits all'? The role of task complexity, modality, and working memory capacity in L2 performance [J]. *The Modern Language Journal*, 2017, 101 (2): 335-352.

鲍贵. 二语学习者作文词汇丰富性发展多纬度研究 [J]. 外语电化教学, 2008 (5): 38-44.

鲍贵. 英语学习者作文句法复杂性变化研究 [J]. 外语教学与研究, 2009, 41 (4): 291-297.

鲍贵. 英语学习者词汇复杂度的最新测量及验证 [J]. 山东外语教学, 2011 (6): 44 – 52.

蔡兰珍. "任务教学法"在大学英语写作中的应用 [J]. 外语界, 2001 (4): 41 – 46.

蔡植瑜. 交际语言教学中的聚焦于形插曲——英语专业精品课程课堂教学个案研究 [J]. 外语教学理论与实践, 2008 (3): 20 – 28.

董艳萍. 导读. In W. Levelt, Speaking: From Intention to Articulation [M]. 北京: 外语教学与研究出版社, 2008.

杜慧颖, 蔡金亭. 基于 Coh-Metrix 的中国英语学习者议论文写作质量预测模型研究 [J]. 现代外语, 2013, 36 (3): 293 – 300.

高莲中, 阎博, 刘娜娜. 词汇丰富程度与大学英语写作质量的关系 [J]. 英语教师, 2013 (4): 25 – 30.

高霄. 二语写作质量构念效度的结构方程模型分析 [J]. 山东外语教学, 2009 (6): 38 – 42.

韩宝成. 外语教学科研中的统计方法 [M]. 北京: 外语教学与研究出版社, 2000.

黄爱凤. 导读. In D. Nunan, Task-based Language Teaching [M]. 北京: 外语教学与研究出版社, 2011: 7 – 38.

李航. 大学生英语写作焦虑和写作成绩的准因果关系: 来自跟踪研究的证据 [J]. 外语界, 2015 (3): 68 – 75.

李雪莲. 英语专业学习者书面语文本特征多维度研究——以自然语言处理软件 Coh-Metrix 为研究工具 [J]. 南京工程学院学报 (社会科学版), 2014, 14 (1): 41 – 46.

刘兵, 王奕凯, Zhang Jun Lawrence. 任务类型对在线英语写作任务准备和产出的影响 [J]. 现代外语, 2017, 40 (1): 102 – 113.

刘建达, 黄亚萍. 词汇特征量对 CET 作文得分的影响 [J]. 外语电化教学, 2011 (3): 11 – 15.

刘润清. 序 [M] // 罗少茜, 任务型语言测试中的任务难度研究. 上海: 上海外语教育出版社, 2009: 1 – 3.

刘润清, 吴一安, 等. 中国英语教育研究 [M]. 北京: 外语教学与研究出版社, 2000.

罗少茜. 从认知角度看影响语言测试任务难度的因素 [J]. 基础英语教育, 2008 (6): 25 – 34.

罗少茜. 任务型语言测试中的任务难度研究 [M]. 上海: 上海外语教育

出版社,2009.

罗少茜. 影响任务型语言教学中任务难度的社会文化因素[J]. 中国外语教学,2010(2):52-60.

罗小琴. 第一代独生子女择偶观[J]. 西北人口,2014,35(5):90-95.

陆小飞,许琪. 二语句法复杂度分析器及其在二语写作研究中的应用[J]. 外语教学与研究,2016,48(3):409-420.

吕长竑. 词汇量与语言综合能力、词汇深度知识之关系[J]. 外语教学与研究,2004,36(2):116-123.

秦丽莉,戴炜栋. 二语习得社会文化理论框架下的"生态化"任务型语言教学研究[J]. 外语与外语教学,2013(2):41-46.

秦晓晴. 外语教学研究中的定量数据分析[M]. 武汉:华中科技大学出版社,2004.

秦晓晴. 外语教学问卷调查法[M]. 北京:外语教学与研究出版社,2009.

秦晓晴,文秋芳. 中国大学生英语写作能力发展规律与特点研究[M]. 北京:中国社会科学出版社,2007.

塞利格,肖哈密. 第二语言研究方法[M]. 吴红云,初萌,胡萍,等译. 北京:商务印书馆,2016.

舒华. 心理与教育研究中的多因素实验设计[M]. 北京:北京师范大学出版社,2013.

水延凯,等. 社会调查教程[M]. 北京:中国人民大学出版社,1996.

唐雄英. 写作测试任务的认知研究[J]. 外语教学理论与实践,2004(3):1-7.

王重鸣. 心理学研究方法[M]. 北京:人民教育出版社,1990.

王静萍. 资源指引型的任务复杂度对二语写作语言表现的影响[J]. 外语教学,2013(4):65-68,104.

文秋芳. 英语专业学生口语词汇进步模式研究[J]. 外语电化教学,2006(4):3-8.

文秋芳,王立非,梁茂成. 中国学生英语口笔语语料库[M]. 北京:外语教学与研究出版社,2005.

吴红云. 二语写作元认知理论的实证研究[M]. 北京:外语教学与研究出版社,2006.

吴红云,刘润清. 二语写作元认知理论构成的因子分析[J]. 外语教学与研究，2004，36（3）：187-195.

吴瑾. 中国非英语专业研究生词汇量不同词频等级分布状况研究［J］. 华南师范大学学报（社会科学版），2008（1）：122-129.

吴瑾，邹青. 中国学生英语口笔语语体特征研究：词汇密度与词频［J］. 山东外语教学，2009（1）：8-13.

吴雪莹，陈如. 众里寻他千百度——从征婚启事看当代人的择偶观［J］. 青年研究，1996（6）：16-20.

吴旭东，陈晓庆. 中国英语学生课堂环境下词汇能力的发展［J］. 现代外语，2000，23（4）：349-360.

吴中伟，郭鹏. 对外汉语任务型教学［M］. 北京：北京大学出版社，2009.

邢加新. 任务复杂度对非英语专业大学生口语产出的影响研究［J］. 外语研究，2019，36（5）：6.

徐晓燕，王维民，熊燕宇，等. 中国英语专业学生英语议论文句法复杂性研究［J］. 外语教学与研究，2013，45（2）：264-275.

闫荣，张磊. 任务复杂度、任务难度和自我效能感对外语写作的影响［J］. 外语界，2015（1）：40-47.

杨滢滢. 英语专业学习者同一主题作文的词汇发展和词块运用特征［J］. 外语界，2014（2）：58-66.

张军，王丽萍，吴红云. 认知语言学视阈下二语习得语言复杂度研究的元分析（1990—2015）［J］. 复旦外国语言文学论丛，2017，10（1）：53-60.

张香存. 中国大学英语教师对"Focus-on-Forms"和"Focus-on-Form"教学方法的认知［J］. 外语教学，2005，26（3）：65-68.

张新玲，周燕. 任务类型对中国英语学习者写作表现的影响［J］. 现代外语，2014，37（4）：548-558.

张学民. 实验心理学概论——心理与行为科学研究方法入门［M］. 北京：首都经济贸易大学出版社，2010.

赵俊海，陈慧媛. 英语学习者书面语语法复杂度的测量研究［J］. 外语教学理论与实践，2012（1）：27-33.

郑咏滟. 基于动态系统理论的自由产出词汇历时发展研究［J］. 外语教学与研究，2015，47（2）：276-288.

朱慧敏，王俊菊. 英语写作的词汇丰富性发展特征———项基于自建语料库的纵贯研究［J］. 外语界，2013（6）：77-86.

附　　录

附录1　参与邀请与知情同意书[①]

亲爱的同学，您好！

我是中国人民大学外国语学院的博士生王丽萍，目前正在进行博士论文研究。我的研究主要探讨写作任务对写作文本和作文成绩产生的影响。在此，我诚挚邀请您参与我的研究。

如果您接受这一邀请，您将完成两项任务。首先是议论文写作，时间为40分钟，字数在250词以上；其次是问卷填写，主要是对写作任务和写作过程进行评定，时间为10分钟。因此，完成整个任务需要50分钟的时间[②]。

此项研究将采用匿名调查方式，因此不会带给您任何风险。并且，我们也将对作文文本和问卷数据进行严格保密。最终研究成果可能公开发表，若您在此之前要求撤回作文文本或问卷资料，我们将尊重您的意愿。

是否参与此项研究完全基于您自己的意愿。您可以决定参与或不参与此项研究，也可以随时退出此项研究。您的决定不会对您的学业成绩造成任何影响。

我们深知，此项研究不会带给您直接的利益，但您的惠助将帮助我完成博士论文研究。此外，我们给参与此项研究的每位同学准备了一个笔记本，略表谢意。对于您的理解与支持，我们不胜感激！

若有异议与要求，请您在此附加说明：

王丽萍　中国人民大学外国语学院博士生
电话：××××××　邮箱：××××××@163.com

[①] 本参与邀请和知情同意书是预研究一中使用的，预研究二和正式研究中使用的参与邀请和知情同意书因为研究目的不同，在此基础上略作了修改。

[②] 在预研究二的参与邀请和知情同意书中，此段落的内容为："如果您接受这一邀请，您将首先阅读四篇英语作文的指令（不必写出作文），然后用汉语回答后面的问题。整个过程需要大约15分钟的时间。"

若您愿意参与本次研究，请您在下面的同意书上署名，并将其发送到邮箱：××××××@163.com。或者，您也可以通过手机号码和我取得联系，谢谢！

我已经阅读了"外语写作中任务复杂度对语言复杂度和作文成绩的影响"研究的参与邀请与知情同意书。我同意在上述协议前提下参与此项研究。

参与者签字：_____   日期：_____

参与者联系方式：_____

研究者签字：_____   日期：_____

请您在合适的时间前打勾。

时间	地点
2016年4月6日 16：00－17：00	图书馆学习室5－01（五楼西侧）
2016年4月6日 18：00－19：00	图书馆学习室5－01（五楼西侧）
2016年4月9日 16：30－17：30	图书馆学习室5－01（五楼西侧）
2016年4月9日 17：30－18：30	图书馆学习室5－01（五楼西侧）
2016年4月9日 18：30－19：30	图书馆学习室5－01（五楼西侧）
2016年4月10日 16：30－17：30	图书馆学习室5－01（五楼西侧）
2016年4月10日 17：30－18：30	图书馆学习室5－01（五楼西侧）
2016年4月10日 18：30－19：30	图书馆学习室5－01（五楼西侧）

若上述时间均不合适，请填写合适您的时间：_____

再次感谢您的支持与合作！

附录2 预研究一中第一次设计的英语写作任务

任务4[①]（四所备选学校，每所学校十条信息，元素多；父母的选择，背景知识少）：

You are going to study abroad for the master's degree. Your friend has already surfed the internet and made a first selection for you. He picked four universities, and now your parents are going to choose one of them for you. Which one do you think will they choose? Support your opinion with sufficient details. Your article should be no less than 250 words.

University A's information:

1. It is one of the top 20 universities in America.
2. A minimum grade-point average (GPA) of 3.5 on a 4.0 scale is required.
3. Applicants can submit either TOEFL score or IELTS score. The TOEFL score must be at least 100 for the Internet-based test. The IELTS overall Band score must be at least 7 on a 9-point scale.
4. At least three letters of recommendtoation are required.
5. All applicants have to take the general test of the GRE and the test score standard must be at least 320.
6. The tuition and fees are around $30000 a year, including tuition, student services fees, class pass transit fee and health insurance, etc.
7. Once admitted, the applicant could apply for scholarships which could cover 50% to 60% of the tuition and living expenses.
8. There are not enough rooms for all the students, so nearly 50% have to live off campus.
9. The university lies in the center of a big and busy city.
10. Last year, there were 900 applicants and 30 were accepted.

University B's information:

1. It is one of the top 50 universities in America.

[①] 限于文章篇幅，此处只呈现了复杂程度最高的任务4。该任务要求受试从四所备选大学中选择一所其父母中意的大学，且每所大学的相关信息有十条。在复杂度最低的任务中，受试需要从两所备选大学中选择一所自己中意的大学，且每所学校的相关信息只有五条。

2. It requires a satisfactory scholastic average, usually a minimum gradepoint average (GPA) of 3.0 on a 4.0 scale.

3. Applicants can submit either TOEFL score or IELTS score. The TOEFL score must be at least 80 for the Internet-based test. The IELTS overall Band score must be at least 6.5 on a 9 – point scale.

4. At least one letter of recommend toation are required.

5. All applicants have to take the general test of the GRE and no minimum test score standard has been set.

6. The tuition and fees are around $20000 a year, including tuition, student services fees, class pass transit fee and health insurance, etc.

7. Once admitted, the applicant could apply for scholarships which could cover almost all the tuition and living expenses.

8. All the students could live on campus.

9. The university lies in the suburb of a modern city, 1 hour's drive from the city.

10. Last year, there were 800 applicants and 100 were accepted.

University C's information:

1. It is one of the top 20 universities in Britain.

2. A minimum grade point average (GPA) of 3.5 on a 4.0 scale is required.

3. The university only accepts IELTS score. The IELTS overall Band score must be at least 7 on a 9 – point scale.

4. At least three letter of recommend toation is required.

5. No GRE test score is required, but all applicants will attend an interview before being accepted, either face to face or internet-based.

6. The tuition and fees are around £10000 a year, including tuition, student services fees and health insurance, etc.

7. No scholarship is available.

8. There are not enough rooms for all the students, so nearly 50% have to live off campus.

9. The university lies in a quiet town.

10. Last year, there were 1000 applicants and 30 were accepted.

University D's information:

1. It is one of the top 50 universities in Britain.

2. A minimum grade point average (GPA) of 3.0 on a 4.0 scale is required.

3. The university only accepts IELTS score. The IELTS overall Band score must be at least 6.5 on a 9 – point scale.

4. At least one letter of recommend toation is required.

5. No GRE test score is required, but all applicants will attend an interview before being accepted, either face to face or internet-based.

6. The tuition and fees are around £ 15000 a year, including tuition, student services fees and health insurance, etc.

7. A limited number of scholarships are available.

8. All the students could live on campus.

9. The university lies in the central city of London.

10. Last year, there were 2000 applicants and 200 were accepted.

附录3 预研究一中第二次设计的英语写作任务

任务1（三选一，元素少；自己的选择，背景知识多）：

Among the following THREE factors: ability, morality and personality, which is the most important factor to you when you are looking for your Mr. or Miss Right? Please support your view with sufficient details.

You have 40 minutes for this writing task and should write at least 250 words.

任务2（三选一，元素少；父母的择偶标准，背景知识少）：

Among the following THREE factors: ability, morality and personality, which is the most important factor to your parents when they were looking for their Mr. or Miss Right? Please support your view with sufficient details.

You have 40 minutes for this writing task and should write at least 250 words.

任务3（六选三，元素多；自己的选择，背景知识多）：

Among the following SIX factors: ability, appearance, educational background, morality, personality and physical condition, which do you think are the THREE most important factors to you when you are looking for your Mr. or Miss Right? Please support your view with sufficient details.

You have 40 minutes for this writing task and should write at least 250 words.

任务4（六选三，元素多；父母的择偶标准，背景知识少）：

Among the following SIX factors: ability, appearance, educational background, morality, personality and physical condition, which do you think were the THREE most important factors to your parents when they were looking for their Mr. or Miss Right? Please support your view with sufficient details.

You have 40 minutes for this writing task and should write at least 250 words.

附录4 预研究一中第三次设计的英语写作任务

任务1（两位候选人，每位候选人两个特征，元素少；自己的选择，背景知识多）：

Suppose you are looking for your Mr. or Miss Right. Which of the following TWO candidates would **YOU** like to date with?

Candidate A has pleasant personality but her/his ability is of average level.

Candidate B has high ability but her/his personality is no so pleasant.

Please support your decision with sufficient details. For this part, you have 35 minutes and should write at least 250 words.

任务2（两位候选人，每位候选人两个特征，元素少；父母可能推荐的对象，背景知识少）：

Suppose you are looking for your Mr. or Miss Right. Which of the following TWO candidates would **YOUR PARENTS** recommend to you to date with?

Candidate A has pleasant personality but her/his ability is of average level.

Candidate B has high ability but her/his personality is not so pleasant.

Please support your decision with sufficient details. For this part, you have 35 minutes and should write at least 250 words.

任务3（三位候选人，每位候选人四个特征，元素少；自己的选择，背景知识多）：

Suppose you are looking for your Mr. or Miss Right. Which of the following THREE candidates would **YOU** like to date with?

Candidate A has high morality and pleasant personality, but her/his ability is of average level.

Candidate B has high ability and pleasant personality, but her/his morality is not so high.

Candidate C has high ability and high morality, but her/his personality is not so pleasant.

Please support your decision with sufficient details. For this part, you have 35 minutes and should write at least 250 words.

任务4（三位候选人，每位候选人四个特征，元素少；父母可能推荐的对象，背景知识少）：

Suppose you are looking for your Mr. or Miss Right. Which of the following THREE candidates would **YOUR PARENTS** recommend to you to date with?

Candidate A has high morality and pleasant personality, but her/his ability is of average level.

Candidate B has high ability and pleasant personality, but her/his morality is not so high.

Candidate C has high ability and high morality, but her/his personality is not so pleasant.

Please support your decision with sufficient details. For this part, you have 35 minutes and should write at least 250 words.

附 录

附录5 预研究一中正式使用的英语写作任务

任务1（两位候选人，每位候选人两个特征，元素少；自己的选择，背景知识多）：

Suppose you are looking for your life partner. Which of the following two candidates would **YOU** prefer? Why would you choose this candidate and not the other one? Please justify your preference with detailed reasons.

Candidate A is talented but a little lazy.

Candidate B is not so talented but hard-working.

For this part, you have 40 minutes and should write at least 250 words[①].

任务2（两位候选人，每位候选人两个特征，元素少；父母可能推荐的对象，背景知识少）：

Suppose you are looking for your life partner. Which of the following two candidates would **YOUR PARENTS** recommend to you? Why would they choose this candidate and not the other one? Please justify their possible preference with detailed reasons.

Candidate A is talented but a little lazy.

Candidate B is not so talented but hard-working.

For this part, you have 40 minutes and should write at least 250 words.

任务3（三位候选人，每位候选人四个特征，元素少；自己的选择，背景知识多）：

Suppose you are looking for your life partner. Which of the following three candidates would **YOU** choose? Why would you choose this candidate and not the others? Please justify your preference with detailed reasons.

Candidate A is talented, hard-working, but not so sociable and comes from a relatively poor family background.

Candidate B is not so talented, but is hard-working and very sociable though she/he comes from a relatively poor family background.

Candidate C is not so talented and a little lazy. She/he is, however, very so-

---

① 非英语专业学生的字数要求为150词以上。

ciable and comes from a very well-to-do family background.

For this part, you have 40 minutes and should write at least 250 words.

任务4（三位候选人，每位候选人四个特征，元素少；父母可能推荐的对象，背景知识少）：

Suppose you are looking for your life partner. Which of the following three candidates would **YOUR PARENTS** recommend to you? Why would they choose this candidate and not the others? Please justify their possible preference with detailed reasons.

Candidate A is talented, hard-working, but not so sociable and comes from a relatively poor family background.

Candidate B is not so talented, but is hard-working and very sociable though she/he comes from a relatively poor family background.

Candidate C is not so talented and a little lazy. She/he is, however, very sociable and comes from a very well-to-do family background.

For this part, you have 40 minutes and should write at least 250 words.

附　录

附录6　预研究一中使用的英语写作任务及写作文本调查问卷①

亲爱的同学，您好！

  感谢您愿意参与我们的英语写作活动，现在请您对这次写作任务和您在写作过程中的情况进行评价。该问卷采用匿名调查方式，我们将对您的情况进行保密。非常感谢您的支持与合作！

中国人民大学外国语学院博士生　王丽萍

性别：_____　　　年龄：_____　　　年级：_____
学校：_____
英语专业四级考试成绩_____　　　还未参加专四考试　☐
全国大学英语六级考试成绩_____　　　还未参加六级考试　☐

  在下面题项中，5表示"完全同意"，4表示"基本同意"，3表示"不确定"，2表示"不太同意"，1表示"完全不同意"。请您根据实际情况，在相应的数字上打钩。

一、对写作任务的看法					
1	我觉得这次写作任务的话题很有趣	5	4	3	2	1
2	我觉得这次写作任务的话题很容易	5	4	3	2	1

---

① 需要指出的是，本研究包括四组复杂程度不同的英语写作任务，因此，完成写作任务后填写的问卷也存在四个版本。这四个版本的问卷内容和格式总体保持一致，但在"元素"和"背景知识"两个维度上存在少许差异。具体而言，当写作任务包含的候选人从两位增加到三位，且每位候选人的特征从两个增加到四个时，问卷第6题和第8题中的"两位候选人"变为"三位候选人"，第7题中的"两个特征"变为"四个特征"；当写作任务由研究受试为自己选择配偶转变成由研究受试的父母为其选择配偶时，问卷第4题和第5题分别变为"我和父母讨论过'另一半'应具备的素质"和"我很清楚父母对我'另一半'的要求"，且第8题改为"我能快速从两位候选人中选出我父母更中意的那个人"。

续上表

3	我对这次写作任务的话题很熟悉	5	4	3	2	1
4	我认真考虑过"另一半"应具备的素质	5	4	3	2	1
5	我很清楚自己的择友(男/女朋友)标准	5	4	3	2	1
6	从两位候选人中进行选择,非常简单	5	4	3	2	1
7	每位候选人具备两个特征,容易区分	5	4	3	2	1
8	我能快速从两位候选人中选出我更中意的那个人	5	4	3	2	1
9	我能提供充分的论据支持我的观点	5	4	3	2	1
10	我在这次写作过程中一点都不紧张	5	4	3	2	1
11	我觉得我在这次写作练习中发挥了自己的写作水平	5	4	3	2	1
二、对语言复杂度的看法						
12	写作时我注重区分实词和虚词	5	4	3	2	1
13	写作时我注重使用实词	5	4	3	2	1
14	写作时我注重使用动词	5	4	3	2	1
15	写作时我注重使用常用词	5	4	3	2	1
16	写作时我注重使用高级词	5	4	3	2	1
17	写作时我注重使用不太常见的单词	5	4	3	2	1
18	写作时我注重使用不太常见的动词	5	4	3	2	1
19	写作时我注重避免重复使用单词	5	4	3	2	1
20	写作时我注重实词的多样性	5	4	3	2	1
21	写作时我注重动词的多样性	5	4	3	2	1
22	写作时我注重名词的多样性	5	4	3	2	1
23	写作时我注重形容词的多样性	5	4	3	2	1
24	写作时我注重副词的多样性	5	4	3	2	1
25	写作时我注重使用简单句	5	4	3	2	1
26	写作时我注重使用复合句	5	4	3	2	1
27	写作时我注重使用短句	5	4	3	2	1
28	写作时我注重使用长句	5	4	3	2	1
29	写作时我注重交替使用长短句	5	4	3	2	1

续上表

30	写作时我注重使用从句	5	4	3	2	1
31	写作时我注重使用主语从句，如后面句子中的粗体部分：**What is gone** is gone，and **what is to come** keeps coming	5	4	3	2	1
32	写作时我注重使用宾语从句，如后面句子中的粗体部分：Never put off until tomorrow **what may be done today**	5	4	3	2	1
33	写作时我注重使用定语从句，如后面句子中的粗体部分：God helps those **who help themselves**	5	4	3	2	1
34	写作时我注重使用状语从句，如后面句子中的粗体部分：The day flows away in the sink **when I wash my hand**	5	4	3	2	1
35	写作时我注重使用表语从句，如后面句子中的粗体部分：The problem is **how he could prove his ideas to other scientists**	5	4	3	2	1
36	写作时我注重使用并列句，如后面句子中的粗体部分：Years may wrinkle the skin，**but to give up enthusiasm wrinkles the soul**	5	4	3	2	1
37	写作时我注重使用并列短语，如后面句子中的粗体部分：Studies serve **for delight**，**for ornament**，**and for ability**	5	4	3	2	1
38	写作时我注重使用简单名词短语，如 a child 等	5	4	3	2	1
39	写作时我注重使用复杂名词短语，如 a lovely child，the deep spring of life，the appetite for adventure 等	5	4	3	2	1
40	写作时我注重使用同位语，如后面句子中的粗体部分：**The book**，*Pride and Prejudice*，is the best seller of this week	5	4	3	2	1
41	写作时我注重在主语位置使用动名式或不定式，如后面句子中的粗体部分：**Saving energy** is important，**to keep quiet** is required	5	4	3	2	1
42	写作时我注重使用动词短语，如 benefit from，save money 等	5	4	3	2	1
	三、其他					
43	写作时我注重文章内容的新颖性	5	4	3	2	1
44	写作时我注重文章内容的深度	5	4	3	2	1
45	写作时我注重文章内容的丰富度	5	4	3	2	1

续上表

46	写作时我注重文章结构的合理性	5	4	3	2	1
47	写作时我注重文章结构的逻辑性	5	4	3	2	1
48	写作时我注重文章语言的准确性	5	4	3	2	1
49	写作时我注重文章语言的地道性	5	4	3	2	1
50	写作时我注重文章语言的复杂性	5	4	3	2	1
51	写作时我注重文章语言的连贯性	5	4	3	2	1

再次感谢您的支持与合作！

附录7　预研究一中使用的访谈提纲

亲爱的同学，您好！

感谢您愿意参与我们的英语写作活动。现在您已经完成了英语写作任务和调查问卷，请您根据自己的真实感受回答下面三个问题：

1）此次的英语写作任务是否有难度？

2）英语写作任务的指令是否存在措词不清、不易理解之处？如有，请详细说明。

3）问卷题项的表述是否存在措词不清、不易理解之处？如有，请详细说明。

再次感谢您的支持与合作！

王丽萍　中国人民大学外国语学院博士生
电话：××××××　邮箱：××××××@163.com

附录 8　正式研究中使用的英语写作任务

任务 1（两位候选人，每位候选人两个特征，元素少；自己的选择，背景知识多）：

Suppose you are looking for your life partner. Which of the following two candidates would **YOU** prefer? Why would you choose this candidate and not the other one? Please justify your preference with detailed reasons.

Candidate A is talented but a little lazy.

Candidate B is not so talented but hard-working.

For this part, you have 40 minutes and should write at least 250 words[①].

任务 2（两位候选人，每位候选人两个特征，元素少；父母可能推荐的对象，背景知识少）：

Suppose you are looking for your life partner. Which of the following two candidates would **YOUR MUM OR DAD** recommend to you? Why would she/he choose this candidate and not the other one? Please justify her/his possible preference with detailed reasons.

Candidate A is talented but a little lazy.

Candidate B is not so talented but hard-working.

For this part, you have 40 minutes and should write at least 250 words.

任务 3（三位候选人，每位候选人四个特征，元素少；自己的选择，背景知识多）：

Suppose you are looking for your life partner. Which of the following three candidates would **YOU** choose? Why would you choose this candidate and not the others? Please justify your preference with detailed reasons.

Candidate A is talented, hard-working, but not so sociable and comes from a relatively poor family background.

Candidate B is not so talented, but is hard-working and very sociable though she/he comes from a relatively poor family background.

Candidate C is not so talented and a little lazy. She/he is, however, very so-

---

① 非英语专业学生的字数要求为 150 词以上。

ciable and comes from a very well-to-do family background.

For this part, you have 40 minutes and should write at least 250 words.

任务 4（三位候选人，每位候选人四个特征，元素少；父母可能推荐的对象，背景知识少）:

Suppose you are looking for your life partner. Which of the following three candidates would **YOUR MUM OR DAD** recommend to you? Why would she/he choose this candidate and not the others? Please justify her/his possible preference with detailed reasons.

Candidate A is talented, hard-working, but not so sociable and comes from a relatively poor family background.

Candidate B is not so talented, but is hard-working and very sociable though she/he comes from a relatively poor family background.

Candidate C is not so talented and a little lazy. She/he is, however, very sociable and comes from a very well-to-do family background.

For this part, you have 40 minutes and should write at least 250 words.

附录9　正式研究中使用的英语写作任务及写作文本调查问卷[①]

亲爱的同学，您好！

　　感谢您愿意参与我们的英语写作活动。现在请您对这次写作任务和您在平时写作过程中的情况进行评价。我们将对您的情况进行保密。非常感谢您的支持与合作！

中国人民大学外国语学院博士生　　王丽萍

姓名：＿＿＿＿＿　　性别：＿＿＿　　年龄：＿＿＿＿
学校：＿＿＿＿＿　　年级：＿＿＿　　专业：＿＿＿＿
英语专业四级考试成绩[②]：＿＿＿＿＿　全国大学英语六级考试成绩：＿＿＿＿
其他考试名称及成绩：＿＿＿＿＿＿

　　在下面题项中，5表示"完全同意"，4表示"基本同意"，3表示"不确定"，2表示"不太同意"，1表示"完全不同意"。请您根据实际情况，在相应的数字上打钩。

	对此次英语写作练习的看法					
1	我觉得这篇作文的话题很有趣	5	4	3	2	1
2	我觉得这篇作文的话题很容易	5	4	3	2	1
3	我对这篇作文的话题很熟悉	5	4	3	2	1
4	我认真考虑过"另一半"应具备的素质[③]	5	4	3	2	1
5	我很清楚自己的择偶标准[④]	5	4	3	2	1

---

　　① 正式研究中的英语写作任务也有四项，其对应的问卷也有四个版本，它们在话题背景知识复杂度和话题元素两个方面的表述存在少许差异。

　　② 非英语专业受试此处填写的是"全国大学英语四级考试成绩"。

　　③ 当写作任务由研究受试为自己选择配偶转变成由研究受试的父母为其选择配偶时，此处的表述改为"我和我父母讨论过'另一半'应具备的素质"。

　　④ 当写作任务由研究受试为自己选择配偶转变成由研究受试的父母为其选择配偶时，此处的表述改为"我很清楚父母对我'另一半'的要求"。

续上表

6	此篇作文涉及两位候选人,每位候选人具有两个特征,这样的选择比较复杂①	5	4	3	2	1
7	我能快速从两位候选人②中选出我更中意的③那个人	5	4	3	2	1
8	我能提供充分的论据支持我的观点	5	4	3	2	1
9	我觉得我在这次写作练习中发挥了自己的写作水平	5	4	3	2	1
10	我在这次写作过程中一点都不紧张	5	4	3	2	1
11	我觉得40分钟的写作时间比较充裕	5	4	3	2	1
对平时英语写作情况的看法						
12	我注重区分实词和虚词(实词包含名词、动词、形容词和副词等;虚词包括介词、冠词和连词等)	5	4	3	2	1
13	我注重使用实词	5	4	3	2	1
14	我注重使用动词	5	4	3	2	1
15	我注重使用常用词	5	4	3	2	1
16	我注重使用简单词	5	4	3	2	1
17	我注重使用不太常见的名词,如 paucity	5	4	3	2	1
18	我注重使用不太常见的动词,如 ascribe	5	4	3	2	1
19	我注重使用不太常见的形容词,如 cogent	5	4	3	2	1
20	我注重使用不太常见的短语,如 green finger	5	4	3	2	1
21	我注重避免使用同样的单词	5	4	3	2	1
22	我注重实词的多样性	5	4	3	2	1
23	我注重动词的多样性	5	4	3	2	1
24	我注重名词的多样性	5	4	3	2	1
25	我注重形容词的多样性	5	4	3	2	1
26	我注重副词的多样性	5	4	3	2	1

---

① 当写作任务包含的候选人从两位增加到三位,且每位候选人的特征从两个增加到四个时,此处的表述改为"此篇作文涉及三位候选人,每位候选人具有四个特征,这样的选择比较复杂"。

② 当写作任务包含的候选人从两位增加到三位时,此处的表述改为"三位候选人"。

③ 当写作任务由研究受试为自己选择配偶转变成由研究受试的父母为其选择配偶时,此处的表述改为"我父母更中意的"。

续上表

27	我注重使用简单句	5	4	3	2	1
28	我注重使用复合句	5	4	3	2	1
29	我注重使用短句	5	4	3	2	1
30	我注重使用长句	5	4	3	2	1
31	我注重使用主语从句，如后面句子中的粗体部分：**What is gone** is gone, and **what is to come** keeps coming	5	4	3	2	1
32	我注重使用宾语从句，如后面句子中的粗体部分：Never put off until tomorrow **what may be done today**	5	4	3	2	1
33	我注重使用定语从句，如后面句子中的粗体部分：God helps those **who help themselves**	5	4	3	2	1
34	我注重使用状语从句，如后面句子中的粗体部分：The day flows away in the sink **when I wash my hand**	5	4	3	2	1
35	我注重使用表语从句，如后面句子中的粗体部分：The problem is **how he could prove his ideas to other scientists**	5	4	3	2	1
36	我注重使用并列句，如后面句子中的粗体部分：Years may wrinkle the skin, **but to give up enthusiasm wrinkles the soul**	5	4	3	2	1
37	我注重使用并列短语，如后面句子中的粗体部分：Studies serve **for delight, for ornament, and for ability**	5	4	3	2	1
38	我注重使用简单名词短语，如 a child	5	4	3	2	1
39	我注重使用复杂名词短语，如 the appetite for adventure	5	4	3	2	1
40	我注重使用同位语，如后面句子中的粗体部分：**The book, *Pride and Prejudice*,** is the best seller of this week	5	4	3	2	1
41	我注重在主语位置使用动名词短语，如后面句子中的粗体部分：**Saving energy** is important	5	4	3	2	1
42	我注重在主语位置使用不定式短语，如后面句子中的粗体部分：**To keep quiet** is required	5	4	3	2	1
43	我注重使用动词短语，如 benefit from	5	4	3	2	1
44	我注重文章内容的新颖性	5	4	3	2	1

续上表

45	我注重文章内容的丰富性	5	4	3	2	1
46	我注重文章内容的深度	5	4	3	2	1
47	我注重文章结构的合理性	5	4	3	2	1
48	我注重文章结构的逻辑性	5	4	3	2	1
49	我注重文章结构的完整性	5	4	3	2	1
50	我注重文章语言的准确性	5	4	3	2	1
51	我注重文章语言的地道性	5	4	3	2	1
52	我注重文章语言的连贯性	5	4	3	2	1
53	我注重文章语言的流畅性	5	4	3	2	1

再次感谢您的支持与合作！

外语写作中任务复杂度对语言复杂度及作文成绩的影响

附录10 预研究二中使用的英语写作任务难度比较调查问卷

亲爱的同学，您好！

　　感谢您愿意参加我的博士论文研究。请您首先阅读下面四篇英语作文的指令（不必写出作文），然后用汉语回答后面的问题。该问卷采用匿名调查方式，请您根据自己的实际情况填写，并将填写好的问卷发至邮箱：×××××
×@163.com。完成该份问卷大约需要10分钟的时间。谢谢您的支持与合作！

中国人民大学外国语学院博士生　　王丽萍

性别：_____　　年龄：_____　　学校：_____

年级：_____　　专业：_____

Writing Task 1

Suppose you are looking for your life partner. Which of the following two candidates would **YOU** prefer? Please justify your preference with detailed reasons.

Candidate A is talented but a little lazy.

Candidate B is not so talented but hard-working.

Writing Task 2

Suppose you are looking for your life partner. Which of the following two candidates do you think **YOUR MUM OR DAD** would recommend to you? Please justify your opinion with detailed reasons.

Candidate A is talented but a little lazy.

Candidate B is not so talented but hard-working.

Writing Task 3

Suppose you are looking for your life partner. Which of the following three candidates would **YOU** choose? Why would you choose this candidate and not the others? Please justify your preference with detailed reasons.

Candidate A is talented, hard-working, but not so sociable and comes from a relatively poor family background.

Candidate B is not so talented, but is hard-working and very sociable though she/he comes from a relatively poor family background.

Candidate C is not so talented and a little lazy. She/he is, however, very sociable and comes from a very well-to-do family background.

Writing Task 4

Suppose you are looking for your life partner. Which of the following three candidates do you think **YOUR MUM OR DAD** would recommend to you? Why do you think they would choose this candidate and not the others? Please justify your opinion with detailed reasons.

Candidate A is talented, hard-working, but not so sociable and comes from a relatively poor family background.

Candidate B is not so talented, but is hard-working and very sociable though she/he comes from a relatively poor family background.

Candidate C is not so talented and a little lazy. She/he is, however, very sociable and comes from a very well-to-do family background.

上面四道写作题目，具体要求如下：

第1道题：关于你自己的选择，候选人有 A 和 B 两位。两位候选人在"聪明"和"勤奋"两个方面具有不同的特点。

第2道题：关于你父母可能推荐的对象，候选人有 A 和 B 两位。两位候选人在"聪明"和"勤奋"两个方面具有不同的特点。

第3道题：关于你自己的选择，候选人有 A、B 和 C 三位。三位候选人在"聪明""勤奋""社交能力"和"家庭背景"四个方面具有不同的特点。

第4道题：关于你父母可能推荐的对象，候选人有 A、B 和 C 三位。三位候选人在"聪明""勤奋""社交能力"和"家庭背景"四个方面具有不同的特点。

请根据上面四道作文题目的要求，完成以下问题。

1. 在上面四篇英语作文中，你觉得最容易写的题目序号是_____，最难写的题目序号是_____。

2. 你为什么认为上述题目最容易写？请简述原因。

3. 你为什么认为上述题目最难写？请简述原因。

请将填写好的问卷发至：××××××@163.com。
再次感谢您的支持与合作！

附录11 预研究二中英语写作任务难度比较调查问卷的作答示例

学生序号	最容易写的任务		最难写的任务	
	序号	原因	序号	原因
1	1	两个方面对比性更强，比较起来也相对简单；写自己的观点比较容易	4	四个方面作比较容易有交叉部分，影响条理性；写父母的观点感觉不太好论证；平时和父母比较少细谈这些方面
2	1	首先是选择自己的择偶标准，所以只要考虑自己的想法，这样就更容易分析。其次这题只有两个特点选择，选择少了，分析的内容就相对少些，综合一下我认为第一题最容易写	4	第一，分析父母的择偶标准，要站在父母的角度思考问题，这样就给问题增加了一点的难度。第二，这题有四个标准，分析问题就要分析这四个方面。综合考虑我认为第四题最难写
3	1	因为是自己的择偶标准，我们比较容易阐述也更了解自己的想法，且候选人更少，所以更容易	4	因为是阐述别人的想法，情况又复杂，在判断前要带入思考，所以不易
4	1	第一题只有两个选项，只需要比较两个选项的优劣。而且第一题讲的是自己的选择，自己比较了解自己，也有自己的理由	4	第四题有三个选项，需要比较很多方面。而且第四题讲的是父母的观点，父母的观点自己可能不太了解
5	1	只有两个择偶标准，角度比较简单；题干要求是我本人的择偶条件，写本人的想法比较容易有话说，便于展开话题	4	有三个择偶标准，角度太多，比较繁琐；并且要求是父母为我制定的择偶标准，阐述别人的想法和观念没有阐述自己的简单直接
6	1	首先，是我自己的择偶标准比较清楚；其次，就两个候选人，特点也只有两个方面，比较好分析	4	父母的要求当然没有自己的清楚啦，而且要分析的内容也比较多

续上表

学生序号	最容易写的任务		最难写的任务	
	序号	原因	序号	原因
7	1	首先，阐述的是自己的观点，自己更加了解自己的观点；其次，两个候选人的限定条件较少，阐述原因的时候比较的点较少，能够谈的比较深入	4	首先，不太了解父母的观点；其次，四个候选人的限定条件较多，要比较的点也比较多，文章结构不容易设计的有条理性
8	1	只需要在两个方面进行描写，而且是在自我的意见下进行描写，有更多的主观感受可写	4	要从四个角度进行描写，容易做到观点多而不精，而且要以父母的角度进行分析，还要揣测父母的心思，平时和父母疏于沟通的人可能不知道如何下笔
9	3	这道题目的选项比较多，不是非此即彼的。每一个选项的信息量足够大，可以言之有物。我们可以谈谈自己的感想，比较适合自己发挥	4	这道题目最难写的一点就是，需要我们自己去揣测爸妈的想法，其实我们作为孩子很难理解爸妈的真实想法，很难下笔，即使写出来了也很勉强
10	3	因为题目涵盖的择偶条件更加全面，着手起来有明确方向，而且从自己的角度写对此掌握也更加轻松	2	首先从父母的角度写，自己并不一定了解他们诸多想法，再者涵盖内容宽泛，不好把握方向

附录12　学生作文示例（高分作文及其语言复杂度）

A life partner actually plays an indispensable role in our life, sharing our happiness and sadness. It's generally believed that the choice of a life partner definitely determines one's life quality to a great extent. As far as I am concerned, facing the choice of three candidates above, I would chose Candidate A without hesitation. The reasons are as follows.

First, it's ability or effort that makes one succeed. A talented person can deal with problems more easily, coming up with the best solution. Also, hard work is of great significance to our life, which enables us to overcome difficulties and pursue a higher life quality. A talented and hard-working person can not only pay long-lasting efforts, but also knows now to grasp opportunities and solve problems efficiently. In this sense, a talented and hard-working person has potentials and is more likely to succeed. Most importantly, such life partner would give me confidence towards a better life, helping me solve problems and encouraging me work harder for our life.

In addition, for me, social ability is not a primary criteria of a life partner. Actually, I'm not so sociable person, as well, so perhaps we can understand each other better. A common personality enables us to establish a good understanding and mutual trust, which is vital to a good relationship. Besides, according to scientific research, a less sociable man is more likely to be responsible than a very sociable person. What's more, since social ability can be enhanced by practice or experience, it won't be a barrier in daily life.

Last but not least, what matters most to me is who I am with him rather than what kinds of family he comes form. A relatively poor family background exerts a lot positive influences on a person, shaping him as an independent and mature person. Additionally, experiencing the bitterness of life creates a incentive to work harder and pursue a good life. More importantly, the quality of a person prevails over his family background.

From my perspectives, I appreciate a talented and hard-working person, because we not only will have a good understanding about each other, but also can devote efforts to pursue a better life together.

该篇作文的句法复杂度												
MLS	MLT	MLC	C/S	VP/T	C/T	DC/C	DC/T	T/S	CT/T	CP/T	CP/C	CN/T	CN/C
19.63	18.65	11.30	1.74	2.40	1.65	0.36	0.60	1.05	0.40	0.75	0.45	2.10	1.27

该篇作文的词汇复杂度											
LD	LS1	LS2	VS1	VS2	CVS1	NDW	NDW-50	NDW-ER50	NDW-ES50	TTR	MS-TTR	CTTR	Log-TTR
0.58	0.24	0.23	0.24	2.69	1.16	182	37	40.60	39.80	0.47	0.79	6.54	0.87
RTTR	Uber	LV	VV1	SVV1	CVV1	VV2	NV	ADJV	ADVV	MODV	作文成绩
9.25	20.44	0.80	28.80	3.79	0.61	0.16	0.54	0.14	0.11	0.25	13

附录13 学生作文示例（低分作文及其语言复杂度）

I will choose Candidate C to be my partner-a not so talent and a little lazy.

The man lives in a very well-to-do family. He have a good life since from his childhood. He doesn't know how to work hard because he doesn't need to do these. Though he is not so talented and a little lazy. I enjoy working hard and think I can influence him. When I work I can call him to work. A hard-working man is good. I know he will know the...

该篇作文的句法复杂度												
MLS	MLT	MLC	C/S	VP/T	C/T	DC/C	DC/T	T/S	CT/T	CP/T	CP/C	CN/T	CN/C
10	10	6	1.67	2.22	1.67	0.47	0.78	1	0.44	0.33	0.20	0.89	0.53

该篇作文的词汇复杂度												
LD	LS1	LS2	VS1	VS2	CVS1	NDW	NDW-50	NDW-ER50	NDW-ES50	TTR	MS-TTR	CTTR	Log-TTR
0.47	0.25	0.17	0.06	0.06	0.18	53	40	34.90	36.10	0.56	0.80	3.87	0.87
RTTR	Uber	LV	VV1	SVV1	CVV1	VV2	NV	ADJV	ADVV	MODV	作文成绩		
5.47	15.64	0.62	6.25	1.77	0.68	0.23	0.83	0.14	0.09	0.23	4.5		

附录14　正式研究一四项写作任务中语言复杂度各测量指标的平均值和标准差

语言复杂度	测量指标		任务1		任务2		任务3		任务4	
	类别	编码	M	SD	M	SD	M	SD	M	SD
句法复杂度	单位长度	MLC	7.833	1.244	7.904	1.331	7.797	1.133	8.002	1.228
		MLS	16.675	3.868	16.420	3.825	16.129	3.820	16.369	3.950
		MLT	14.520	2.965	14.563	2.978	14.214	3.233	14.608	3.031
	从属子句使用量	C/T	1.866	0.365	1.858	0.335	1.827	0.335	1.832	0.309
		CT/T	0.560	0.152	0.550	0.159	0.530	0.145	0.543	0.146
		DC/C	0.410	0.091	0.422	0.097	0.412	0.083	0.411	0.086
		DC/T	0.792	0.314	0.811	0.318	0.774	0.285	0.775	0.277
	并列结构使用量	CP/T	0.356	0.189	0.377	0.225	0.346	0.199	0.310	0.164
		CP/C	0.196	0.105	0.204	0.118	0.190	0.103	0.170	0.090
		T/S	1.153	0.155	1.129	0.140	1.140	0.146	1.121	0.147
	特定短语结构使用量	CN/C	0.778	0.211	0.786	0.207	0.778	0.204	0.805	0.240
		CN/T	1.432	0.402	1.460	0.455	1.428	0.488	1.485	0.526
		VP/T	2.371	0.504	2.306	0.440	2.240	0.441	2.243	0.428
	句子复杂度	C/S	2.150	0.509	2.101	0.485	2.074	0.411	2.054	0.437
词汇复杂度	词汇密度	LD	0.496	0.032	0.491	0.044	0.492	0.046	0.507	0.027
	词汇罕用性	LS1	0.304	0.051	0.286	0.058	0.279	0055	0.247	0.060
		LS2	0.196	0.035	0.190	0.042	0.189	0.037	0.180	0.040
		VS1	0.130	0.063	0.125	0.058	0.137	0.064	0.129	0.066
		CVS1	0.489	0.222	0.469	0.233	0.504	0.225	0.474	0.236
		VS2	0.576	0.479	0.548	0.546	0.608	0.534	0.558	0.535
	词汇多样性	NDW	122.775	26.221	121.682	26.221	126.361	28.538	123.392	30.373
		NDW-50	35.263	3.330	35.612	3.341	35.392	3.047	35.988	3.462
		NDW-ER50	37.516	1.767	37.069	2.550	36.971	3.068	38.036	1.940
		NDW-ES50	37.718	1.843	37.625	2.041	37.416	2.594	38.347	1.884
		TTR	0.461	0.059	0.453	0.055	0.455	0.052	0.476	0.068
		MSTTR-50	0.746	0.038	0.740	0.047	0.736	0.051	0.755	0.039
		CTTR	5.267	0.587	5.213	0.654	5.320	0.705	5.346	0.648

续上表

语言复杂度	测量指标 类别	测量指标 编码	任务1 M	任务1 SD	任务2 M	任务2 SD	任务3 M	任务3 SD	任务4 M	任务4 SD
词汇复杂度	词汇多样性	RTTR	7.450	0.830	7.372	0.924	7.524	0.996	7.561	0.916
		LogTTR	0.860	0.019	0.857	0.020	0.858	0.020	0.865	0.021
		Uber	17.530	2.200	17.251	2.419	17.506	2.444	17.520	2.321
		LV	0.736	0.100	0.757	0.108	0.748	0.099	0.733	0.107
		VV1	15.998	5.417	16.163	5.663	15.874	5.424	15.249	6.117
		SVV1	2.788	0.481	2.801	0.490	2.776	0.480	2.706	0.550
		CVV1	0.626	0.074	0.626	0.069	0.635	0.068	0.639	0.086
		VV2	0.162	0.033	0.160	0.030	0.154	0.028	0.154	0.032
		NV	0.590	0.088	0.565	0.078	0.576	0.787	0.576	0.094
		AdjV	0.133	0.029	0.133	0.026	0.141	0.028	0.136	0.030
		AdvV	0.091	0.022	0.094	0.026	0.094	0.026	0.092	0.025
		ModV	0.225	0.040	0.227	0.037	0.236	0.037	0.229	0.040

附录15　正式研究一中"元素"和"背景知识"两个变量对语言复杂度的交互效应

语言复杂度	测量指标 类别	编码	元素			背景知识			元素*背景知识		
			F	df	p	F	df	p	F	df	p
句法复杂度	单位长度	MLC	0.095	1	0.757	1.936	1	0.165	0.455	1	0.500
		MLS	0.908	1	0.341	0.001	1	0.979	0.624	1	0.430
		MLT	0.280	1	0.597	0.781	1	0.377	0.503	1	0.478
	从属子句使用量	C/T	1.369	1	0.242	0.002	1	0.963	0.058	1	0.810
		CT/T	2.405	1	0.121	0.009	1	0.923	0.948	1	0.331
		DC/C	0.387	1	0.534	0.552	1	0.458	0.667	1	0.414
		DC/T	1.210	1	0.272	0.161	1	0.688	0.130	1	0.718
	并列结构使用量	CP/T	6.038	1	0.014*	0.230	1	0.632	3.314	1	0.069
		CP/C	6.101	1	0.014*	0.411	1	0.522	2.541	1	0.111
		T/S	0.689	1	0.407	3.215	1	0.073	0.051	1	0.822
	特定短语结构使用量	CN/C	0.231	1	0.631	1.037	1	0.309	0.341	1	0.560
		CN/T	0.076	1	0.783	1.205	1	0.273	0.139	1	0.709
		VP/T	6.955	1	0.009*	0.683	1	0.409	0.842	1	0.359
	句子复杂度	C/S	2.729	1	0.099	0.836	1	0.361	0.158	1	0.691
词汇复杂度	词汇密度	LD	4.005	1	0.046*	2.371	1	0.124	10.164	1	0.002*
	词汇罕用性	LS1	49.802	1	0.000*	31.720	1	0.000*	2.419	1	0.120
		LS2	7.852	1	0.005*	5.866	1	0.016*	0.277	1	0.599
		VS1	0.909	1	0.341	1.578	1	0.210	0.078	1	0.780
		CVS1	0.269	1	0.604	1.865	1	0.173	0.081	1	0.776
		VS2	0.249	1	0.618	0.831	1	0.362	0.070	1	0.792
	词汇多样性	NDW	1.364	1	0.243	0.803	1	0.371	0.171	1	0.679
		NDW-50	0.897	1	0.344	3.137	1	0.077	0.212	1	0.645
		NDW-ER50	1.212	1	0.271	2.601	1	0.107	15.548	1	0.000*
		NDW-ES50	1.516	1	0.219	6.030	1	0.014*	9.015	1	0.003*
		TTR	3.050	1	0.081	2.215	1	0.137	9.148	1	0.003*
		CTTR	3.151	1	0.076	0.070	1	0.791	0.574	1	0.449
		RTTR	3.160	1	0.076	0.073	1	0.787	0.592	1	0.442

续上表

语言复杂度	测量指标		元素			背景知识			元素*背景知识		
	类别	编码	F	df	p	F	df	p	F	df	p
词汇复杂度	词汇多样性	MSTTR-50	0.632	1	0.427	3.271	1	0.071	12.996	1	0.000*
		logTTR	2.740	1	0.098	1.142	1	0.286	8.175	1	0.004*
		Uber	4.879	1	0.028*	0.810	1	0.368	5.455	1	0.020*
		LV	0.536	1	0.464	0.183	1	0.669	3.558	1	0.063*
		VV1	1.286	1	0.257	0.252	1	0.616	0.746	1	0.388
		SVV1	1.713	1	0.191	0.478	1	0.490	1.037	1	0.309
		CVV1	3.448	1	0.064	0.119	1	0.730	0.102	1	0.750
		VV2	9.024	1	0.003*	0.188	1	0.664	0.288	1	0.592
		NV	0.027	1	0.870	3.315	1	0.069	3.128	1	0.077
		AdjV	0.499	1	0.519	1.447	1	0.230	1.440	1	0.231
		AdvV	0.014	1	0.904	0.017	1	0.895	1.893	1	0.169
		ModV	3.445	1	0.064	0.563	1	0.453	2.781	1	0.096

附录16 正式研究一中"元素"和"背景知识"的交互作用图

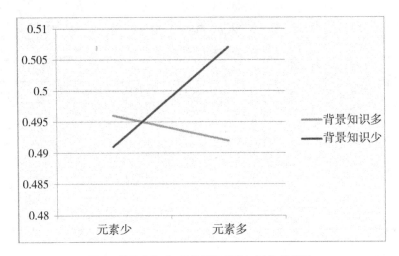

图1 "元素"和"背景知识"对 LD 的影响

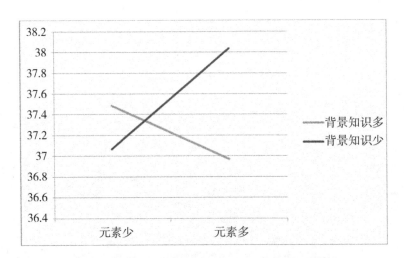

图2 "元素"和"背景知识"对 NDW-ER50 的影响

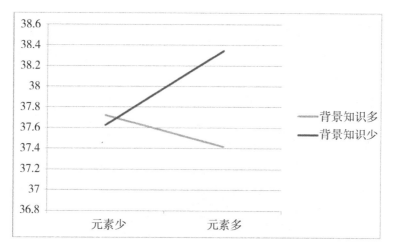

图3 "元素"和"背景知识"对 NDW-ES50 的影响

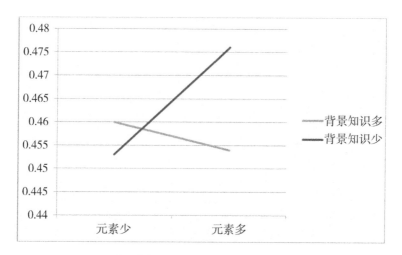

图4 "元素"和"背景知识"对 TTR 的影响

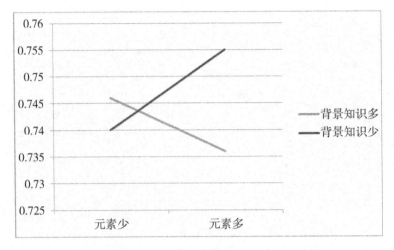

图 5 "元素"和"背景知识"对 MSTTR-50 的影响

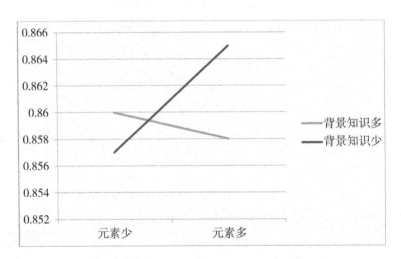

图 6 "元素"和"背景知识"对 LogTTR 的影响

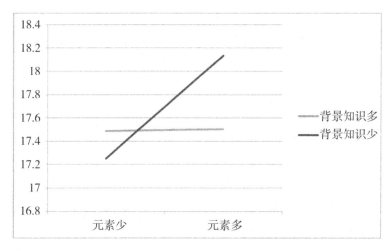

图7 "元素"和"背景知识"对Uber指数的影响

附录17 正式研究二四项英语写作任务中语言复杂度各项测量指标的平均值和标准差

语言复杂度	测量指标		任务1		任务2		任务3		任务4	
	类别	编码	M	SD	M	SD	M	SD	M	SD
句法复杂度	单位长度	MLC	7.348	0.857	7.354	1.118	7.399	0.975	7.631	1.013
		MLS	15.196	3.125	15.508	3.861	16.045	3.704	16.731	4.036
		MLT	13.798	2.687	13.741	2.969	14.010	2.812	14.546	2.753
	从属子句使用量	C/T	1.887	0.365	1.874	0.334	1.906	0.363	1.920	0.370
		CT/T	0.551	0.143	0.555	0.133	0.561	0.167	0.550	0.161
		DC/C	0.416	0.083	0.418	0.077	0.424	0.099	0.416	0.092
		DC/T	0.807	0.329	0.802	0.267	0.839	0.330	0.825	0.330
	并列结构使用量	CP/T	0.274	0.151	0.259	0.155	0.287	0.172	0.293	0.179
		CP/C	0.149	0.085	0.138	0.081	0.152	0.085	0.154	0.093
		T/S	1.104	0.119	1.129	0.140	1.149	0.175	1.150	0.176
	特定短语结构使用量	CN/C	0.710	0.177	0.733	0.198	0.713	0.169	0.716	0.187
		CN/T	1.407	0.418	1.458	0.441	1.301	0.449	1.281	0.421
		VP/T	2.306	0.465	2.259	0.419	2.325	0.433	2.324	0.463
	句子复杂度	C/S	2.077	0.410	2.116	0.475	2.186	0.513	2.204	0.514
词汇复杂度	词汇密度	LD	0.499	0.032	0.492	0.031	0.502	0.031	0.503	0.026
	词汇罕用性	LS1	0.284	0.056	0.259	0.063	0.262	0.055	0.248	0.053
		LS2	0.173	0.034	0.174	0.036	0.176	0.031	0.172	0.378
		VS1	0.116	0.066	0.102	0.060	0.113	0.063	0.119	0.061
		CVS1	0.431	0.243	0.361	0.214	0.414	0.224	0.425	0.221
		VS2	0.489	0.470	0.350	0.368	0.442	0.391	0.459	0.421
	词汇多样性	NDW	112.677	24.454	106.388	24.520	116.860	26.556	111.318	23.399
		NDW-50	33.409	3.398	35.047	3.327	35.452	3.484	35.529	3.594
		NDW-ER50	37.007	1.982	36.991	2.049	37.372	1.760	37.091	1.973
		NDW-ES50	36.944	2.184	37.046	2.079	37.301	2.071	37.271	1.989
		TTR	0.457	0.057	0.469	0.056	0.463	0.057	0.454	0.060
		MSTTR-50	0.728	0.041	0.732	0.044	0.745	0.041	0.740	0.039
		CTTR	5.030	0.581	4.945	0.597	5.143	0.578	4.984	0.574

续上表

语言复杂度	测量指标		任务1		任务2		任务3		任务4	
	类别	编码	M	SD	M	SD	M	SD	M	SD
词汇复杂度	词汇多样性	RTTR	7.113	0.822	6.993	0.844	7.274	0.817	7.049	0.812
		LogTTR	0.857	0.020	0.858	0.019	0.859	0.019	0.855	0.021
		Uber	16.871	2.093	16.908	2.346	17.245	2.058	16.740	2.293
		LV	0.743	0.108	0.728	0.101	0.712	0.101	0.705	0.111
		VV1	14.989	5.704	13.465	4.734	14.122	5.143	12.829	4.744
		SVV1	2.688	0.523	2.552	0.468	2.614	0.484	2.491	0.465
		CVV1	0.609	0.075	0.620	0.081	0.616	0.075	0.603	0.081
		VV2	0.160	0.033	0.164	0.035	0.154	0.031	0.144	0.030
		NV	0.556	0.088	0.561	0.093	0.570	0.098	0.530	0.088
		AdjV	0.129	0.028	0.131	0.029	0.137	0.028	0.132	0.033
		AdvV	0.092	0.024	0.089	0.024	0.096	0.027	0.092	0.026
		ModV	0.222	0.037	0.220	0.037	0.233	0.040	0.225	0.043

附录18 正式研究二中"元素"和"背景知识"对语言复杂度的主效应和交互效应

语言复杂度	测量指标 类别	编码	元素			背景知识			元素 * 背景知识		
			F	df	p	F	df	p	F	df	p
句法复杂度	单位长度	MLC	3.230	1	0.074	1.031	1	0.311	1.520	1	0.219
		MLS	8.518	1	0.004*	1.384	1	0.241	0.277	1	0.599
		MLT	3.382	1	0.068	0.569	1	0.452	1.150	1	0.285
	从属子句使用量	C/T	0.873	1	0.351	0.000	1	0.989	0.141	1	0.707
		CT/T	0.023	1	0.880	0.043	1	0.836	0.270	1	0.604
		DC/C	0.147	1	0.702	0.063	1	0.802	0.387	1	0.535
		DC/T	0.796	1	0.373	0.073	1	0.787	0.019	1	0.891
	并列结构使用量	CP/T	2.125	1	0.147	0.067	1	0.796	0.426	1	0.515
		CP/C	1.295	1	0.257	0.193	1	0.661	0.570	1	0.451
		T/S	4.399	1	0.037*	0.531	1	0.467	0.606	1	0.437
	特定短语结构使用量	CN/C	0.137	1	0.711	0.383	1	0.537	0.321	1	0.571
		CN/T	10.186	1	0.002*	0.105	1	0.746	0.643	1	0.424
		VP/T	0.970	1	0.326	0.217	1	0.642	0.293	1	0.589
	句子复杂度	C/S	4.739	1	0.031*	0.266	1	0.607	0.053	1	0.818
词汇复杂度	词汇密度	LD	5.617	1	0.019*	0.858	1	0.355	1.734	1	0.190
	词汇罕用性	LS1	7.724	1	0.006*	10.754	1	0.001*	0.792	1	0.375
		LS2	0.016	1	0.900	0.168	1	0.683	0.585	1	0.445
		VS1	1.249	1	0.265	0.273	1	0.602	2.831	1	0.094
		CVS1	1.194	1	0.276	1.252	1	0.265	3.614	1	0.059
		VS2	0.581	1	0.447	1.649	1	0.201	3.800	1	0.053
	词汇多样性	NDW	6.074	1	0.015*	3.357	1	0.069	0.041	1	0.840
		NDW-50	13.461	1	0.000*	4.913	1	0.028*	5.141	1	0.025*
		NDW-ER50	1.591	1	0.209	0.435	1	0.510	0.518	1	0.473
		NDW-ES50	2.130	1	0.146	0.022	1	0.883	0.110	1	0.740
		TTR	1.090	1	0.298	0.045	1	0.833	5.050	1	0.026*
		CTTR	2.540	1	0.113	2.779	1	0.097	0.602	1	0.439
		RTTR	2.535	1	0.113	2.794	1	0.096	0.559	1	0.440

续上表

语言复杂度	测量指标		元素			背景知识			元素*背景知识		
	类别	编码	F	df	p	F	df	p	F	df	p
词汇复杂度	词汇多样性	MSTTR-50	9.436	1	0.002*	0.059	1	0.809	1.197	1	0.275
		logTTR	0.034	1	0.854	0.236	1	0.628	3.318	1	0.070
		Uber	0.327	1	0.568	0.719	1	0.398	2.246	1	0.136
		LV	0.786	1	0.606	0.745	1	0.389	0.189	1	0.665
		VV1	3.197	1	0.075	4.817	1	0.029*	0.076	1	0.783
		SVV1	2.881	1	0.091	4.487	1	0.036*	0.026	1	0.871
		CVV1	0.517	1	0.473	0.008	1	0.928	3.725	1	0.055
		VV2	19.440	1	0.000*	0.618	1	0.433	5.478	1	0.020*
		NV	1.068	1	0.303	2.525	1	0.114	7.691	1	0.006*
		AdjV	2.881	1	0.091	0.166	1	0.684	1.337	1	0.249
		AdvV	1.716	1	0.192	1.671	1	0.198	0.094	1	0.760
		ModV	3.570	1	0.060	1.331	1	0.250	0.650	1	0.421

附录19 正式研究二中"元素"和"背景知识"的交互作用图

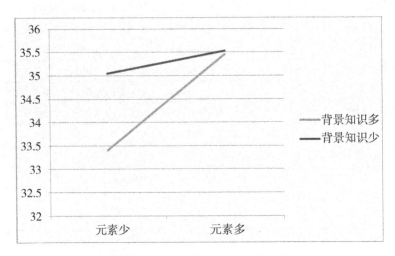

图1 "元素"和"背景知识"对 NDW-50 的影响

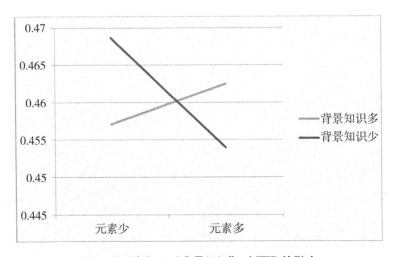

图2 "元素"和"背景知识"对 TTR 的影响

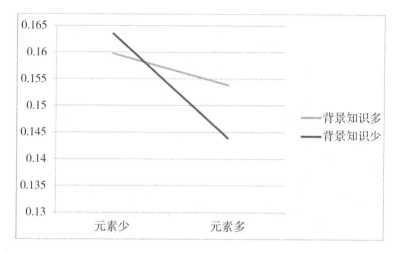

图 3 "元素"和"背景知识"对 VV2 的影响

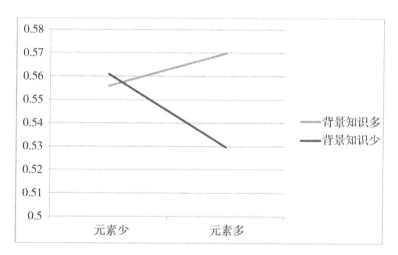

图 4 "元素"和"背景知识"对 NV 的影响

附录20 正式研究三中问卷题项项目分析的独立样本 t 检验

问卷题项	方差齐性与方差非齐性	方差齐性检验		t-test for Equality of Means						
		F 值	显著水平	T 值	自由度	双尾 t 检验显著水平	均值差	S.E. Diff.	均值差95%的置信区间	
									下限	上限
1	方差齐性	0.972	0.325	4.603	423	0.000	0.40461	0.08790	0.23184	0.57738
	方差非齐性			4.602	418.470	0.000	0.40461	0.08792	0.23179	0.57743
2	方差齐性	0.629	0.428	8.278	423	0.000	0.70374	0.08501	0.53664	0.87084
	方差非齐性			8.279	422.088	0.000	0.70374	0.08500	0.53665	0.87082
3	方差齐性	1.241	0.266	8.644	423	0.000	0.89429	0.10345	0.69094	1.09763
	方差非齐性			8.646	421.064	0.000	0.89429	0.10344	0.69097	1.09760
4	方差齐性	13.848	0.000	8.063	423	0.000	0.99929	0.12394	0.75568	1.24290
	方差非齐性			8.060	412.004	0.000	0.99929	0.12398	0.75557	1.24301
5	方差齐性	7.015	0.008	7.168	423	0.000	0.77621	0.10829	0.56335	0.98906
	方差非齐性			7.165	414.257	0.000	0.77621	0.10833	0.56327	0.98915
6	方差齐性	0.111	0.740	2.232	423	0.026	0.27394	0.12273	0.03270	0.51518
	方差非齐性			2.232	423.000	0.026	0.27394	0.12273	0.03271	0.51517
7	方差齐性	3.328	0.069	-3.151	423	0.002	-0.36200	0.11487	-0.58778	-0.13621
	方差非齐性			-3.151	422.288	0.002	-0.36200	0.11488	-0.58780	-0.13619
8	方差齐性	0.810	0.369	9.478	423	0.000	0.88234	0.09310	0.69935	1.06533
	方差非齐性			9.476	421.177	0.000	0.88234	0.09311	0.69932	1.06536
9	方差齐性	0.028	0.868	7.278	423	0.000	0.63582	0.08736	0.46410	0.80753
	方差非齐性			7.279	422.290	0.000	0.63582	0.08735	0.46412	0.80752
10	方差齐性	47.509	0.000	8.847	423	0.000	0.91314	0.10322	0.71025	1.11603
	方差非齐性			8.839	372.326	0.000	0.91314	0.10331	0.71000	1.11628
11	方差齐性	15.070	0.000	7.046	423	0.000	0.64045	0.09089	0.46179	0.81910
	方差非齐性			7.042	395.141	0.000	0.64045	0.09095	0.46165	0.81924
12	方差齐性	3.445	0.064	14.191	423	0.000	1.30361	0.09186	1.12305	1.48416
	方差非齐性			14.189	420.319	0.000	1.30361	0.09188	1.12301	1.48420

续上表

问卷题项	方差齐性与方差非齐性	方差齐性检验		t-test for Equality of Means						
		F值	显著水平	T值	自由度	双尾t检验显著水平	均值差	S.E. Diff.	均值差95%的置信区间	
									下限	上限
13	方差齐性	0.320	0.572	13.864	423	0.000	1.13609	0.08195	0.97502	1.29717
	方差非齐性			13.858	408.401	0.000	1.13609	0.08198	0.97493	1.29725
14	方差齐性	1.530	0.217	12.906	423	0.000	1.06057	0.08218	0.89905	1.22209
	方差非齐性			12.902	414.110	0.000	1.06057	0.08220	0.89898	1.22215
15	方差齐性	0.110	0.741	-3.827	423	0.000	-0.33940	0.08867	-0.51370	-0.16510
	方差非齐性			-3.827	422.921	0.000	-0.33940	0.08868	-0.51370	-0.16510
16	方差齐性	16.047	0.000	2.813	423	0.005	0.28081	0.09984	0.08457	0.47705
	方差非齐性			2.814	411.875	0.005	0.28081	0.09980	0.08463	0.47699
17	方差齐性	13.835	0.000	14.522	423	0.000	1.25024	0.08609	1.08102	1.41946
	方差非齐性			14.533	384.401	0.000	1.25024	0.08603	1.08110	1.41938
18	方差齐性	10.936	0.001	13.694	423	0.000	1.22107	0.08917	1.04580	1.39633
	方差非齐性			13.702	399.783	0.000	1.22107	0.08911	1.04588	1.39626
19	方差齐性	13.629	0.000	13.852	423	0.000	1.26570	0.09137	1.08610	1.44530
	方差非齐性			13.862	389.196	0.000	1.26570	0.09131	1.08618	1.44522
20	方差齐性	14.934	0.000	13.329	423	0.000	1.20657	0.09052	1.02864	1.38450
	方差非齐性			13.339	387.696	0.000	1.20657	0.09046	1.02872	1.38442
21	方差齐性	12.306	0.000	15.016	423	0.000	1.32720	0.08839	1.15347	1.50093
	方差非齐性			15.007	398.635	0.000	1.32720	0.08844	1.15334	1.50106
22	方差齐性	3.291	0.070	19.031	423	0.000	1.47066	0.07728	1.31877	1.62255
	方差非齐性			19.027	418.115	0.000	1.47066	0.07729	1.31872	1.62259
23	方差齐性	5.423	0.020	21.329	423	0.000	1.57421	0.07381	1.42914	1.71928
	方差非齐性			21.322	414.511	0.000	1.57421	0.07383	1.42908	1.71934
24	方差齐性	9.387	0.002	19.559	423	0.000	1.51327	0.07737	1.36119	1.66534
	方差非齐性			19.553	414.753	0.000	1.51327	0.07739	1.36113	1.66540
25	方差齐性	8.205	0.004	22.644	423	0.000	1.58355	0.06993	1.44609	1.72102
	方差非齐性			22.634	407.917	0.000	1.58355	0.06997	1.44602	1.72109

续上表

问卷题项	方差齐性与方差非齐性	方差齐性检验		t-test for Equality of Means						
		F值	显著水平	T值	自由度	双尾t检验显著水平	均值差	S.E. Diff.	均值差95%的置信区间	
									下限	上限
26	方差齐性	1.148	0.285	18.486	423	0.000	1.52663	0.08258	1.36430	1.68895
	方差非齐性			18.489	420.840	0.000	1.52663	0.08257	1.36433	1.68893
27	方差齐性	1.067	0.302	5.280	423	0.000	0.50506	0.09566	0.31704	0.69309
	方差非齐性			5.281	418.240	0.000	0.50506	0.09563	0.31708	0.69305
28	方差齐性	2.988	0.085	14.204	423	0.000	1.09813	0.07731	0.94616	1.25009
	方差非齐性			14.198	410.402	0.000	1.09813	0.07734	0.94609	1.25017
29	方差齐性	0.014	0.905	0.495	423	0.621	0.04790	0.09669	-0.14215	0.23795
	方差非齐性			0.495	422.949	0.621	0.04790	0.09669	-0.14214	0.23794
30	方差齐性	0.061	0.805	12.200	423	0.000	1.00704	0.08255	0.84479	1.16929
	方差非齐性			12.200	422.989	0.000	1.00704	0.08255	0.84479	1.16929
31	方差齐性	1.886	0.170	14.111	423	0.000	1.27521	0.09037	1.09758	1.45284
	方差非齐性			14.111	422.985	0.000	1.27521	0.09037	1.09758	1.45284
32	方差齐性	15.244	0.000	14.491	423	0.000	1.25394	0.08653	1.08385	1.42403
	方差非齐性			14.482	395.742	0.000	1.25394	0.08659	1.08371	1.42417
33	方差齐性	45.133	0.000	14.104	423	0.000	1.11115	0.07878	0.95630	1.26600
	方差非齐性			14.089	349.561	0.000	1.11115	0.07887	0.95604	1.26626
34	方差齐性	18.674	0.000	17.477	423	0.000	1.41890	0.08119	1.25932	1.57848
	方差非齐性			17.466	394.233	0.000	1.41890	0.08124	1.25919	1.57862
35	方差齐性	8.600	0.004	14.676	423	0.000	1.25053	0.08521	1.08304	1.41802
	方差非齐性			14.674	422.218	0.000	1.25053	0.08522	1.08303	1.41804
36	方差齐性	5.221	0.023	12.930	423	0.000	1.15348	0.08921	0.97814	1.32882
	方差非齐性			12.928	419.919	0.000	1.15348	0.08922	0.97810	1.32886
37	方差齐性	2.366	0.125	11.398	423	0.000	1.04453	0.09165	0.86440	1.22467
	方差非齐性			11.400	420.535	0.000	1.04453	0.09163	0.86443	1.22464
38	方差齐性	0.138	0.711	-1.666	423	0.097	-0.15081	0.09055	-0.32879	0.02717
	方差非齐性			-1.665	422.395	0.097	-0.15081	0.09055	-0.32880	0.02718

续上表

问卷题项	方差齐性与方差非齐性	方差齐性检验		t-test for Equality of Means						
		F值	显著水平	T值	自由度	双尾t检验显著水平	均值差	S.E. Diff.	均值差95%的置信区间	
									下限	上限
39	方差齐性	4.229	0.040	18.913	423	0.000	1.51557	0.08013	1.35807	1.67308
	方差非齐性			18.915	422.713	0.000	1.51557	0.08013	1.35808	1.67307
40	方差齐性	1.808	0.179	13.485	423	0.000	1.24282	0.09216	1.06167	1.42397
	方差非齐性			13.488	421.105	0.000	1.24282	0.09215	1.06170	1.42394
41	方差齐性	23.566	0.000	15.274	423	0.000	1.32939	0.08704	1.15831	1.50047
	方差非齐性			15.262	382.439	0.000	1.32939	0.08710	1.15813	1.50065
42	方差齐性	1.360	0.244	13.171	423	0.000	1.17661	0.08933	1.00102	1.35221
	方差非齐性			13.170	422.249	0.000	1.17661	0.08934	1.00100	1.35222
43	方差齐性	9.895	0.002	17.200	423	0.000	1.36742	0.07950	1.21116	1.52368
	方差非齐性			17.188	386.221	0.000	1.36742	0.07956	1.21100	1.52384
44	方差齐性	0.049	0.825	16.147	423	0.000	1.37798	0.08534	1.21024	1.54572
	方差非齐性			16.149	422.111	0.000	1.37798	0.08533	1.21026	1.54570
45	方差齐性	15.033	0.000	17.591	423	0.000	1.45666	0.08281	1.29390	1.61942
	方差非齐性			17.583	404.819	0.000	1.45666	0.08285	1.29380	1.61952
46	方差齐性	13.446	0.000	17.028	423	0.000	1.44805	0.08504	1.28089	1.61520
	方差非齐性			17.023	417.472	0.000	1.44805	0.08506	1.28084	1.61525
47	方差齐性	27.608	0.000	15.961	423	0.000	1.17705	0.07375	1.03210	1.32201
	方差非齐性			15.948	378.264	0.000	1.17705	0.07381	1.03193	1.32218
48	方差齐性	31.513	0.000	16.994	423	0.000	1.27211	0.07486	1.12497	1.41924
	方差非齐性			16.978	365.918	0.000	1.27211	0.07492	1.12477	1.41944
49	方差齐性	27.354	0.000	15.704	423	0.000	1.18843	0.07568	1.03968	1.33719
	方差非齐性			15.690	369.836	0.000	1.18843	0.07575	1.03949	1.33738
50	方差齐性	0.223	0.637	16.995	423	0.000	1.32649	0.07805	1.17307	1.47991
	方差非齐性			16.990	415.973	0.000	1.32649	0.07807	1.17302	1.47996
51	方差齐性	23.613	0.000	15.407	423	0.000	1.28574	0.08345	1.12171	1.44978
	方差非齐性			15.414	407.629	0.000	1.28574	0.08341	1.12177	1.44972

续上表

问卷题项	方差齐性与方差非齐性	方差齐性检验		t-test for Equality of Means						
		F值	显著水平	T值	自由度	双尾t检验显著水平	均值差	S.E. Diff.	均值差95%的置信区间	
									下限	上限
52	方差齐性	9.697	0.002	14.450	423	0.000	1.11141	0.07691	0.96023	1.26259
	方差非齐性			14.442	400.314	0.000	1.11141	0.07696	0.96013	1.26270
53	方差齐性	14.956	0.000	14.363	423	0.000	1.06863	0.07440	0.92239	1.21487
	方差非齐性			14.353	389.481	0.000	1.06863	0.07445	0.92225	1.21501

附录21 正式研究三任务1中习作者对任务复杂度及语言复杂度的看法、语言复杂度和作文成绩之间的关系

		话题熟悉度①	话题元素复杂度	习作者对写作任务复杂度及语言复杂度的看法							写作文本语言复杂度								作文成绩
				词汇密度	词汇罕用性	词汇多样性	简单词句	从属子句	特定短语结构	文章结构和语言	文章内容	词汇密度	词汇罕用性	词汇多样性	单位长度	从属子句	并列结构	特定短语结构	句子复杂度	
话题熟悉度	Pearson Corr.	1	−0.136	0.180*	0.168*	0.066	0.034	0.104	0.215**	0.198**	0.277**	−0.003	0.020	0.023	−0.033	−0.100	0.022	−0.004	−0.108	0.055
	Sig. (2-tailed)		0.054	0.010	0.017	0.350	0.630	0.142	0.002	0.005	0.000	0.970	0.781	0.749	0.640	0.155	0.761	0.954	0.124	0.435
	N	202	202	202	202	202	202	202	202	202	202	202	202	202	202	202	202	202	202	202
话题元素复杂度	Pearson Corr.	−0.136	1	−0.050	−0.075	0.065	−0.059	−0.017	0.008	−0.117	−0.076	0.028	0.044	0.013	0.038	0.018	0.036	0.054	0.072	−0.218**
	Sig. (2-tailed)	0.054		0.482	0.288	0.361	0.404	0.809	0.914	0.097	0.283	0.692	0.534	0.854	0.588	0.799	0.608	0.445	0.308	0.002
	N	202	202	202	202	202	202	202	202	202	202	202	202	202	202	202	202	202	202	202
词汇密度	Pearson Corr.	0.180*	−0.050	1	0.129	0.519**	0.232**	0.409**	0.463**	0.432**	0.231**	−0.073	0.065	0.156*	0.118	−0.014	−0.222**	−0.061	0.025	0.164*
	Sig. (2-tailed)	0.010	0.482		0.068	0.000	0.001	0.000	0.000	0.000	0.001	0.303	0.361	0.026	0.095	0.841	0.001	0.386	0.727	0.020
	N	202	202	202	202	202	202	202	202	202	202	202	202	202	202	202	202	202	202	202

① 由于表格内容较多，此处由"话题熟悉度"代替"话题背景知识复杂度"。附录22—24中亦是如此。

续上表

		习作者对写作任务复杂度及语言复杂度的看法									写作文本语言复杂度							
		话题熟悉度①	话题元素复杂度	词汇密度	词汇罕用性	词汇多样性	简单词句	从属子句	特定短语结构	文章结构和语言	文章内容	词汇密度	词汇罕用性	词汇多样性	单位长度	从属子句	并列结构	特定短语结构	句子复杂度	作文成绩
词汇罕用性	Pearson Corr.	0.168*	−0.075	0.129	1	0.189**	−0.205**	0.305**	0.322**	0.159*	0.274**	0.017	−0.020	0.078	0.039	−0.052	0.005	0.009	−0.065	0.054
	Sig. (2-tailed)	0.017	0.288	0.068		0.007	0.003	0.000	0.000	0.024	0.000	0.807	0.779	0.273	0.580	0.459	0.941	0.899	0.358	0.444
	N	202	202	202		202	202	202	202	202	202	202	202	202	202	202	202	202	202	202
词汇多样性	Pearson Corr.	0.066	0.065	0.519**	0.189**	1	0.113	0.466**	0.477**	0.499**	0.369**	−0.062	0.151*	0.242**	0.089	−0.035	0.130	−0.057	0.022	0.050
	Sig. (2-tailed)	0.350	0.361	0.000	0.007		0.111	0.000	0.000	0.000	0.000	0.381	0.032	0.001	0.206	0.623	0.066	0.418	0.761	0.477
	N	202	202	202	202		202	202	202	202	202	202	202	202	202	202	202	202	202	202
问卷简单词句	Pearson Corr.	0.034	−0.059	−0.232**	−0.205**	0.113	1	0.060	0.064	0.136	−0.027	−0.103	−0.041	−0.089	−0.049	−0.032	0.082	−0.119	0.089	−0.054
	Sig. (2-tailed)	0.630	0.404	0.001	0.003	0.111		0.400	0.366	0.054	0.701	0.144	0.560	0.208	0.485	0.650	0.247	0.092	0.210	0.445
	N	202	202	202	202	202		202	202	202	202	202	202	202	202	202	202	202	202	202
从属子句	Pearson Corr.	0.104	−0.017	0.409**	0.305**	0.466**	0.060	1	0.537**	0.522**	0.370**	−0.173*	0.055	0.111	0.151*	0.181**	0.093	0.122	0.123	0.106
	Sig. (2-tailed)	0.142	0.809	0.000	0.000	0.000	0.400		0.000	0.000	0.000	0.014	0.439	0.117	0.032	0.010	0.188	0.084	0.081	0.132
	N	202	202	202	202	202	202		202	202	202	202	202	202	202	202	202	202	202	202

习作者对写作任务复杂度及语言复杂度的看法

续上表

		习作者对写作任务复杂度及语言复杂度的看法										写作文本语言复杂度								
		话题熟悉度①	话题元素复杂度	词汇密度	词汇罕用性	词汇多样性	简单词句	从属子句	特定短语结构	文章结构和语言	文章内容	词汇密度	词汇罕用性	词汇多样性	单位长度	从属子句	并列结构	特定短语结构	句子复杂度	作文成绩
特定短语结构	Pearson Corr.	0.215**	0.008	0.463**	0.322**	0.477**	0.064	0.537**	1	0.538**	0.463**	-0.002	0.054	0.253**	0.122	-0.012	0.102	0.038	-0.017	0.216**
	Sig. (2-tailed)	0.002	0.914	0.000	0.000	0.000	0.366	0.000		0.000	0.000	0.979	0.441	0.000	0.085	0.867	0.149	0.588	0.808	0.002
	N	202	202	202	202	202	202	202		202	202	202	202	202	202	202	202	202	202	202
文章结构和语言	Pearson Corr.	0.198**	-0.117	0.432**	0.159*	0.499**	0.136	0.522**	0.538**	1	0.514**	-0.070	0.080	0.133	0.078	0.035	0.097	-0.018	0.023	0.149*
	Sig. (2-tailed)	0.005	0.097	0.000	0.024	0.000	0.054	0.000	0.000		0.000	0.320	0.257	0.059	0.268	0.621	0.171	0.803	0.746	0.034
	N	202	202	202	202	202	202	202	202		202	202	202	202	202	202	202	202	202	202
文章内容	Pearson Corr.	0.277**	-0.076	0.231**	0.274**	0.369**	-0.027	0.370**	0.463**	0.514**	1	-0.015	0.024	0.241**	-0.037	-0.062	0.015	0.006	-0.081	0.203**
	Sig. (2-tailed)	0.000	0.283	0.001	0.000	0.000	0.701	0.000	0.000	0.000		0.832	0.738	0.001	0.597	0.383	0.835	0.928	0.251	0.004
	N	202	202	202	202	202	202	202	202	202		202	202	202	202	202	202	202	202	202

续上表

		习作者对写作任务复杂度及语言复杂度的看法										写作文本语言复杂度								
		话题熟悉度①	话题元素复杂度	词汇密度	词汇罕用性	词汇多样性	简单词句	从属子句	特定语结构	文章结构和语言	文章内容	词汇密度	词汇罕用性	词汇多样性	单位长度	从属子句	并列结构	特定短语结构	句子复杂度	作文成绩
词汇密度	Pearson Corr.	−0.003	0.028	−0.073	0.017	−0.062	−0.103	−0.173*	−0.002	−0.070	−0.015	1	0.166*	0.205**	0.002	−0.251**	0.096	0.100	−0.214**	−0.051
	Sig. (2-tailed)	0.970	0.692	0.303	0.807	0.381	0.144	0.014	0.979	0.320	0.832		0.018	0.003	0.983	0.000	0.173	0.156	0.002	0.472
	N	202	202	202	202	202	202	202	202	202	202		202	202	202	202	202	202	202	202
词汇罕用性	Pearson Corr.	0.020	0.044	0.065	−0.020	0.151*	−0.041	0.055	0.054	0.080	0.024	0.166*	1	0.292**	0.015	−0.113	0.021	0.042	−0.101	0.088
	Sig. (2-tailed)	0.781	0.534	0.361	0.779	0.032	0.560	0.439	0.441	0.257	0.738	0.018		0.000	0.837	0.108	0.766	0.551	0.153	0.215
	N	202	202	202	202	202	202	202	202	202	202	202		202	202	202	202	202	202	202
词汇多样性	Pearson Corr.	0.023	0.013	0.156*	0.078	0.242**	−0.089	0.111	0.253**	0.133	0.241**	0.205**	0.292**	1	0.131	−0.127	0.044	0.133	−0.087	0.215**
	Sig. (2-tailed)	0.749	0.854	0.026	0.273	0.001	0.208	0.117	0.000	0.059	0.001	0.003	0.000		0.062	0.072	0.534	0.059	0.218	0.000
	N	202	202	202	202	202	202	202	202	202	202	202	202		202	202	202	202	202	202
单位长度	Pearson Corr.	−0.033	0.038	0.118	0.039	0.089	−0.049	0.151*	0.122	0.078	−0.037	0.002	0.015	0.131	1	0.491**	0.505**	0.784**	0.602**	0.456**
	Sig. (2-tailed)	0.640	0.588	0.095	0.580	0.206	0.485	0.032	0.085	0.268	0.597	0.983	0.837	0.062		0.000	0.000	0.000	0.000	0.000
	N	202	202	202	202	202	202	202	202	202	202	202	202	202		202	202	202	202	202

续上表

		习作者对写作任务复杂度及语言复杂度的看法										写作文本语言复杂度								作文成绩
		话题熟悉度①	话题元素复杂度	词汇密度	词汇罕用性	词汇多样性	简单词句	从属子句	特定短语结构	文章结构和语言	文章内容	词汇密度	词汇罕用性	词汇多样性	单位长度	从属子句	并列结构	特定短语结构	句子复杂度	作文成绩
写作文本语言复杂度 — 从属子句	Pearson Corr.	-0.100	0.018	-0.014	-0.052	-0.035	-0.032	0.181**	-0.012	0.035	-0.062	-0.251**	-0.113	-0.127	0.491**	1	-0.043	0.610**	0.775**	-0.049
	Sig. (2-tailed)	0.155	0.799	0.841	0.459	0.623	0.650	0.010	0.867	0.621	0.383	0.000	0.108	0.072	0.000		0.542	0.000	0.000	0.491
	N	202	202	202	202	202	202	202	202	202	202	202	202	202	202	202	202	202	202	202
并列结构	Pearson Corr.	0.022	0.036	0.222**	0.005	0.130	0.082	0.093	0.102	0.097	0.015	0.096	0.021	0.044	0.505**	-0.043	1	0.200**	0.180*	-0.003
	Sig. (2-tailed)	0.761	0.608	0.001	0.941	0.066	0.247	0.188	0.149	0.171	0.835	0.173	0.766	0.534	0.000	0.542		0.004	0.010	0.964
	N	202	202	202	202	202	202	202	202	202	202	202	202	202	202	202	202	202	202	202
特定短语结构	Pearson Corr.	-0.004	0.054	-0.061	0.009	-0.057	-0.119	0.122	0.038	-0.018	0.006	0.100	0.042	0.133	0.784**	0.610**	0.200**	1	0.469**	-0.002
	Sig. (2-tailed)	0.954	0.445	0.386	0.899	0.418	0.092	0.084	0.588	0.803	0.928	0.156	0.551	0.059	0.000	0.000	0.004		0.000	0.975
	N	202	202	202	202	202	202	202	202	202	202	202	202	202	202	202	202	202	202	202
句子复杂度	Pearson Corr.	-0.108	0.072	0.025	-0.065	0.022	0.089	0.123	-0.017	0.023	-0.081	-0.214**	-0.101	-0.087	0.602**	0.775**	0.180*	0.469**	1	-0.051
	Sig. (2-tailed)	0.124	0.308	0.727	0.358	0.761	0.210	0.081	0.808	0.746	0.251	0.002	0.153	0.218	0.000	0.000	0.010	0.000		0.468
	N	202	202	202	202	202	202	202	202	202	202	202	202	202	202	202	202	202	202	202

续上表

	话题熟悉度①	话题元素复杂度	习作者对写作任务复杂度及语言复杂度的看法								写作文本语言复杂度								作文成绩
			词汇密度	词汇罕用性	词汇多样性	简单词句	从属子句	特定短语结构	文章结构和语言	文章内容	词汇密度	词汇罕用性	词汇多样性	单位长度	从属子句	并列结构	特定短语结构	句子复杂度	
作文成绩 Pearson Corr.	0.055	−0.218**	0.164*	0.054	0.050	−0.054	0.106	0.216**	0.149*	0.203**	−0.051	0.088	0.456**	0.036	−0.049	−0.003	−0.002	−0.051	1
Sig. (2–tailed)	0.435	0.002	0.020	0.444	0.477	0.445	0.132	0.002	0.034	0.004	0.472	0.215	0.000	0.609	0.491	0.964	0.975	0.468	
N	202	202	202	202	202	202	202	202	202	202	202	202	202	202	202	202	202	202	202

* Correlation is significant at the 0.05 level (2–tailed).
** Correlation is significant at the 0.01 level (2–tailed).

附录 22　正式研究三任务 2 中习作者对任务复杂度及语言复杂度的看法、语言复杂度和作文成绩之间的关系

		习作者对任务复杂度及语言复杂度的看法									写作文本语言复杂度								作文成绩
		话题熟悉度	话题元素复杂度	词汇密度	词汇罕用性	词汇多样性	简单词句	从属子句	特定短语结构	文章结构和语言	文章内容	词汇密度	词汇罕用性	词汇多样性	单位长度	从属子句	并列结构	特定短语结构	句子复杂度	
话题熟悉度	Pearson Corr.	1	-0.005	-0.017	0.091	0.086	0.044	0.207**	0.043	0.167*	0.132	0.011	0.174*	0.170*	-0.039	0.027	-0.084	-0.040	0.045	0.021
	Sig. (2-tailed)		0.952	0.820	0.230	0.253	0.557	0.006	0.569	0.026	0.079	0.882	0.020	0.024	0.604	0.724	0.268	0.600	0.550	0.784
	N	177	177	177	177	177	177	177	177	177	177	177	177	177	177	177	177	177	177	177
话题元素复杂度及语言复杂度	Pearson Corr.	-0.005	1	-0.072	0.012	-0.121	0.016	-0.099	-0.015	-0.120	-0.025	-0.014	-0.049	-0.090	-0.084	0.017	-0.019	-0.137	0.039	-0.225**
	Sig. (2-tailed)	0.952		0.344	0.871	0.109	0.828	0.189	0.842	0.110	0.736	0.858	0.515	0.232	0.264	0.825	0.804	0.069	0.603	0.003
	N	177	177	177	177	177	177	177	177	177	177	177	177	177	177	177	177	177	177	177
词汇密度	Pearson Corr.	-0.017	-0.072	1	0.193*	0.388**	0.269**	0.397**	0.439**	0.441**	0.224**	0.184**	0.146	0.101	0.201**	0.115	0.249**	0.163*	0.151*	0.181*
	Sig. (2-tailed)	0.820	0.344		0.010	0.000	0.000	0.000	0.000	0.000	0.003	0.014	0.052	0.182	0.007	0.128	0.001	0.030	0.045	0.016
	N	177	177	177	177	177	177	177	177	177	177	177	177	177	177	177	177	177	177	177

续上表

				话题熟悉度	话题元素复杂度	习作者对任务复杂度及语言复杂度的看法								写作文本语言复杂度								作文成绩
						词汇密度	词汇罕用性	词汇多样性	简单词句	从属子句	特定短语结构	文章结构和语言	文章内容	词汇密度	词汇罕用性	词汇多样性	单位长度	从属子句	并列结构	特定短语结构	句子复杂度	
习作者对任务复杂度及语言复杂度的看法	词汇罕用性	Pearson Corr.		0.091	0.012	0.193*	1	0.353**	-0.180*	0.299**	0.382**	0.252**	0.358**	0.097	0.187*	0.051	-0.012	0.012	0.109	0.005	-0.006	-0.064
		Sig. (2-tailed)		0.230	0.871	0.010		0.000	0.016	0.000	0.000	0.001	0.000	0.201	0.013	0.498	0.879	0.876	0.150	0.943	0.937	0.399
		N		177	177	177	177	177	177	177	177	177	177	177	177	177	177	177	177	177	177	177
	词汇多样性	Pearson Corr.		0.086	-0.121	0.388**	0.353**	1	-0.124	0.457**	0.516**	0.506**	0.549**	0.092	0.122	0.221**	0.122	0.003	0.103	0.072	0.032	0.203**
		Sig. (2-tailed)		0.253	0.109	0.000	0.000		0.101	0.000	0.000	0.000	0.000	0.221	0.107	0.003	0.106	0.973	0.174	0.338	0.672	0.007
		N		177	177	177	177	177	177	177	177	177	177	177	177	177	177	177	177	177	177	177
	简单词句	Pearson Corr.		0.044	0.016	-0.269**	-0.180*	-0.124	1	-0.046	-0.069	0.121	-0.070	0.058	-0.105	-0.122	-0.146	-0.074	0.047	-0.146	-0.044	-0.067
		Sig. (2-tailed)		0.557	0.828	0.000	0.016	0.101		0.546	0.365	0.108	0.352	0.447	0.164	0.105	0.052	0.326	0.533	0.052	0.560	0.375
		N		177	177	177	177	177	177	177	177	177	177	177	177	177	177	177	177	177	177	177
	从属子句	Pearson Corr.		0.207**	-0.099	0.397**	0.299**	0.457**	-0.046	1	0.627**	0.456**	0.427**	0.119	0.146	0.292**	0.296**	0.236**	0.171*	0.333**	0.183*	0.265**
		Sig. (2-tailed)		0.006	0.189	0.000	0.000	0.000	0.546		0.000	0.000	0.000	0.116	0.052	0.000	0.000	0.002	0.023	0.000	0.015	0.000
		N		177	177	177	177	177	177	177	177	177	177	177	177	177	177	177	177	177	177	177

续上表

			习作者对任务复杂度及语言复杂度的看法							写作文本语言复杂度							
			话题熟悉度	话题元素复杂度	词汇密度	词汇罕用性	词汇多样性	简单词句	从属子句	特定短语结构	文章结构和语言	文章内容	词汇密度	词汇罕用性	词汇多样性	单位长度	从属子句	并列结构	特定短语结构	句子复杂度	作文成绩
习作者对任务复杂度及语言复杂度的看法	特定短语结构	Pearson Corr.	0.043	-0.015	0.439**	0.382**	0.516**	-0.069	0.627**	1	0.561**	0.478**	0.193**	0.128	0.244**	0.240**	0.128	0.128	0.268**	0.130	0.287**
		Sig. (2-tailed)	0.569	0.842	0.000	0.000	0.000	0.365	0.000		0.000	0.000	0.010	0.090	0.001	0.001	0.091	0.090	0.000	0.084	0.000
		N	177	177	177	177	177	177	177	177	177	177	177	177	177	177	177	177	177	177	177
	文章结构和语言	Pearson Corr.	0.167*	-0.120	0.441**	0.252**	0.506**	0.121	0.456**	0.561**	1	0.518**	0.011	0.091	0.164*	0.144	0.131	0.089	0.105	0.142	0.190**
		Sig. (2-tailed)	0.026	0.110	0.000	0.001	0.000	0.108	0.000	0.000		0.000	0.886	0.229	0.030	0.055	0.083	0.240	0.166	0.060	0.011
		N	177	177	177	177	177	177	177	177	177	177	177	177	177	177	177	177	177	177	177
	文章内容	Pearson Corr.	0.132	-0.025	0.224**	0.358**	0.549**	-0.070	0.427**	0.478**	0.518**	1	-0.030	0.096	0.154*	0.097	0.089	0.092	0.105	0.123	0.075
		Sig. (2-tailed)	0.079	0.736	0.003	0.000	0.000	0.352	0.000	0.000	0.000		0.694	0.205	0.041	0.197	0.236	0.223	0.164	0.103	0.324
		N	177	177	177	177	177	177	177	177	177	177	177	177	177	177	177	177	177	177	177

续上表

		话题熟悉度	话题元素复杂度	习作者对任务复杂度及语言复杂度的看法								写作文本语言复杂度							作文成绩
				词汇密度	词汇罕用性	词汇多样性	简单词句	从属子句	特定短语结构	文章结构和语言	文章内容	词汇密度	词汇罕用性	词汇多样性	单位长度	从属子句	并列结构	特定短语结构	句子复杂度	
写作文本语言复杂度 — 词汇密度	Pearson Corr.	0.011	−0.014	0.184*	0.097	0.092	0.058	0.119	0.193**	0.011	−0.030	1			0.011	−0.226**	0.105	0.027	−0.178*	0.178*
	Sig. (2-tailed)	0.882	0.858	0.014	0.201	0.221	0.447	0.116	0.010	0.886	0.694				0.888	0.002	0.164	0.723	0.017	0.018
	N	177	177	177	177	177	177	177	177	177	177				177	177	177	177	177	177
词汇罕用性	Pearson Corr.	0.174*	−0.049	0.146	0.187*	0.122	−0.105	0.146	0.128	0.091	0.096	0.249**	1		−0.215**	0.006	0.264**	0.161*	0.006	0.293**
	Sig. (2-tailed)	0.020	0.515	0.052	0.013	0.107	0.164	0.052	0.090	0.229	0.205	0.001			0.004	0.942	0.000	0.032	0.942	0.000
	N	177	177	177	177	177	177	177	177	177	177	177			177	177	177	177	177	177
词汇多样性	Pearson Corr.	0.170*	−0.090	0.101	0.051	0.221**	−0.122	0.292**	0.244**	0.164*	0.154*	0.284**	0.462**	1	0.339**	0.068	0.176*	0.279**	0.047	0.537**
	Sig. (2-tailed)	0.024	0.232	0.182	0.498	0.003	0.105	0.000	0.001	0.030	0.041	0.000	0.000		0.000	0.371	0.019	0.000	0.534	0.000
	N	177	177	177	177	177	177	177	177	177	177	177	177		177	177	177	177	177	177
单位长度	Pearson Corr.	−0.039	−0.084	0.201**	−0.012	0.122	−0.146	0.296**	0.240**	0.144	0.097	0.215**	0.215**	0.339**	1	0.536**	0.634**	0.843**	0.569**	0.337**
	Sig. (2-tailed)	0.604	0.264	0.007	0.879	0.106	0.052	0.000	0.001	0.055	0.197	0.011	0.004	0.000		0.000	0.000	0.000	0.000	0.000
	N	177	177	177	177	177	177	177	177	177	177	177	177	177		177	177	177	177	177

续上表

		习作者对任务复杂度及语言复杂度的看法									写作文本语言复杂度									作文成绩
		话题熟悉度	话题元素复杂度	词汇密度	词汇罕用性	词汇多样性	简单词句	从属子句	特定短语结构	文章结构和语言	文章内容	词汇密度	词汇罕用性	词汇多样性	单位长度	从属子句	并列结构	特定短语结构	句子复杂度	
从属子句	Pearson Corr.	0.027	0.017	0.115	0.012	0.003	-0.074	-0.236**	0.128	0.131	0.089	-0.226**	-0.006	0.068	0.536**	1	0.187*	0.671**	0.790**	0.057
	Sig. (2-tailed)	0.724	0.825	0.128	0.876	0.973	0.326	0.002	0.091	0.083	0.236	0.002	0.942	0.371	0.000		0.013	0.000	0.000	0.449
	N	177	177	177	177	177	177	177	177	177	177	177	177	177	177	177	177	177	177	177
并列结构	Pearson Corr.	-0.084	-0.019	-0.249**	-0.109	0.103	0.047	-0.171*	0.128	0.089	0.092	0.105	0.264**	-0.176*	0.634**	0.187*	1	0.383**	0.368**	0.210**
	Sig. (2-tailed)	0.268	0.804	0.001	0.150	0.174	0.533	0.023	0.090	0.240	0.223	0.164	0.000	0.019	0.000	0.013		0.000	0.000	0.005
	N	177	177	177	177	177	177	177	177	177	177	177	177	177	177	177	177	177	177	177
特定短语结构	Pearson Corr.	-0.040	-0.137	0.163*	0.005	-0.072	-0.146	-0.333**	-0.268**	0.105	0.105	0.027	0.161*	0.279**	0.843**	0.671**	0.383**	1	0.514**	0.279**
	Sig. (2-tailed)	0.600	0.069	0.030	0.943	0.338	0.052	0.000	0.000	0.166	0.164	0.723	0.032	0.000	0.000	0.000	0.000		0.000	0.000
	N	177	177	177	177	177	177	177	177	177	177	177	177	177	177	177	177	177	177	177
句子复杂度	Pearson Corr.	0.045	0.039	0.151*	-0.006	0.032	-0.044	-0.183*	0.130	0.142	0.123	-0.178*	0.047	0.047	0.569**	0.790**	0.368**	0.514**	1	0.334**
	Sig. (2-tailed)	0.550	0.603	0.045	0.937	0.672	0.560	0.015	0.084	0.060	0.103	0.017	0.006	0.534	0.000	0.000	0.000	0.000		0.000
	N	177	177	177	177	177	177	177	177	177	177	177	177	177	177	177	177	177	177	177

续上表

		习作者对任务复杂度及语言复杂度的看法										写作文本语言复杂度								作文成绩
		话题熟悉度	话题元素复杂度	词汇密度	词汇罕用性	词汇多样性	简单词句	从属子句	特定短语结构	文章结构和语言	文章内容	词汇密度	词汇罕用性	词汇多样性	单位长度	从属子句	并列结构	特定短语结构	句子复杂度	
作文成绩	Pearson Corr.	0.021	−0.225**	0.181*	−0.064	0.203**	−0.067	0.265**	0.287**	0.190*	0.075	0.178*	0.293**	0.537**	0.337**	0.057	0.210**	0.279**	0.073	1
	Sig. (2−tailed)	0.784	0.003	0.016	0.399	0.007	0.375	0.000	0.000	0.011	0.324	0.018	0.000	0.000	0.000	0.449	0.005	0.000	0.334	
	N	177	177	177	177	177	177	177	177	177	177	177	177	177	177	177	177	177	177	177

* Correlation is significant at the 0.05 level (2−tailed).
** Correlation is significant at the 0.01 level (2−tailed).

附录23　正式研究三任务3中习作者对任务复杂度及语言复杂度的看法、语言复杂度和作文成绩之间的关系

		习作者对任务复杂度及语言复杂度的看法										写作文本语言复杂度								作文成绩
		话题熟悉度	话题元素复杂度	词汇密度	词汇罕用性	词汇多样性	简单词句	从属子句	特定短语结构	文章结构和语言	文章内容	词汇密度	词汇罕用性	词汇多样性	单位长度	从属子句	并列结构	特定短语结构	句子复杂度	作文成绩
话题熟悉度	Pearson Corr.	1	−0.141*	0.153*	0.043	0.163*	−0.127	0.138*	0.061	0.204**	0.188**	0.070	0.073	0.080	−0.013	0.020	0.027	−0.008	0.139*	0.024
	Sig. (2-tailed)		0.044	0.029	0.539	0.020	0.070	0.050	0.388	0.003	0.007	0.323	0.298	0.254	0.849	0.777	0.703	0.912	0.048	0.739
	N	204	204	204	204	204	204	204	204	204	204	204	204	204	204	204	204	204	204	204
话题元素复杂度及语言复杂度	Pearson Corr.	−0.141*	1	−0.002	0.031	−0.052	0.143*	0.062	−0.003	−0.092	−0.132	−0.069	0.070	0.087	0.073	−0.033	0.090	0.040	−0.101	0.055
	Sig. (2-tailed)	0.044		0.979	0.661	0.463	0.042	0.378	0.965	0.191	0.060	0.326	0.318	0.217	0.302	0.637	0.201	0.568	0.151	0.432
	N	204	204	204	204	204	204	204	204	204	204	204	204	204	204	204	204	204	204	204
词汇密度	Pearson Corr.	0.153*	−0.002	1	0.268**	0.457**	−0.165*	0.472**	−0.404**	0.431**	0.344**	0.129	0.129	0.222**	0.072	0.088	0.107	0.095	0.182**	0.168**
	Sig. (2-tailed)	0.029	0.979		0.000	0.000	0.018	0.000	0.000	0.000	0.000	0.066	0.066	0.001	0.308	0.211	0.127	0.176	0.009	0.016
	N	204	204	204	204	204	204	204	204	204	204	204	204	204	204	204	204	204	204	204

续上表

		习作者对任务复杂度及语言复杂度的看法										写作文本语言复杂度								
		话题熟悉度	话题元素复杂度	词汇密度	词汇罕用性	词汇多样性	简单词句	从属子句	特定短语结构	文章结构和语言	文章内容	词汇密度	词汇罕用性	词汇多样性	单位长度	从属子句	并列结构	特定短语结构	句子复杂度	作文成绩
词汇罕用性	Pearson Corr.	0.043	0.031	0.268**	1	0.299**	0.213**	0.278**	0.329**	0.220**	0.185**	0.006	0.104	0.027	0.015	-0.005	0.020	-0.025	0.006	0.049
	Sig. (2-tailed)	0.539	0.661	0.000		0.000	0.002	0.000	0.000	0.002	0.008	0.935	0.140	0.706	0.837	0.939	0.772	0.718	0.927	0.490
	N	204	204	204	204	204	204	204	204	204	204	204	204	204	204	204	204	204	204	204
词汇多样性	Pearson Corr.	0.163*	-0.052	0.457**	0.299**	1	0.087	0.611**	0.531**	0.529**	0.533**	0.134	-0.207**	0.275**	0.130	0.040	0.041	0.115	0.093	0.129
	Sig. (2-tailed)	0.020	0.463	0.000	0.000		0.217	0.000	0.000	0.000	0.000	0.057	0.003	0.000	0.064	0.568	0.558	0.102	0.184	0.066
	N	204	204	204	204	204	204	204	204	204	204	204	204	204	204	204	204	204	204	204
简单词句	Pearson Corr.	-0.127	0.070	-0.165*	0.213**	0.087	1	-0.045	-0.001	-0.050	-0.067	-0.004	0.085	0.077	0.050	-0.029	-0.038	0.073	-0.065	0.064
	Sig. (2-tailed)	0.070	0.042	0.018	0.002	0.217		0.518	0.994	0.476	0.340	0.960	0.224	0.273	0.479	0.676	0.585	0.299	0.358	0.361
	N	204	204	204	204	204	204	204	204	204	204	204	204	204	204	204	204	204	204	204
从属子句	Pearson Corr.	0.138*	0.062	0.472**	0.278**	0.611**	-0.045	1	0.662**	0.499**	0.562**	0.161*	0.126	0.354**	0.028	0.051	-0.004	0.059	0.053	0.173*
	Sig. (2-tailed)	0.050	0.378	0.000	0.000	0.000	0.518		0.000	0.000	0.000	0.021	0.072	0.000	0.695	0.465	0.954	0.399	0.448	0.013
	N	204	204	204	204	204	204	204	204	204	204	204	204	204	204	204	204	204	204	204

续上表

		话题熟悉度	话题元素复杂度	习作者对任务复杂度及语言复杂度的看法					写作文本语言复杂度							作文成绩
				词汇密度	词汇罕用性	词汇多样性	简单词句	从属子句	特定短语结构	文章结构和语言	文章内容	词汇密度	词汇罕用性	词汇多样性	单位长度	从属子句	并列结构	特定短语结构	句子复杂度	
特定短语结构	Pearson Corr.	0.061	−0.003	0.404**	0.329**	0.531**	−0.001	0.662**	1	0.456**	0.560**	0.185**	0.222**	0.339**	0.074	0.023	0.006	0.135	0.033	0.198**
	Sig. (2-tailed)	0.388	0.965	0.000	0.000	0.000	0.994	0.000		0.000	0.000	0.008	0.001	0.000	0.290	0.748	0.934	0.054	0.640	0.005
	N	204	204	204	204	204	204	204	204	204	204	204	204	204	204	204	204	204	204	204
文章结构和语言	Pearson Corr.	0.204**	−0.092	0.431**	0.220**	0.529**	−0.050	0.499**	0.456**	1	0.566**	0.083	0.193**	0.275**	0.099	0.028	0.054	0.053	0.119	0.144*
	Sig. (2-tailed)	0.003	0.191	0.000	0.002	0.000	0.476	0.000	0.000		0.000	0.238	0.006	0.000	0.158	0.690	0.440	0.452	0.089	0.040
	N	204	204	204	204	204	204	204	204	204	204	204	204	204	204	204	204	204	204	204
文章内容	Pearson Corr.	0.188**	−0.132	0.344**	0.185**	0.533**	−0.067	0.562**	0.560**	0.566**	1	0.187**	0.163*	0.222**	0.005	−0.041	−0.021	0.023	0.077	0.104
	Sig. (2-tailed)	0.007	0.060	0.000	0.008	0.000	0.340	0.000	0.000	0.000		0.007	0.020	0.001	0.946	0.557	0.762	0.748	0.276	0.140
	N	204	204	204	204	204	204	204	204	204	204	204	204	204	204	204	204	204	204	204

续上表

		习作者对任务复杂度及语言复杂度的看法										写作文本语言复杂度									作文成绩
		话题熟悉度	话题元素复杂度	词汇密度	词汇罕用性	词汇多样性	简单词句	从属子句	特定短语结构	文章结构和语言	文章内容	词汇密度	词汇罕用性	词汇多样性	单位长度	从属子句	并列结构	特定短语结构	句子复杂度	
词汇密度	Pearson Corr.	0.070	−0.069	0.129	0.006	0.134	−0.004	0.161*	0.185**	0.083	0.187**	1	0.036	0.395**	0.013	−0.133	0.083	0.018	−0.096	0.094
	Sig. (2-tailed)	0.323	0.326	0.066	0.935	0.057	0.960	0.021	0.008	0.238	0.007		0.607	0.000	0.850	0.058	0.240	0.794	0.173	0.182
	N	204	204	204	204	204	204	204	204	204	204	204	204	204	204	204	204	204	204	204
词汇罕用性	Pearson Corr.	0.073	0.070	0.129	0.104	0.207**	0.085	0.126	0.222**	0.193**	0.163*	0.036	1	0.217**	0.086	−0.100	0.179*	0.074	−0.117	0.105
	Sig. (2-tailed)	0.298	0.318	0.066	0.140	0.003	0.224	0.072	0.001	0.006	0.020	0.607		0.002	0.220	0.155	0.011	0.293	0.097	0.137
	N	204	204	204	204	204	204	204	204	204	204	204	204	204	204	204	204	204	204	204
词汇多样性	Pearson Corr.	0.080	0.087	0.222**	0.027	0.275**	0.077	0.354**	0.339**	0.275**	0.222**	0.395**	0.217**	1	0.273**	0.018	0.230**	0.295**	0.040	0.593**
	Sig. (2-tailed)	0.254	0.217	0.001	0.706	0.000	0.273	0.000	0.000	0.000	0.001	0.000	0.002		0.000	0.796	0.001	0.000	0.573	0.000
	N	204	204	204	204	204	204	204	204	204	204	204	204	204	204	204	204	204	204	204
单位长度	Pearson Corr.	−0.013	0.073	0.072	0.015	0.130	0.050	0.028	0.074	0.099	0.005	0.013	0.086	0.273**	1	0.549**	0.563**	0.788**	0.638**	0.287**
	Sig. (2-tailed)	0.849	0.302	0.308	0.837	0.064	0.479	0.695	0.290	0.158	0.946	0.850	0.220	0.000		0.000	0.000	0.000	0.000	0.000
	N	204	204	204	204	204	204	204	204	204	204	204	204	204	204	204	204	204	204	204

续上表

		习作者对任务复杂度及语言复杂度的看法										写作文本语言复杂度									作文成绩
		话题熟悉度	话题元素复杂度	词汇密度	词汇罕用性	词汇多样性	简单词句	从属子句	特定短语结构	文章结构和语言	文章内容	词汇密度	词汇罕用性	词汇多样性	单位长度	从属子句	并列结构	特定短语结构	句子复杂度	
从属子句	Pearson Corr.	0.020	-0.033	0.088	-0.005	0.040	-0.029	0.051	0.023	0.028	-0.041	-0.133	-0.100	0.018	0.549**	1	0.133	0.708**	0.741**	0.095
	Sig. (2-tailed)	0.777	0.637	0.211	0.939	0.568	0.676	0.465	0.748	0.690	0.557	0.058	0.155	0.796	0.000		0.058	0.000	0.000	0.175
	N	204	204	204	204	204	204	204	204	204	204	204	204	204	204	204	204	204	204	204
并列结构	Pearson Corr.	0.027	0.090	0.107	0.020	0.041	-0.038	-0.004	0.006	0.054	-0.021	0.083	0.179*	0.230**	0.563**	0.133	1	0.229**	0.354**	0.215**
	Sig. (2-tailed)	0.703	0.201	0.127	0.772	0.558	0.585	0.954	0.934	0.440	0.762	0.240	0.011	0.001	0.000	0.058		0.001	0.000	0.002
	N	204	204	204	204	204	204	204	204	204	204	204	204	204	204	204	204	204	204	204
特定短语结构	Pearson Corr.	-0.008	0.040	0.095	-0.025	0.115	0.073	0.059	0.135	0.053	0.023	0.018	0.074	0.295**	0.788**	0.708**	0.229**	1	0.533**	0.283**
	Sig. (2-tailed)	0.912	0.568	0.176	0.718	0.102	0.299	0.399	0.054	0.452	0.748	0.794	0.293	0.000	0.000	0.000	0.001		0.000	0.000
	N	204	204	204	204	204	204	204	204	204	204	204	204	204	204	204	204	204	204	204
句子复杂度	Pearson Corr.	0.139*	-0.101	0.182**	0.006	0.093	-0.065	0.053	0.033	0.119	0.077	-0.096	-0.117	0.040	0.638**	0.741**	0.354**	0.533**	1	0.071
	Sig. (2-tailed)	0.048	0.151	0.009	0.927	0.184	0.358	0.448	0.640	0.089	0.276	0.173	0.097	0.573	0.000	0.000	0.000	0.000		0.312
	N	204	204	204	204	204	204	204	204	204	204	204	204	204	204	204	204	204	204	204

续上表

		习作者对任务复杂度及语言复杂度的看法									写作文本语言复杂度								作文成绩
		话题熟悉度	话题元素复杂度	词汇密度	词汇罕用性	词汇多样性	简单词句	从属子句	特定短语结构	文章结构和语言	文章内容	词汇密度	词汇罕用性	词汇多样性	单位长度	从属子句	并列结构	特定短语结构	句子复杂度	
作文成绩	Pearson Corr.	0.024	0.055	0.168*	0.049	0.129	0.064	0.173*	0.198**	0.144*	0.104	0.094	0.105	0.593**	0.287**	0.095	0.215**	0.283**	0.071	1
	Sig. (2-tailed)	0.739	0.432	0.016	0.490	0.066	0.361	0.013	0.005	0.040	0.140	0.182	0.137	0.000	0.000	0.175	0.002	0.000	0.312	
	N	204	204	204	204	204	204	204	204	204	204	204	204	204	204	204	204	204	204	204

* Correlation is significant at the 0.05 level (2-tailed).
** Correlation is significant at the 0.01 level (2-tailed).

附录 24 正式研究三任务 4 中习作者对任务复杂度及语言复杂度的看法、语言复杂度和作文成绩之间的关系

			习作者对任务复杂度及语言复杂度的看法								写作文本语言复杂度									作文成绩
			话题熟悉度	话题元素复杂度	词汇密度	词汇罕用性	词汇多样性	简单词句	从属子句	特定短语结构	文章结构和语言	文章内容	词汇密度	词汇罕用性	词汇多样性	单位长度	从属子句	并列结构	特定短语结构	句子复杂度	
习作者对任务复杂度及语言复杂度的看法	话题熟悉度	Pearson Corr.	1	−0.219**	0.264**	0.122	0.233**	0.124	0.263**	0.265**	0.167*	0.086	−0.011	0.154*	0.130	0.119	0.070	0.013	0.172*	−0.021	0.074
		Sig. (2-tailed)		0.001	0.000	0.078	0.001	0.072	0.000	0.000	0.015	0.212	0.870	0.025	0.059	0.085	0.313	0.849	0.012	0.762	0.287
		N	211	211	211	211	211	211	211	211	211	211	211	211	211	211	211	211	211	211	211
	话题元素复杂度	Pearson Corr.	−0.219**	1	−0.063	0.024	−0.087	−0.093	−0.022	0.018	−0.064	−0.066	−0.011	−0.050	−0.072	0.047	0.064	0.057	0.014	0.110	−0.054
		Sig. (2-tailed)	0.001		0.359	0.724	0.208	0.180	0.749	0.795	0.352	0.342	0.878	0.471	0.300	0.501	0.355	0.409	0.845	0.111	0.436
		N	211	211	211	211	211	211	211	211	211	211	211	211	211	211	211	211	211	211	211
	词汇密度	Pearson Corr.	0.264**	−0.063	1	0.389**	0.657**	0.333**	0.642**	0.544**	0.475**	0.434**	0.034	0.126	0.316**	0.262**	0.154*	0.164*	0.240**	0.134	0.345**
		Sig. (2-tailed)	0.000	0.359		0.000	0.000	0.000	0.000	0.000	0.000	0.000	0.624	0.067	0.000	0.000	0.025	0.017	0.000	0.051	0.000
		N	211	211	211	211	211	211	211	211	211	211	211	211	211	211	211	211	211	211	211

续上表

		习作者对任务复杂度及语言复杂度的看法										写作文本语言复杂度								
		话题熟悉度	话题元素复杂度	词汇密度	词汇罕用性	词汇多样性	简单词句	从属子句	特定短语结构	文章结构和语言	文章内容	词汇密度	词汇罕用性	词汇多样性	单位长度	从属子句	并列结构	特定短语结构	句子复杂度	作文成绩
词汇罕用性	Pearson Corr.	0.122	0.024	0.389**	1	0.478**	−0.144*	0.426**	0.478**	0.392**	0.358**	0.038	−0.029	0.105	0.101	0.085	0.015	0.055	0.046	0.155*
	Sig. (2−tailed)	0.078	0.724	0.000		0.000	0.037	0.000	0.000	0.000	0.000	0.579	0.676	0.128	0.142	0.217	0.830	0.430	0.505	0.024
	N	211	211	211	211	211	211	211	211	211	211	211	211	211	211	211	211	211	211	211
词汇多样性	Pearson Corr.	0.233**	−0.087	0.657**	0.478**	1	0.055	0.661**	0.628**	0.610**	0.544**	0.037	0.117	0.337**	0.237**	0.102	0.099	0.182**	0.075	0.348**
	Sig. (2−tailed)	0.001	0.208	0.000	0.000		0.429	0.000	0.000	0.000	0.000	0.592	0.091	0.000	0.001	0.141	0.152	0.008	0.276	0.000
	N	211	211	211	211	211	211	211	211	211	211	211	211	211	211	211	211	211	211	211
简单词句	Pearson Corr.	0.124	−0.093	0.333**	−0.144*	0.055	1	0.216**	0.090	0.094	0.085	−0.032	0.050	0.068	0.066	0.048	0.090	0.070	0.090	0.076
	Sig. (2−tailed)	0.072	0.180	0.000	0.037	0.429		0.002	0.192	0.172	0.220	0.646	0.466	0.323	0.342	0.489	0.194	0.308	0.192	0.270
	N	211	211	211	211	211	211	211	211	211	211	211	211	211	211	211	211	211	211	211
从属子句	Pearson Corr.	0.263**	−0.022	0.642**	0.426**	0.661**	0.216**	1	0.614**	0.539**	0.435**	0.069	0.126	0.407**	0.265**	0.121	0.164*	0.200**	0.138*	0.317**
	Sig. (2−tailed)	0.000	0.749	0.000	0.000	0.000	0.002		0.000	0.000	0.000	0.321	0.068	0.000	0.000	0.080	0.017	0.004	0.045	0.000
	N	211	211	211	211	211	211	211	211	211	211	211	211	211	211	211	211	211	211	211

续上表

			习作者对任务复杂度及语言复杂度的看法								写作文本语言复杂度							
			话题熟悉度	话题元素复杂度	词汇密度	词汇罕用性	词汇多样性	简单词句	从属子句	特定短语结构	文章结构和语言	文章内容	词汇密度	词汇罕用性	词汇多样性	单位长度	从属子句	并列结构	特定短语结构	句子复杂度	作文成绩
习作者对任务复杂度及语言复杂度的看法	特定短语结构	Pearson Corr.	0.265**	0.018	0.544**	0.478**	0.628**	0.090	0.614**	1	0.520**	0.476**	0.070	0.164*	0.354**	0.299**	0.130	0.162*	0.257**	0.161*	0.234**
		Sig. (2-tailed)	0.000	0.795	0.000	0.000	0.000	0.192	0.000		0.000	0.000	0.308	0.017	0.000	0.000	0.059	0.018	0.000	0.019	0.001
		N	211	211	211	211	211	211	211	211	211	211	211	211	211	211	211	211	211	211	211
	文章结构和语言	Pearson Corr.	0.167*	−0.064	0.475**	0.392**	0.610**	0.094	0.539**	0.520**	1	0.579**	−0.007	0.044	0.283**	0.109	0.045	0.004	0.081	0.003	0.307**
		Sig. (2-tailed)	0.015	0.352	0.000	0.000	0.000	0.172	0.000	0.000		0.000	0.914	0.521	0.000	0.115	0.519	0.952	0.242	0.960	0.000
		N	211	211	211	211	211	211	211	211	211	211	211	211	211	211	211	211	211	211	211
	文章内容	Pearson Corr.	0.086	−0.066	0.434**	0.358**	0.544**	0.085	0.435**	0.476**	0.579**	1	−0.083	0.067	0.291**	0.157*	0.062	0.084	0.109	0.076	0.244**
		Sig. (2-tailed)	0.212	0.342	0.000	0.000	0.000	0.220	0.000	0.000	0.000		0.231	0.331	0.000	0.023	0.369	0.223	0.115	0.269	0.000
		N	211	211	211	211	211	211	211	211	211	211	211	211	211	211	211	211	211	211	211

续上表

		习作者对任务复杂度及语言复杂度的看法									写作文本语言复杂度								作文成绩
		话题熟悉度	话题元素复杂度	词汇密度	词汇罕用性	词汇多样性	简单词句	从属子句	特定短语结构	文章结构和语言	文章内容	词汇密度	词汇罕用性	词汇多样性	单位长度	从属子句	并列结构	特定短语结构	句子复杂度	
词汇密度	Pearson Corr.	-0.011	-0.011	1	0.038	0.037	-0.032	0.069	0.070	-0.007	-0.083	1	0.126	0.059	0.164*	-0.040	0.093	0.175**	-0.082	-0.106
	Sig. (2-tailed)	0.870	0.878		0.579	0.592	0.646	0.321	0.308	0.914	0.231		0.068	0.390	0.017	0.563	0.177	0.011	0.235	0.124
	N	211	211	211	211	211	211	211	211	211	211	211	211	211	211	211	211	211	211	211
词汇罕用性	Pearson Corr.	0.154*	-0.050	0.126	-0.029	0.117	0.050	0.126	0.164*	0.044	0.067	0.126	1	0.399**	0.272**	0.076	0.117	0.356**	0.051	0.205**
	Sig. (2-tailed)	0.025	0.471	0.067	0.676	0.091	0.466	0.068	0.017	0.521	0.331	0.068		0.000	0.000	0.271	0.091	0.000	0.458	0.003
	N	211	211	211	211	211	211	211	211	211	211	211	211	211	211	211	211	211	211	211
词汇多样性	Pearson Corr.	0.130	-0.072	0.316**	0.105	0.337**	0.068	0.407**	0.354**	0.283**	0.291**	0.059	0.399**	1	0.465**	0.133	0.265**	0.424**	0.152*	0.636**
	Sig. (2-tailed)	0.059	0.300	0.000	0.128	0.000	0.323	0.000	0.000	0.000	0.000	0.390	0.000		0.000	0.054	0.000	0.000	0.027	0.000
	N	211	211	211	211	211	211	211	211	211	211	211	211	211	211	211	211	211	211	211
单位长度	Pearson Corr.	0.119	0.047	0.262**	0.101	0.237**	0.066	0.265**	0.299**	0.109	0.157*	0.164*	0.272**	0.465**	1	0.571**	0.522**	0.819**	0.600**	0.336**
	Sig. (2-tailed)	0.085	0.501	0.000	0.142	0.001	0.342	0.000	0.000	0.115	0.023	0.017	0.000	0.000		0.000	0.000	0.000	0.000	0.000
	N	211	211	211	211	211	211	211	211	211	211	211	211	211	211	211	211	211	211	211

续上表

		习作者对任务复杂度及语言复杂度的看法										写作文本语言复杂度								
		话题熟悉度	话题元素复杂度	词汇密度	词汇罕用性	词汇多样性	简单词句	从属子句	特定短语结构	文章结构和语言	文章内容	词汇密度	词汇罕用性	词汇多样性	单位长度	从属子句	并列结构	特定短语结构	句子复杂度	作文成绩
写作文本语言复杂度 从属子句	Pearson Corr.	0.070	0.064	0.154*	0.085	0.102	0.048	0.121	0.130	0.045	0.062	−0.040	0.076	0.133	0.571**	1	0.100	0.678**	0.768**	0.140*
	Sig. (2-tailed)	0.313	0.355	0.025	0.217	0.141	0.489	0.080	0.059	0.519	0.369	0.563	0.271	0.054	0.000		0.146	0.000	0.000	0.043
	N	211	211	211	211	211	211	211	211	211	211	211	211	211	211	211	211	211	211	211
并列结构	Pearson Corr.	0.013	0.057	0.164*	0.015	0.099	0.090	0.164*	0.162*	0.004	0.084	0.093	0.117	0.265**	0.522**	0.100	1	0.228**	0.374**	0.199**
	Sig. (2-tailed)	0.849	0.409	0.017	0.830	0.152	0.194	0.017	0.018	0.952	0.223	0.177	0.091	0.000	0.000	0.146		0.001	0.000	0.004
	N	211	211	211	211	211	211	211	211	211	211	211	211	211	211	211	211	211	211	211
特定短语结构	Pearson Corr.	0.172*	0.014	0.240**	0.055	0.182**	0.070	0.200**	0.257**	0.081	0.109	0.175*	0.356**	0.424**	0.819**	0.678**	0.228**	1	0.509**	0.289**
	Sig. (2-tailed)	0.012	0.845	0.000	0.430	0.008	0.308	0.004	0.000	0.242	0.115	0.011	0.000	0.000	0.000	0.000	0.001		0.000	0.000
	N	211	211	211	211	211	211	211	211	211	211	211	211	211	211	211	211	211	211	211
句子复杂度	Pearson Corr.	−0.021	0.110	0.134	0.046	0.075	0.090	0.138*	0.161*	0.003	0.076	−0.082	0.051	0.152*	0.600**	0.768**	0.374**	0.509**	1	0.085
	Sig. (2-tailed)	0.762	0.111	0.051	0.505	0.276	0.192	0.045	0.019	0.960	0.269	0.235	0.458	0.027	0.000	0.000	0.000	0.000		0.219
	N	211	211	211	211	211	211	211	211	211	211	211	211	211	211	211	211	211	211	211

续上表

		话题熟悉度	话题元素复杂度	习作者对任务复杂度及语言复杂度的看法							写作文本语言复杂度						作文成绩
				词汇密度	词汇罕用性	词汇多样性	简单词句	从属子句	特定短语结构	文章结构和语言	文章内容	词汇密度	词汇罕用性	词汇多样性	单位长度	从属子句	并列结构	特定短语结构	句子复杂度	
作文成绩	Pearson Corr.	0.074	−0.054	0.345**	0.155*	0.348**	0.076	0.317**	0.234**	0.307**	0.244**	−0.106	0.205**	0.636**	0.336**	0.140*	0.199**	0.289**	0.085	1
	Sig. (2−tailed)	0.287	0.436	0.000	0.024	0.000	0.270	0.000	0.001	0.000	0.000	0.124	0.003	0.000	0.000	0.043	0.004	0.000	0.219	
	N	211	211	211	211	211	211	211	211	211	211	211	211	211	211	211	211	211	211	211

* Correlation is significant at the 0.05 level (2−tailed).
** Correlation is significant at the 0.01 level (2−tailed).

致　　谢

时隔六年，博士学位论文终于出版了！仍记得，博士学位论文致谢的首句——"燕子去了，有再来的时候；杨柳枯了，有再青的时候；桃花谢了，有再开的时候。博士毕业了，是否还会再有如此心无旁骛地学习的时候呢？"果然，"一心只读圣贤书"的日子一去不复返了。但是好在我还能在繁忙的教学与行政工作之余，在老师和朋友的帮助下，见缝插针地做一些自己喜欢的研究。也正是因为这样，我倍加珍惜曾给予我帮助的老师与朋友们。没有你们，就没有今天我的专著出版！

首先，请允许我向我的恩师——中国人民大学的吴红云教授——道一声诚挚的感谢！读博期间，吴老师不仅手把手地教我做研究，还经常关心我的生活与家庭："多读书、多思考""常怀感恩之心""匀速前进""天时地利人和己和"。博士毕业后，吴老师仍然关心我的成长：国家社会科学基金项目申报书上的红蓝批语、微信对话中的互动分享、本书序言中的谆谆教诲……亲爱的吴老师，我会继续好好努力，把您对学术的精益求精和对学生的无私关爱传承下去！

其次，我要感谢我的另一位恩师——新西兰奥克兰大学的 Lawrence Jun Zhang 教授。本书的初稿完成于奥克兰大学教育学院 N 栋 5 楼，完成于一次又一次与张老师的午餐"闲聊"中，完成于同门师兄弟姐妹的开题与毕业答辩中。亲爱的张老师，感谢您对本书提出的宝贵修改意见！感谢您为我们提供了温暖的大家庭！

再次，本书的出版还得感谢我最亲爱的"闺蜜"——中山大学的肖明文教授。读博期间，去清华"蹭饭"、漫步清华园、聆听肖教授的学习心得与人生感悟，是我在困境中常做的事。博士毕业后，尽管与肖教授身处两地，但只要有需要，肖教授总是第一时间、毫不犹豫、全心全意地为我提供帮助。人生有知己如此，何其幸哉！

最后，感谢中山大学出版社，感谢南昌大学外国语学院。一家人，一件事，一条心，一起拼，一定赢。